RAIMUND PAULI

Das Eigenkapital der Personengesellschaften

Münsterische Beiträge zur Rechtswissenschaft

Herausgegeben im Auftrag der Rechtswissenschaftlichen Fakultät
der Westfälischen Wilhelms-Universität in Münster durch die Professoren
Dr. Hans-Uwe Erichsen Dr. Helmut Kollhosser Dr. Jürgen Welp

Band 48

Das Eigenkapital der Personengesellschaften

Von

Raimund Pauli

Duncker & Humblot · Berlin

CIP-Titelaufnahme der Deutschen Bibliothek

Pauli, Raimund:
Das Eigenkapital der Personengesellschaften / von
Raimund Pauli. – Berlin: Duncker u. Humblot, 1990
(Münsterische Beiträge zur Rechtswissenschaft; Bd. 48)
Zugl.: Münster, Univ., Diss., 1989
ISBN 3-428-06967-6
NE: GT

D 6

Druck: Werner Hildebrand, Berlin 65
Printed in Germany

ISSN 0935-5383
ISBN 3-428-06967-6

Meinen Eltern
in Dankbarkeit

Inhalt

Einleitung ... 13

I. Überblick über die Personengesellschaften ... 13

II. Der wirtschaftliche Hintergrund kleiner Personengesellschaften in der heutigen Praxis ... 14

III. Die Regelung des § 247 Abs. 1 HGB zum Ausweis des Eigenkapitals in der Bilanz 16

1. Das Kapitalkonto des einzelnen Gesellschafters als Grundlage für die Bestimmung des Eigenkapitals ... 18

2. Die Entfernung der gesellschaftsvertraglichen Regelungen vom Gesetz ... 19

A. Eigenkapital und Kapitalanteil des Gesellschafters bei Personengesellschaften ... 22

I. Inhaltliche Bestimmung des Eigenkapitals ... 23

1. Der Inhalt des Eigenkapitals nach dem Gesetz ... 23

2. Der Kapitalanteil als Element der Bilanz der Personengesellschaft ... 25

II. Der Kapitalanteil des einzelnen Gesellschafters ... 27

1. Die gesetzlichen Funktionen des Kapitalanteils ... 28

2. Fester und veränderlicher Kapitalanteil ... 29

3. Die Rechtsnatur des Kapitalanteils ... 32

a) Die Entwicklung der h. M. ... 32

b) Eigene Stellungnahme ... 34

aa) Aussagekraft des Wortlauts ... 34

bb) Historische Auslegung ... 35

cc) Vergleich mit anderen Gesellschafterrechten ... 36

dd) Der Kapitalanteil als Gegenstand des Rechtsverkehrs? ... 39

4. Begründung des Kapitalanteils aufgrund einer Einlage ... 42

a) Begriff und Arten von Einlagen ... 42

aa) Einbringung zu Eigentum und "dem Werte nach" (quoad sortem) ... 45

bb) Die Einräumung von obligatorischen Nutzungsrechten (quoad usum) . 48

(1) Vermögenswertzufluß bei der Gesellschaft ... 49

(2) Bilanzierungsfähigkeit ... 50

(3) Einschränkung des Einlagebegriffs ... 52

cc) Dienstleistungen als Sacheinlage ... 55

(1) Vermögenswertzufluß bei der Gesellschaft ... 56

(2) Die Regelung des § 27 Abs. 2, 2. Halbs. AktG ... 56

(3) Die Konstruktion einer Bareinlage ... 57

(4) Das Kriterium der Bilanzierungsfähigkeit ... 59

b) Freie Bewertbarkeit der Einlagen? ... 63
aa) Kodifizierung der GoB ... 63
bb) Ableitung und Inhalt der GoB ... 65
cc) Geltung der GoB auch im Jahresabschluß ... 67
dd) Der Grundsatz der "Wahrheit" bei den Einlagen ... 70
(1) Überbewertung von Einlagen ... 71
(2) Unterbewertung von Einlagen ... 73

B. Der Ausweis des Eigenkapitals in der Bilanz der Personengesellschaften gem. § 247 Abs. 1 HGB ... 75

I. Der gesonderte Ausweis des Eigenkapitals 76

II. Die Notwendigkeit der Aufgliederung des Eigenkapitals ... 79

1. Frühere Ansichten ... 79
2. Die Bedeutung des § 9 Abs. 3 PublG für die Auslegung ... 81
3. Die Aufgliederungspflicht nach den Jahresabschlußzwecken ... 82

a) Die Jahresabschlußzwecke und -funktionen ... 82
aa) Die Dokumentation ... 83
bb) Die Rechenschaftslegung ... 84
(1) Selbstinformation ... 84
(2) Information gegenüber Außenstehenden und Gläubigerschutz ... 86
cc) Zahlungsbemessungsfunktion ... 88
dd) Einblick in die Rentabilität ... 88

b) Auswertung für die Aufgliederung des Eigenkapitals ... 91

4. Der gesonderte Ausweis des negativen Kapitalkontos ... 93

III. Die "hinreichende" Aufgliederung ... 95

1. Bilanz vor und nach Gewinnverwendung ... 97

a) Maßgeblichkeit der GoB ... 98

b) Möglichkeit des Ausweises vor Gewinnverwendung ... 99
aa) Berücksichtigung der Regelungen für Kapitalgesellschaften ... 100
bb) Der Jahresabschluß als Grundlage der Gewinnfeststellung ... 100

2. Getrennter Ausweis der Rücklagen ... 102

3. Die Bilanzierung ausstehender, eingeforderter und nicht eingeforderter Einlagen ... 103

a) Die Regelung bei den Kapitalgesellschaften und Genossenschaften ... 104

b) Die Bilanzierung ausstehender Einlagen als Inhalt der GoB ... 105
aa) Der Anspruch auf Geldleistungen ... 105
bb) Der Anspruch auf Nutzungsüberlassung und Erbringung von Dienstleistungen ... 107

4. Ausweis der noch zu zahlenden Steuern ... 108

a) Der "Sonderposten mit Rücklageanteil" ... 109

b) Steuerschulden der Gesellschafter in Form von Rückstellungen ... 110
aa) Vergleich mit der Bilanzierung bei Kapitalgesellschaften ... 110
bb) Bilanzierung der privaten Verhältnisse der Gesellschafter? ... 111
cc) Besteuerung allein der Mitunternehmer der Personengesellschaft ... 113

dd) Notwendigkeit einer Erläuterung in einem "Anhang" zur Bilanz 114
5. Das Erfordernis eines "Kapitalspiegels" 116

IV. Der Eigenkapitalausweis bei der Kommanditgesellschaft 118
1. Getrennter Ausweis von Komplementär- und Kommanditkapital 118
2. Die Bilanzierung ausstehender Einlagen 120
3. Der Ausweis des Haftkapitals 120
a) Die gesetzgeberische Entscheidung im E-HGB 121
b) Die Ausweisvorschriften für Kapitalgesellschaften und Genossenschaften .. 122
c) Auswertung der Ergebnisse für die KG 122
aa) Die Pflichteinlage ist größer als die Hafteinlage 123
bb) Die Hafteinlage ist größer als die Pflichteinlage 124
4. Negatives Kapitalkonto und getrennter Ausweis von Entnahmen und Verlusten 125

V. Der Ausweis des Eigenkapitals nach dem PublG 128
1. Aufstellung der Bilanz 128
2. Die offenzulegende Bilanz 128

C. Die Berechnung des Kapitalanteils für die Bilanz 130

I. Die grundsätzliche Rechtsnatur der Guthaben auf den Gesellschafterkonten ... 131
1. Die Führung eines Kapitalkontos 132
a) Das Kapitalkonto des persönlich haftenden Gesellschafters 132
b) Das Kapitalkonto des Kommanditisten 133
2. Die Kontenwahl im System fester Kapitalanteile 134
a) Das "Kapitalkonto II" 134
b) Das "Rücklagen-" oder "Reservekonto" 135
c) Das "Separat-" oder "Sonderkonto" 135
d) Das "Darlehenskonto" 136
e) Das "Privatkonto" 136
aa) Der Wortlaut 137
bb) Entstehungsgeschichte des Privatkontos 137
cc) Systematische Stellung des Privatkontos in der Gesellschaft 138
dd) Vorrang der juristischen Betrachtungsweise 139
ee) Das Privatkonto im Lichte der GoB 140

II. Materiellrechtliche Wirkung von Buchungsvorgängen 142
1. Die Rechtswirkungen einer Buchung 142
2. Die Rechtswirkungen der Unterzeichnung der Handelsbilanz 144

III. Der Einfluß stehengebliebener Gewinne auf den Kapitalanteil 147
1. Allgemeine Auslegung von Gesellschaftsverträgen 149
2. Allgemeine Abgrenzung der Beteiligung vom Darlehen 150
3. Kritik an der typisierten Einordnung 151

4. Vergleich von gesetzlicher und gesellschaftsvertraglicher Regelung 153
a) Die Führung eines Vorkontos im System veränderlicher Kapitalanteile ... 153
b) Die gesetzliche Regelung bei Kapitalgesellschaften 154
c) Vergleichende Betrachtung 155
aa) Wortlautgemäße Interpretation 155
bb) Vergleich mit anderen Gestaltungsformen der vertraglichen Vereinbarung 156
cc) Rechtliche Konstruktion 158
dd) Bilanzielle Betrachtung 159
5. Die vertragliche Gestaltung beim Kommanditisten 160
6. Die Einbeziehung von privatrechtlichen Forderungen und Verbindlichkeiten . 161
7. Die Dreiteilung der Gesellschafterkonten im System fester Kapitalanteile ... 162

IV. Sondervergütungen an Gesellschafter für ihre Tätigkeit in der Gesellschaft ... 164
1. Tätigkeitsvergütungen für persönlich haftende Gesellschafter 166
a) Materiellrechtlicher Charakter der Tätigkeit 167
b) Materiellrechtlicher Charakter der Vergütungen 170
aa) Die Existenz von Austauschverhältnissen auf gesellschaftsrechtlicher Ebene 170
bb) Tätigkeit und Vergütung im Synallagma 172
cc) Das Kriterium der Gewinnabhängigkeit 172
c) Die Buchung frei entnehmbarer Vergütungen 174
aa) Unterscheidung zwischen gewinnabhängigen und gewinnunabhängigen Vergütungen 175
bb) Rechtfertigung der Differenzierung trotz der Ähnlichkeit der Vergütungen 177
d) Verpflichtung zum Stehenlassen der Tätigkeitsvergütungen 179
2. Besondere Tätigkeitsvergütungen für Kommanditisten 180
a) Übertragbarkeit der für die persönlich haftenden Gesellschafter gefundenen Ergebnisse 180
b) Abgrenzungskriterien für die Tätigkeit auf gesellschafts- oder schuldrechtlicher Ebene 182

V. Die Vergütung von Zinsen 186
1. Zinsen für die Überlassung von Wirtschaftsgütern zum Gebrauch oder zur Nutzung 186
2. Verzinsung der Beträge auf den Gesellschafterkonten 187

VI Kapitalersetzende Darlehen 189

Zusammenfassendes Ergebnis 191

Literatur 192

Abkürzungen

Ausf.	Ausführungen
Bearb.	Bearbeiter
BR-Drucks.	Drucksachen des Bundesrates
BT-Drucks.	Drucksachen des Bundestages
DATEV	Datenverarbeitungsorganisationdessteuerberatenden Berufes in der Bundesrepublik Deutschland von1966
Denkschrift zum HGB	Denkschrift zum Entwurf eines Handelsgesetzbuches und eines Einführungsgesetzes, abgedruckt bei Hahn/Mugdan, Materialien zum Handelsgesetzbuch, Berlin 1897
ders	derselbe
dies	dieselbe(n)
E-HGB	Entwurf eines Bilanzrichtlinien-Gesetzes 1982, abgedruckt in BT-Drucks. 10/317
Einl.	Einleitung
Erg.	Ergebnis
FS	Festschrift
Fußn.	Fußnote
gem.	gemäß
GoB	Grundsätze ordnungsmäßiger Buchführung
Großkomm.HGB	Großkommentar zum Handelsgesetzbuch
GuV	Gewinn- und Verlustrechnung
IDW	Institut der Wirtschaftsprüfer
IKR	Industrie-Kontenrahmen
Lit.	Literatur
MK	Münchener Kommentar
Motive Bd. 2	Motive zu dem Entwurf eines Bürgerlichen Gesetzbuches für das Deutsche Reich, Band II: Recht der Schuldverhältnisse, Berlin, Leipzig 1888
RFM	Reichsfinanzministerium
s. o.	siehe oben
st. Rspr.	ständige Rechtsprechung
s. u.	siehe unten
Vorbem.	Vorbemerkung(en)
WP-Hdbuch	Wirtschaftsprüfer-Handbuch
ZfhF	Zeitschrift für handelswissenschaftliche Forschung
zit.	zitiert

Im übrigen wird verwiesen auf:

Kirchner, Hildebert, Abkürzungsverzeichnis der Rechtssprache, 3. Aufl., Berlin 1983
Duden, Rechtschreibung der deutschen Sprache und der Fremdwörter, 19. Aufl., Mannheim, Wien, Zürich 1986

Einleitung

I. Überblick über die Personengesellschaften

Gegenstand der Untersuchung sind die Personengesellschaften. Deren Grundform ist die BGB-Gesellschaft. Zu ihrer Begründung schließen die Gesellschafter einen Gesellschaftsvertrag, in dem sie sich zur Förderung eines gemeinsamen Zweckes verpflichten, § 705 BGB.

Betreiben die Gesellschafter ein (vollkaufmännisches) Handelsgewerbe unter gemeinschaftlicher Firma, so unterfallen sie automatisch dem HGB. Sie bilden dann eine OHG, wenn alle Gesellschafter den Gesellschaftsgläubigern gegenüber persönlich und unbeschränkbar haften, §§ 105 Abs. 1, 128 HGB. Ist bei einem oder mehreren Gesellschaftern die Haftung gegenüber den Gesellschaftsgläubigern auf den Betrag einer bestimmten Vermögenseinlage beschränkt, so bilden sie eine KG, § 161 Abs. 1 HGB. Die daneben in Erscheinung tretende "stille Gesellschaft", §§ 230 -237 HGB, soll im folgenden außer Betracht bleiben, da ihre Behandlung den Umfang der Arbeit sprengen würde.

In Abgrenzung zum Verein, §§ 21 ff. BGB, ist die Personengesellschaft besonders dadurch gekennzeichnet, daß ihre Gesellschafter nicht beliebig austauschbar sind[1] und mindestens ein Gesellschafter der persönlichen und unbeschränkbaren Haftung für die Verbindlichkeiten der Gesellschaft unterliegt. Auch ist die Personengesellschaft, anders als die Kapitalgesellschaft, keine juristische Person.[2] Für sie gilt das Gesamthandsprinzip, §§ 718, 719 BGB. Den Gesellschaftern ist das Gesellschaftsvermögen gesamthänderisch zugeordnet. Das ändert sich wegen des Verweises auf das Recht der BGB-Gesellschaft, §§ 161 Abs. 2, 105 Abs. 2 HGB, auch bei der OHG und der KG nicht. Selbst wenn sie gem. §§ 161 Abs. 2, 124 HGB einer juristischen

---

[1] Dazu näher: Sudhoff, Familienunternehmen, § 21, S. 75, sowie Gesellschaftsvertrag, I.A.1.a, S. 4; Kübler, § 10 I.c, aa, S. 114

[2] G. Hueck, § 2 I. 3, S. 9; A. Hueck, § 3 IV, S. 32 f.; Sudhoff, Gesellschaftsvertrag, I.A.1.b, S. 5; Huber, § 4, 5., S. 82, und § 5, 5., S. 115; speziell für die OHG: Fischer in Großkomm. HGB, § 124 Anm. 2; Schlegelberger/Geßler, § 105 Anm. 34; Baumbach/Duden/Hopt, Einl v § 105 Anm. 1 A

Person nahezu gleich behandelt werden, so bleiben Rechtsträger des Gesellschaftsvermögens dennoch die Gesellschafter in ihrer gesamthänderischen Gebundenheit.[3]

Die Bildung eines Gesellschaftsvermögens ist zwar keine unverzichtbare Voraussetzung für die Gründung einer Personengesellschaft[4], für die Teilnahme am Rechtsverkehr, insbesondere das Betreiben von Handelsgeschäften, ist jedoch die Bildung eines Gesellschaftsvermögens unerläßlich. Dieses Gesellschaftsvermögen hat bei OHG und KG als Gegenstand der Buchführung und Bilanzierung auch zentrale Bedeutung für Fragen des Eigenkapitalausweises.

Da sich die Arbeit mit Buchführung und Bilanzierung der Personengesellschaften beschäftigt, werden die OHG und die KG im Vordergrund der Betrachtung stehen. Auf die BGB-Gesellschaft wird nur im Rahmen der auf sie verweisenden Vorschriften der §§ 105 Abs. 2, 161 Abs. 2 HGB zurückzukommen sein. Als "Personengesellschaften" sind daher im folgenden Personengesellschaften des Handelsrechts zu verstehen.

II. Der wirtschaftliche Hintergrund kleiner Personengesellschaften in der heutigen Praxis

Die Personengesellschaft ist durch die persönliche und unbeschränkbare Haftung mindestens eines Gesellschafters gekennzeichnet. In der Praxis finden sich zu einer solchen Haftung häufig nur Gesellschafter mit persönlicher Bindung zueinander bereit, die also in einem gegenseitigen Vertrauensverhältnis stehen. Die Gesellschaften sind damit regelmäßig auf eine geringe Gesellschafterzahl begrenzt.[5]

Unter den "kleinen" Personengesellschaften dominieren im praktischen Wirtschaftsleben die sogenannten Familiengesellschaften.[6] Darunter sind allgemein Personengesellschaften zu verstehen, an denen nahe Angehörige

---

[3] A. A. die Vertreter der Theorie von der kollektiven Einheit, bes.: Schmidt, Lehrbuch, § 8 III, S. 151 ff. m. w. N.; Flume, § 11 II.4, S. 157; MK/Ulmer, § 705 Rn. 109 ff.

[4] Crezelius in Peter/Crezelius, Rn. 106; Schlegelberger/Geßler, § 105 Anm. 30; a. A.: Fischer in Großkomm.HGB, § 105 Anm. 41

[5] Horst, § 4 I.1, führt als Nachweise unter 2a auf, daß 80 % aus 2 Gesellschaftern und 12,6 % aus 3 Gesellschaftern bestehen, unter 2b, daß mehr als 75 % aller einfachen KG'en aus einem Komplementär und maximal 3 Kommanditisten bestehen.

[6] Wiedemann, § 2 II.2.b, S. 119; Klauss/Mittelbach, Rn. 27

im Sinne des § 15 AO 1977 beteiligt sind[7] und in denen sich folglich die familiären Bande widerspiegeln.

Die Motive für die Gründung solcher Familiengesellschaften können unterschiedlicher Art sein. Zum einen kann der Abschluß eines Gesellschaftsvertrages mit einem Kind bezwecken, die spätere Übernahme des Betriebes vorzubereiten. Das geschieht dann in der Weise, daß das Kind bereits zu Lebzeiten der Eltern Mitunternehmer wird und so langsam in die Stellung des alleinigen Unternehmers hineinwächst.[8]

Zum anderen werden Gesellschaften zwischen Ehegatten gegründet. Dafür kann allein ausschlaggebend sein, den mitarbeitenden Ehegatten am gemeinsam erwirtschafteten Vermögenszuwachs zu beteiligen. Die Bedeutung des Gesellschaftsvertrages liegt dann darin, daß der Ehegatte sich im Fall der Scheidung nicht mit dem schuldrechtlichen Ausgleich des Zugewinns in Geld zufrieden geben muß.[9] Es erfolgt vielmehr eine Auseinandersetzung der Gesellschaft. Wegen der Gesellschafterrechte des jeweils anderen kann ein Ehegatte allein das Unternehmen nicht ohne weiteres im eigenen Namen fortführen. Bei alleiniger Zugewinngemeinschaft wäre dies dagegen nach Erfüllung des schuldrechtlichen Ausgleichsanspruchs möglich.[10]

Daneben spielen auch steuerliche Gründe eine Rolle für die Gründung von Familiengesellschaften. Die Einkommensteuer ist im wesentlichen progressiv ausgestaltet. Hohe Einkommen unterliegen einem höheren Prozentsatz der Steuer als niedrigere. Die Gründung einer Personengesellschaft führt nun in Abgrenzung zum Einzelkaufmann zur Aufteilung des Gewinns auf die einzelnen Gesellschafter. Im Wege der einheitlichen und gesonderten Gewinnfeststellung (§§ 4 Abs. 1 S. 1, 5 Abs. 1, 15 Abs. 1 Ziff. 2 EStG) wird die Progression abgeschwächt und damit die Einkommensteuer vermindert.[11] Rechtlich ist kraft der Privatautonomie die Gründung einer Familiengesellschaft nicht zu beanstanden, soweit sie nicht lediglich zum Schein erfolgt.[12]

---

[7] Mittelbach, Rn. 343; vgl. zu der unterschiedlichen Auslegung des Begriffes auch: Horst, § 4 II.1.a

[8] Mittelbach, Rn. 37; Horst, § 12 III.2.b, S. 194; Buchwald/Tiefenbacher/Dernbach, § 32 I, S. 120 ff.;
zur kommanditistischen Beteiligung von Kindern: Horst, § 18 III.1.b,(1),(b); Priester, DB 1975, 1878; Sudhoff, Familienunternehmen, § 80, S. 271; Kuhn, S. 223

[9] Horst, § 12 III.2.b, S. 194

[10] Horst, § 12 III.2.b, S. 194

[11] Vgl. dazu ausführlicher: Paulick in FS Laufke, S. 193

[12] St. Rspr. des BFH seit BFH v. 22.8.1951, BStBl. III, 181; der BFH stellt bei der Prüfung auf die Eigenschaft als "Mitunternehmer" ab.

Für die Ausnutzung steuerlicher Vorteile sowie die Regelung der gesellschafts-, familien- und erbrechtlichen Fragen sind die Gesellschafter zumeist auf die Hilfe von Fachkräften angewiesen. In der Praxis werden hierzu in der Regel die Mitglieder der steuerberatenden Berufe herangezogen.[13] Bei der Ausgestaltung des Gesellschaftsvertrages mag dann aber die Gefahr auftreten, daß die Steuerberater steuerliche Gesichtspunkte voranstellen, worunter die Eindeutigkeit und die Klarheit der handels- und gesellschaftsrechtlichen Beziehungen der Gesellschafter leiden können.

Die vorliegende Arbeit wird also im folgenden mehr auf kleinere Personengesellschaften zugeschnitten sein, weil sich insbesondere bei ihnen mangels detaillierter Regelungen in den Gesellschaftsverträgen Auslegungsschwierigkeiten ergeben.

III. Die Regelung des § 247 Abs. 1 HGB zum Ausweis des Eigenkapitals in der Bilanz

Am 19.12.1985 hat das "Gesetz zur Durchführung der Vierten, Siebenten und Achten Richtlinie des Rates der Europäischen Gemeinschaften zur Koordinierung des Gesellschaftsrechts"[14], im folgenden "Bilanzrichtlinien-Gesetz" genannt, Eingang in das HGB gefunden, 3. Buch, §§ 238 - 339 HGB. Die dort vorgesehenen Änderungen sollten für Einzelkaufleute und Personengesellschaften nicht zu einer materiellen Veränderung der bestehenden Rechtslage führen.[15] Deshalb hat der Gesetzgeber sich weitgehend in dem allgemeinen, für alle Kaufleute geltenden Teil, §§ 238 - 263 HGB, auf die Geltung der GoB beschränkt.[16] In diesem Sinne ist auch heute die Meinung verbreitet, daß sich für die Bilanzen der Einzelkaufleute und Personengesellschaften tatsächlich keine Neuerungen aus dem Bilanzrichtlinien-Gesetz ergeben haben.[17]

Im Rahmen des Jahresabschlusses hat der Gesetzgeber in § 247 Abs. 1 HGB für alle Kaufleute den Begriff "Eigenkapital" eingeführt. Dieser Begriff

---

[13] Horst, § 6 II.2.b, S. 112

[14] BGBl. I, S. 2355

[15] BT-Drucks. 10/4268, S. 95, S. 96 (für den Jahresabschluß)

[16] BT-Drucks. 10/4268, S. 90

[17] Lätsch in Bünz/Heinsius, 8/42, Rn. 9 a; Popp/Hantke, Erl. zu § 247, S. 23; Coenenberg, S. 24; Glade, I Rn. 40

tauchte früher nur in § 9 Abs. 4 Ziff. 2 PublG a. F.[18] auf. Ist das Eigenkapital "gesondert auszuweisen", so scheint das Gesetz nunmehr einen eigenen Gliederungspunkt "Eigenkapital" in der Bilanz zu fordern. Deshalb stellt sich in dieser Arbeit die Frage, ob die Vorschriften über die Handelsbücher für Personengesellschaften nicht doch zu einer materiellen Änderung der vorher bestandenen Rechtslage geführt haben. Unsicher ist auch, was die gem. § 247 Abs. 1 HGB geforderte "hinreichende Aufgliederung" für den Eigenkapitalausweis bedeutet und welche Anforderungen hieran zu stellen sind.

Es soll in diesem Zusammenhang auch geprüft werden, inwieweit das Gesetz mit der Einführung des Begriffes "Eigenkapital" auch für Personengesellschaften eine Angleichung ihrer Jahresabschlüsse an diejenigen der Kapitalgesellschaften anstrebt. Schon früher ist zumindest eine teilweise Angleichung des Rechts der Personengesellschaften an das Recht der Kapitalgesellschaften gefordert worden.[19] Ob der Gesetzgeber dieser Forderung gefolgt ist, läßt sich mangels eindeutiger Vorschriften nur mit Hilfe der Gesetzesauslegung klären. Die Aufteilung des dritten Buches des HGB in einen allgemeinen, für alle Kaufleute geltenden Teil, und einen besonderen, für Kapitalgesellschaften und Genossenschaften geltenden Teil, scheint der Tendenz zu einer Angleichung der Jahresabschlüsse eher zu widersprechen.

Bei Kapitalgesellschaften ist die Haftung auf das Gesellschaftsvermögen beschränkt. Deshalb hat der Ausweis des Eigenkapitals dort insbesondere Bedeutung für den Schutz der Gesellschaftsgläubiger. Hinter der Personengesellschaft dagegen steht das gesamte Vermögen der persönlich haftenden Gesellschafter. Deswegen können an ihren Eigenkapitalausweis zunächst geringere Anforderungen gestellt werden.

Allerdings ist bei den Gesellschaftern von Personengesellschaften oft kein nennenswertes Privatvermögen vorhanden. Der Eigenkapitalausweis erlangt damit heute größere Bedeutung, die über die Finanzierungsfunktion, die Wiedergabe der Struktur von Eigen- und Fremdkapital hinausgeht. Ebenso hat sich ein Trend durchgesetzt, zu versuchen, die Haftung auf das der Gesellschaft zur Verfügung gestellte Kapital zu beschränken. Dies ist insbesondere bei der Massen-KG und der GmbH & Co. KG zu beobachten. Aus diesen Gründen werden insbesondere die Kreditinstitute, die sich gem. § 18 KWG bei einer Kreditvergabe von mehr als 100.000,- DM "die wirtschaftlichen Verhältnisse offenlegen lassen" müssen, den Kapitalgesellschaften angeglichene Bilanzen und Bilanzierungsgrundsätze verlangen.[20]

---

[18] PublG i. d. F. vom 29.03.1983

[19] Plum in FS zum hundertjährigen Bestehen des Deutschen Juristentages, S. 137 (190)

[20] Küting/Weber, DB 1987, 1 (6)

Selbst der Gedanke der Selbstorganschaft[21], daß der Gesellschafter im Unternehmen mitarbeitet und damit selbst für sein eingebrachtes Geld- und Sachvermögen verantwortlich zeichnet, schützt die Gesellschaftsgläubiger nicht mehr uneingeschränkt. Bei Personengesellschaften besteht zunehmend die Tendenz, in Annäherung an die Kapitalgesellschaften die Geschäftsführungsbefugnis weitgehend auf Dritte zu verlagern.[22] So hat schon der BGH im sogenannten Holiday-Inn-Fall[23] die alleinige Geschäftsführungsbefugnis bei einem außenstehenden Dritten genügen lassen, wenn sie nur aus wichtigem Grund von den Gesellschaftern wieder entzogen werden konnte.

Trotz dieser Entwicklungen fordert das Gesetz von Personengesellschaften in § 247 Abs. 1 HGB nur eine "hinreichende" Aufgliederung des Eigenkapitals und erklärt im übrigen die GoB für verbindlich, § 243 Abs. 1 HGB. Die Arbeit wird sich folglich insoweit auch mit den GoB zu beschäftigen haben.

1. Das Kapitalkonto des einzelnen Gesellschafters als Grundlage für die Bestimmung des Eigenkapitals

Trotz der Einführung des Begriffes "Eigenkapital" fehlt für Personengesellschaften eine gesetzliche Definition des Eigenkapitals. Deshalb ist im ersten Teil der Arbeit, unter Gliederungspunkt A., zunächst eine inhaltliche Bestimmung des Eigenkapitals erforderlich. Diese wird nicht ohne Rückgriff auf den in § 120 Abs. 2 HGB vorausgesetzten "Kapitalanteil" erfolgen können. Da in § 120 Abs. 2 HGB von Zu- und Abschreibungen die Rede ist, geht das Gesetz davon aus, daß der Kapitalanteil des Gesellschafters sich grundsätzlich aus dem in der Buchführung für ihn zu führenden Kapitalkonto ergibt.

Erst wenn geklärt ist, was im allgemeinen das Eigenkapital und den Kapitalanteil des Gesellschafters einer Personengesellschaft ausmacht, kann in einem zweiten Teil der Arbeit, unter Gliederungspunkt B., auf die formellen Anforderungen an den Eigenkapitalausweis in der Bilanz eingegangen werden.

---

[21] Zum Prinzip der Selbstorganschaft: BGHZ 33, 105 (108 f.); 36, 292 (294 f.); G. Hueck, § 8 I.3, S. 53; Wiedemann, § 5 II.3.a, S. 263

[22] Crezelius in Peter/Crezelius, Rn. 88

[23] BGH, NJW 1982, 1817

2. Die Entfernung der gesellschaftsvertraglichen Regelungen vom Gesetz

Was den Kapitalanteil des jeweiligen Gesellschafters und seine auf dem Kapitalkonto niedergelegte Veränderung betrifft, so finden sich in §§ 120 ff. HGB nur spärliche Regelungen. Diese gesetzlichen Bestimmungen stammen zudem noch unverändert aus der Zeit der Einführung des HGB vom 10.5. 1897. Sie sind damit auf die wirtschaftlichen Verhältnisse zugeschnitten, wie sie in der zweiten Hälfte des vorigen Jahrhunderts vorgefunden wurden. Die Personengesellschaften galten damals als "Arbeits- und Haftungsgemeinschaften".[24] Alle Gesellschafter arbeiteten danach in gleicher Weise, wie es in der Bestimmung des Stimmrechts und der Verlustbeteiligung nach Köpfen zum Ausdruck kommt, an der Förderung des Gesellschaftszwecks mit. Kapital galt nur insoweit als erforderlich, als es zur Durchführung des Gesellschaftszwecks im Interesse der Gesellschafter benötigt wurde.[25] Die Gesellschaftsgläubiger sollten durch die persönliche Haftung der Gesellschafter - bei den Komplementären unbeschränkt und bei den Kommanditisten beschränkt - gesichert werden.

Die wirtschaftlichen Verhältnisse haben sich aber im Laufe dieses Jahrhunderts erheblich verändert. Dazu gehört insbesondere die wachsende Kapitalintensität der Unternehmen.[26] Deshalb besteht bei persönlich und unbeschränkbar haftenden Gesellschaftern, auf lange Sicht arbeitend, ein besonderes Interesse, den Wert ihres Unternehmens durch Rücklagenbildung zu erhöhen.[27]

Schien der Gesetzgeber schon damals angesichts der spärlichen gesetzlichen Bestimmungen auf eine weitgehende freie gesellschaftsvertragliche Regelung hinwirken zu wollen[28], so erscheint diese heute nötiger denn je. Die mannigfaltigen Interessen der bestehenden Gesellschaften erfordern ebenfalls zum Teil weitgehende Abweichungen von den gesetzlichen Regelungen.[29] Unter diesen Abweichungen leidet allerdings nicht selten die Klarheit der Rechtsbeziehungen. Gerade bei Familiengesellschaften ist das auf die engen familiären Bande zurückzuführen. Detaillierte Regelungen

---

[24] BGHZ 38, 306 (312); Morck, S. 6; Horst, § 1 I.1, S. 1

[25] Potthoff/Zintzen/Halft, S. 58

[26] Potthoff/Zintzen/Halft, S. 58; Horst, § 1 I.1, S. 1

[27] Sudhoff, Gesellschaftsvertrag, I.A.2.a, S. 19

[28] So: Priester, DB 1975, 1878 (1881); Horst, § 1 I.2, S. 2

[29] Morck, S. 195

fehlen hier weitgehend in der Hoffnung, Streitigkeiten gütlich beilegen zu können.[30]

Auf der anderen Seite hat die Praxis aufgrund der geänderten Gesellschaftsverhältnisse und -bedürfnisse häufig von der Vertragsfreiheit im Rahmen der gesellschaftsvertraglichen Gestaltung der Mitgliedschaftsrechte Gebrauch gemacht. Das schlägt sich beispielsweise in der Einführung eines sogenannten festen Kapitalanteils für alle oder einzelne Gesellschafter nieder. Dieser feste Kapitalanteil zeichnet sich zunächst durch die Führung eines unveränderlichen Kapitalkontos aus, auf dem lediglich ein fester Betrag gebucht wird. Alle anderen gesellschaftsrechtlichen Vorgänge müssen dann auf mindestens einem weiteren Konto gebucht werden.

Das zusätzliche Konto trägt die unterschiedlichsten Bezeichnungen[31] wie "Kapitalkonto II", "Darlehenskonto" oder "Privatkonto". In der Bilanz ist es aufgrund der gesonderten Ausweispflicht des Eigenkapitals gem. § 247 Abs. 1 HGB nach seinem materiellrechtlichen Charakter dem Eigen- oder Fremdkapital zuzuordnen. Das gleiche Konto trägt nun einmal die Bezeichnung "Kapital", einmal die Bezeichnung "Darlehen". Rechtlich ist das Darlehen gem. § 607 Abs. 1 BGB durch die uneingeschränkte Rückzahlungspflicht gekennzeichnet. Der Kapitalanteil dagegen kann gem. § 120 Abs. 2 durch Verluste aufgezehrt werden. Trotz dieses unterschiedlichen Rechtscharakters wird auch heute nach Einführung des Bilanzrichtlinien-Gesetzes noch vertreten, unter der Position "Eigenkapital" seien unter anderem das Kapitalkonto und das Darlehenskonto zu buchen.[32]

Ausschlaggebend für den materiellrechtlichen Charakter eines Kontos wird sicherlich nicht allein seine Bezeichnung sein, sondern in erster Linie der Gesellschaftsvertrag. Nur fehlt es heute immer noch in vielen Gesellschaftsverträgen, soweit sie überhaupt schriftlich geschlossen werden, an hinreichend klaren Regelungen. Dies gilt, wie schon angedeutet, insbesondere für die kleineren Gesellschaften. Oft ist den Beteiligten, gerade bei der Vereinbarung fester Kapitalanteile, selbst nicht klar, welchen materiellrechtlichen Charakter sie den Konten beimessen wollen.[33] So erscheinen in der Praxis auf den Kapitalkonten bzw. den daneben geführten "Privat-", "Darlehenskonten" usw. Buchungsposten, die ihrer Rechtsnatur nach jeweils nicht auf das betreffende Konto gehören. Die Verrechnung gesellschaftsrechtlicher

---

[30] Horst, § 6 I.3.a, S. 107

[31] BFH v. 3.2.1988, DB 1988, 1199 (1200); Klauss/Mittelbach, Rn. 212; Schopp, BB 1987, 581 (582)

[32] Sarx in Beck Bil-Komm., § 247 Rn. 305

[33] Schopp, BB 1987, 581; Buchwald/Tiefenbacher/Dernbach, § 51 III.2

Vorgänge mit individualrechtlichen Ansprüchen kann gerade bei Kommanditisten wegen der beschränkten Haftung zu schweren Nachteilen führen.[34]

Die handelsrechtlich unrichtige Behandlung mag teilweise auch daran liegen, daß regelmäßig die Steuerberater mit Buchführung und Jahresabschluß der kleinen und mittleren Unternehmen betraut sind. Angesichts der Nichtveröffentlichungspflicht der Bilanzen orientiert sich diese Berufsgruppe folglich oft mehr an der Akzeptanz der Bilanz durch die Finanzverwaltung als an handelsrechtlichen Gesichtspunkten. So kann auch die Einrichtung der Gesellschafterkonten schwerwiegende rechtliche Konsequenzen für die Gesellschafter haben, wenn der buchführungstechnisch versierte "Buchsachverständige" die Konten anders beurteilt als die Rechtsprechung, die auf möglicherweise nicht beachtete juristische Gesichtspunkte abstellt.[35]

Auch das Steuerrecht legt in § 5 Abs. 1 EStG die "handelsrechtlichen Grundsätze ordnungsmäßiger Buchführung" zugrunde. Das in der Bilanz auszuweisende Eigenkapital hat daher zunächst handelsrechtlichen Vorschriften zu genügen. Es wird deshalb im dritten Teil der Arbeit, unter Gliederungspunkt C., erforderlich sein, die entsprechenden Buchungen in der laufenden Buchführung unter handels- und gesellschaftsrechtlichen Aspekten zu untersuchen.

Aufgabe der Arbeit insgesamt ist es mithin, Kriterien zu entwickeln, um die Unklarheiten bezüglich der nunmehr von Personengesellschaften geforderten Pflicht zu einem gesonderten Ausweis sowie einer möglichen Aufgliederung des Eigenkapitals zu beseitigen. Dabei sollen auch Anhaltspunkte dafür gegeben werden, ob bestimmte Vorgänge in der Gesellschaft materiellrechtlichen Einfluß auf das Eigenkapital haben.

---

[34] Heinemann in Felix, Rn. 466, mit Angabe von Beispielen in Rn. 470

[35] Klauss/Mittelbach, Rn. 211

A. Eigenkapital und Kapitalanteil des Gesellschafters bei Personengesellschaften

Aus § 247 Abs. 1 HGB und seiner systematischen Stellung im Gesetz ergibt sich für alle Kaufleute der zwingende Ausweis eines "Eigenkapitals". Das Eigenkapital der Kapitalgesellschaften wird gem. § 266 Abs. 3 HGB unter anderem aus dem "gezeichneten Kapital" (A. I.) gebildet. Dieses "gezeichnete Kapital" ist nach der Legaldefinition des § 272 Abs. 1 S. 1 HGB "das Kapital, auf das die Haftung der Gesellschafter für die Verbindlichkeiten der Kapitalgesellschaft gegenüber den Gläubigern beschränkt ist". Bei der Aktiengesellschaft ist das gem. § 1 Abs. 2 AktG das Grundkapital, bei der GmbH gem. § 3 Abs. 1 Ziff. 3 GmbHG das Stammkapital. Beide sind mit einer Mindesteinlage gem. §§ 7 f. AktG, § 5 Abs. 1 GmbHG von den Gesellschaftern aufzubringen. Das Gesetz verbietet es, das zur Deckung des Kapitals notwendige Vermögen auszuschütten, § 57 Abs. 1 S. 1 AktG, § 30 Abs. 1 GmbHG.[1]

Für die Personengesellschaften fehlen entsprechende Vorschriften. Im Gegensatz zu den Kapitalgesellschaften sind sie dadurch gekennzeichnet, daß ihre Gesellschafter für die Gesellschaftsschulden gem. § 128 S. 1 HGB persönlich und gem. § 128 S. 2 HGB unbeschränkbar haften.[2] Sie haben kein "gezeichnetes Kapital". Wegen der persönlichen und unbeschränkbaren Haftung besteht auch keine den §§ 57 Abs. 1 S. 1 AktG, 30 Abs. 1 GmbHG entsprechende Ausschüttungssperre. Dennoch ergibt sich aus dem für alle Kaufleute geltenden § 247 Abs. 1 HGB, daß auch Personengesellschaften in ihrer Bilanz ein "Eigenkapital" ausweisen müssen. Deswegen stellt sich die Frage, was dem Eigenkapital der Personengesellschaft zuzurechnen ist.

---

[1] Buchwald/Tiefenbacher/Dernbach, § 2 III.1, S. 24

[2] Bei der KG gilt das nur für die Komplementäre, nicht für die Kommanditisten, § 161 Abs. 1 HGB.

I. Inhaltliche Bestimmung des Eigenkapitals

Eine Begriffsbestimmung des Eigenkapitals ist mit Einführung des Bilanzrichtlinien-Gesetzes nicht erfolgt. In dem nunmehr für alle Kaufleute geltenden § 247 Abs. 1 HGB heißt es lediglich, daß in der Bilanz "das Anlage- und das Umlaufvermögen, das Eigenkapital, die Schulden sowie die Rechnungsabgrenzungsposten gesondert auszuweisen und hinreichend aufzugliedern" sind. Damit wird nur die Existenz einer Bilanzposition "Eigenkapital" neben den anderen aufgeführten Bilanzposten statuiert.

1. Der Inhalt des Eigenkapitals nach dem Gesetz

§ 247 Abs. 1 HGB nennt den Begriff "Eigenkapital" für alle Kaufleute, für Einzelkaufleute und Personengesellschaften ebenso wie für Kapitalgesellschaften. Umfang und Inhalt des "Eigenkapitals" gelten damit gleichermaßen für Personen- und Kapitalgesellschaften. Anhaltspunkte für eine Inhaltsbestimmung können sich folglich auch aus den allein für Kapitalgesellschaften geltenden Vorschriften des Zweiten Abschnitts des HGB[1] ergeben.

§ 301 Abs. 1 S. 2 Ziff. 1 HGB bestimmt, daß das Eigenkapital in der Höhe anzusetzen ist, wie es "dem Buchwert der ... Vermögensgegenstände, Schulden, Rechnungsabgrenzungsposten, Bilanzierungshilfen und Sonderposten ... entspricht". Daraus ist abzuleiten, daß das Eigenkapital keinen festen Bestand hat, sondern eine rechnerisch sich ergebende Größe ist. Es ergibt sich in Form einer Differenz aus den Werten der übrigen Bilanzposten.[2]

Dieses Ergebnis bestätigt die Gegenüberstellung von § 242 und § 247 HGB. Jeder Kaufmann hat gem. § 242 Abs. 1 S. 1 HGB zu Beginn seines Handelsgewerbes und zum Ende eines jeden Geschäftsjahres einen "das Verhältnis seines Vermögens und seiner Schulden darstellenden Abschluß aufzustellen". Enthält die Bilanz zugleich nach § 247 Abs. 1 HGB im wesentli-

---

[1] Erster Unterabschnitt: §§ 264 - 289 HGB

[2] Rückle/Klatte in Handwörterbuch, S. 113 (116)

chen nur Vermögen, Schulden und Eigenkapital, so stellt das Eigenkapital bilanzmäßig die Differenz zwischen Vermögen und Schulden dar[3].

Im Regelfall, wenn das Vermögen die Schulden überwiegt, ist das Eigenkapital auf der Passivseite der Bilanz ausgewiesen. Man spricht dann auch vom "Reinvermögen" der Gesellschaft.[4] Überwiegen dagegen die Schulden das Vermögen, so steht der Posten Eigenkapital auf der Aktivseite der Bilanz.[5]

Nach der Betriebswirtschaftslehre gibt die Passivseite der Bilanz zugleich die Kapitalherkunft an, unterschieden nach Eigen- und Fremdkapital.[6] Das Eigenkapital umfaßt dabei die Mittel, die der Eigentümer bzw. die Gesellschafter aufbringen.[7]

Aus welchen einzelnen Positionen sich das Eigenkapital zusammensetzen kann, ist ferner § 9 Abs. 3 PublG bzw. §§ 266 Abs. 3, 268 Abs. 1 S. 2, 272 HGB zu entnehmen: nach § 9 Abs. 3 PublG stellt das Eigenkapital die Summe der "Kapitalanteile der Gesellschafter, der Rücklagen, eines Gewinnvortrags und eines Gewinnes abzüglich der nicht durch Vermögenseinlagen gedeckten Verlustanteile von Gesellschaftern, eines Verlustvortrags und eines Verlustes" dar. Die Posten unter § 266 Abs. 3 (A.) unterscheiden sich davon insoweit, als an die Stelle der "Kapitalanteile der Gesellschafter" bei Kapitalgesellschaften der Posten "Gezeichnetes Kapital" tritt.

Entsprechend § 9 Abs. 3 PublG weist das Gesetz den Gesellschaftern einer Personengesellschaft in §§ 120 Abs. 2, 121, 167 Abs. 2, 168 Abs. 1 HGB einen Kapitalanteil zu. Unter Zugrundelegung eines einheitlichen Sprachgebrauchs des Gesetzes ist dieser Kapitalanteil als Anteil am "Kapital" zu trennen von dem Anteil am Gesellschaftsvermögen in § 719 Abs. 1 BGB.[8] Im Gegensatz zum Vermögen läßt sich das Kapital nur in einer Zahl, in einem Geldbetrag ausdrücken.[9] Der Begriff "Kapital" findet sich allein in Verbindung mit buch-

---

[3] Großfeld, § 1 I, S. 2; Reinhard in Küting/Weber, § 247 Rn. 92; so auch die Betriebswirtschaftslehre: Moxter, § 6, 2., S. 17; Hantke, 3.1.1, S. 70; Wöhe, S. 32

[4] Morck, S. 74; Thiel; 2.3.4.2.1, S. 40; Moxter, § 6, 2., S. 17; Hantke, 3.1.1, S. 70, und 4.5.6; Falterbaum/Beckmann, 2.2.1, S. 68; Gierke/Sandrock, § 20 III.3.e; Kupsch in Hofbauer/Kupsch, § 247 Rn. 24

[5] Näheres dazu unten, B.II.4, S. 93 f.;
besondere Ausweispflichten, die sich für Kapitalgesellschaften aufgrund des festen Nennkapitals ergeben, sollen hier außer Betracht bleiben.

[6] Heinen, S. 301; Falterbaum/Beckmann, 2.2.1, S. 68

[7] Hantke, 3.1.1, S. 70; Coenenberg, S. 5; Wöhe, S. 30

[8] Anders: v. Godin, WPg. 1958, 226 (229)

[9] Ebenso: Eckelt, NJW 1954, 1905 (1906): "Man kann es (das Vermögen) besitzen, ohne sich Gedanken darüber zu machen, was es wert ist, also ohne Beziehung zum Geldbegriff."

führungs- und bilanzrechtlichen Vorschriften des HGB[10] und seiner Nebengesetze. Der Gesetzgeber mißt dem Begriff "Kapital" also vornehmlich bilanzrechtliche Bedeutung bei. Der Kapitalanteil des Gesellschafters ist als Anteil am Kapital der Personengesellschaft zu verstehen. Und dieses Kapital der Personengesellschaft ist, weil es im Grundsatz durch Einlagen der Gesellschafter aufgebracht wird, § 121 Abs. 2 S. 1 HGB, das Eigenkapital.

Die Kapitalanteile der Gesellschafter von Personengesellschaften sind nach der Konzeption des Gesetzgebers variabel gestaltet; ihnen werden gem. §§ 120 Abs. 2, 121 Abs. 2 S. 1 HGB Einlagen und Gewinne zugeschrieben sowie Verluste und Entnahmen abgeschrieben. Mit Ausnahme der Entnahmen sind das die gleichen Posten, die sich unter anderen im Eigenkapital der Kapitalgesellschaften, §§ 266 Abs. 3 (A.), 268 Abs. 1 S. 2 HGB, sowie in § 9 Abs. 3 PublG wiederfinden.

Für die Personengesellschaft bedeutet das also, daß das Eigenkapital sich grundsätzlich aus der Summe der Kapitalanteile der Gesellschafter ergibt und mit ihr identisch ist.[11] Deswegen beinhaltet das Eigenkapital der Personengesellschaften in Anlehnung an §§ 121 Abs. 2, 120 Abs. 2 HGB die Summe der Einlagen der Gesellschafter einschließlich der Gewinne, abzüglich der Verluste und Entnahmen.[12]

2. Der Kapitalanteil als Element der Bilanz der Personengesellschaft

Der Einzelkaufmann weist sein Kapital als Überschuß der Aktiven über die Passiven auf der Passivseite der Bilanz aus.[13] Für die Personengesellschaft gilt bezüglich des Eigenkapitalausweises nach den bisherigen Feststellungen nichts anderes. Nur steht schon mangels ihrer Rechtsfähigkeit das aktivisch auszuweisende Gesellschaftsvermögen nicht der Personengesellschaft selbst zu[14], sondern den Gesellschaftern in ihrer gesamthänderischen Verbunden-

---

[10] So in §§ 120, 121, 122, 155, 167, 168, 247 ff. HGB

[11] Weil nur für die Bankenaufsicht unmittelbar verbindlich, kann § 10 Abs. 2 Ziff. 1 KWG zur Bestätigung dieses Ergebnisses nur beschränkt herangezogen werden. Danach gehören jedenfalls zum Eigenkapital der Personengesellschaften "das eingezahlte Geschäftskapital und die Rücklagen".

[12] BFH v. 3.2.1988, DB 1988, 1199 (1200)

[13] Huber, § 8, 1.b, S. 175; Glade, § 253 Rn. 617

[14] § 124 HGB gilt aufgrund seiner systematischen Stellung nur im Verhältnis zu Dritten und in diesem Sinne auch nur für den Rechtserwerb der OHG "unter ihrer Firma", so auch Baumbach/Duden/Hopt, § 124 Anm. 6 G

heit, §§ 161 Abs. 2, 105 Abs. 2 HGB, 718 BGB.[15] Auch das grundsätzlich passivisch ausgewiesene Kapital ist damit nicht das Kapital der Gesellschaft.

Das Eigenkapital steht aber anders als das aktivische Gesellschaftsvermögen den Gesellschaftern auch nicht zur gesamten Hand zu, weil eine Gesamthandsberechtigung nur an aktivischen Vermögensgegenständen bestehen kann. Deshalb ist das Eigenkapital anteilsmäßiges Kapital der Gesellschafter, ausgedrückt durch deren jeweiligen "Kapitalanteil".[16] An dieser Stelle braucht dabei noch nicht entschieden zu werden, ob die einzelnen Anteile in die Handelsbilanz aufgenommen werden müssen oder der summarische Ausweis als Eigenkapital genügt[17].

Zwischenergebnis: Als Grundlage für die weiteren Untersuchungen bleibt festzuhalten, daß das Eigenkapital zunächst ein bilanztechnischer Begriff ist. Das Eigenkapital ist bilanzmäßig der Saldo zwischen Vermögen und Schulden. In der Personengesellschaft ist das Eigenkapital zugleich identisch mit der Summe der Kapitalanteile der Gesellschafter. Es ergibt sich damit aus den Einlagen der Gesellschafter zuzüglich der Gewinne, abzüglich der Verluste und Entnahmen. Wegen der Teilhabe an Gewinn und Verlust bleibt die Summe der Kapitalanteile immer Ausgleichsposten zwischen Aktiven und Passiven[18], zumal die Personengesellschaft kein festes Grund- oder Stammkapital kennt.

---

[15] H. M.: Palandt/Thomas, § 718 Anm. 1; Huber, § 4, 1, S. 61 f.; § 5, S. 89 ff.; G. Hueck, § 3 II, S. 22, und § 12 II.2 für die OHG; Wiedemann, § 5 I.1, S. 43 ff.; Westermann in Westermann u. a., I Rn. 281; Kübler, § 4 III.1; Morck, S. 74; Crezelius in Peter/Crezelius, Rn. 8; a. A. die Vertreter der Theorie von der kollektiven Einheit, bes.: Schmidt, Lehrbuch, § 8 III, S. 151 ff. m. w. N.; Flume, § 11 II.4, S. 157; MK/Ulmer, § 705 Rn. 109 ff.; ähnlich auch Soergel/Hadding, Vor § 705 Rn. 21, nach dem die Personengesellschaft zwar keine juristische Person ist, die Gesamthand aber eigenes Zuordnungsobjekt und "vermögensrechtsfähig".

[16] Huber, § 8, 1 b, S. 176; Morck, S. 74

[17] Für den Ausweis der Konten: Düringer/Hachenburg/Flechtheim, § 120 Anm. 3; Huber, § 8, 1.b, S. 176, allerdings mit der Maßgabe, daß die Aufteilung in einem Anhang zur Bilanz genüge.

[18] Morck, S. 74

II. Der Kapitalanteil des einzelnen Gesellschafters

Die Kapitalanteile werden regelmäßig durch Einlagen[1] der Gesellschafter gebildet, § 121 Abs. 2 S. 1 HGB.[2] Sie verändern sich gem. § 120 Abs. 2 HGB automatisch durch Zuschreibung der Gewinnanteile und Abschreibung von Verlustanteilen und Entnahmen. Der Gewinn der Personengesellschaft ergibt sich aus der Gewinn- und Verlustrechnung. Er ist mit dem Jahresüberschuß identisch und sollte entsprechend der Legaldefinition des § 248 Abs. 5 E-HGB als Überschuß der Erträge über die Aufwendungen definiert werden.[3]

Der Gewinn läßt sich ebenso durch Reinvermögensvergleich zwischen der zu erstellenden und der vorhergehenden Bilanz ermitteln.[4] Er ist dann in Anlehnung an § 4 Abs. 1 S. 1 EStG als Vermögensmehrung gegenüber dem Vorjahr zu verstehen, wobei die Gesellschaftereinlagen abzurechnen und die Privatentnahmen im Laufe des Geschäftsjahres hinzuzurechnen sind.[5] Der Verlust bedeutet das Umgekehrte. Unter einer "Entnahme" ist jede Leistung seitens der Gesellschaft an die Gesellschafter ohne Gegenleistung auf gesellschaftsrechtlicher Ebene zu verstehen, insbesondere die Zahlung von Geldbeträgen oder anderen geldwerten Leistungen.[6]

Um die Veränderungen des Kapitalanteils festhalten zu können, ist es notwendig, in der laufenden Buchführung für jeden Gesellschafter ein Kapitalkonto zu führen. Der Kaufmann und damit auch die Personengesellschaft sind gem. § 238 Abs. 1 S. 1 HGB zur laufenden Buchführung

---

1 Zum Einlagebegriff s. u., Ausf. unter A.II.4, S. 42 ff.

2 Zur Möglichkeit der Aufbringung von Eigenkapital durch Gewinnthesaurierung im Wege der Rücklagenbildung und durch Finanzierung über Abschreibungen: Wiedemann, § 10 IV.1.a, S. 554

3 Thiel, 2.3.4.2.1.4.

4 Fischer in Großkomm.HGB, § 120 Anm. 15; G. Hueck, § 14 VI.1, S. 107; Heymann/Kötter, § 120 Anm. 2

5 Schulze zur Wiesche, II.3; Baumbach/Duden/Hopt, § 120 Anm. 1 C; ähnlich: Palandt/Thomas, § 721 Anm. 1; wenn G. Hueck, § 14 VI.1, S. 107, im Gewinn allein die "Vermehrung des Gesellschaftsvermögens" gegenüber dem abgelaufenen Geschäftsjahr sieht, so ist damit wohl die Änderung des Reinvermögens gemeint.

6 Sarx in Beck Bil-Komm., § 247 Rn. 326; Crezelius in Peter/Crezelius, Rn. 268; Huber, ZGR 1988, 1 (28); Baumbach/Duden/Hopt, § 122 Anm. 1 A; Weickert, D.5., S. 190; zum steuerlichen Entnahmebegriff vgl. § 4 Abs. 1 S. 2 EStG

verpflichtet. Die Führung von Kapitalkonten gehört folglich zu den GoB.[7] Der Saldo des Kapitalkontos gibt den jeweiligen Kapitalanteil des Gesellschafters wieder.

1. Die gesetzlichen Funktionen des Kapitalanteils

Ausgangspunkt der gesetzlichen Regelung ist § 120 Abs. 2 HGB. Ebenso wie in §§ 121, 122, 155 HGB wird die Existenz eines Kapitalanteils des Gesellschafters vorausgesetzt, eine Legaldefinition aber nicht gegeben. Was der Kapitalanteil beinhaltet, ist daher anhand seiner gesetzlich vorgesehenen Funktionen zu beleuchten.

Als erstes dient der Kapitalanteil zur Bestimmung der Vorausdividende: jeder Gesellschafter erhält gem. § 121 Abs. 1 HGB bei der Gewinnverteilung im voraus einen Betrag von vier vom Hundert seines Kapitalanteils, soweit der Gewinn dazu ausreicht. Bei niedrigerem Gewinn ist ein entsprechend geringerer Prozentsatz anzusetzen.

Zweitens gewährt § 122 Abs. 1 HGB jedem Gesellschafter ein Entnahmerecht in Höhe von vier vom Hundert seines für das vergangene Geschäftsjahr festgestellten Kapitalanteils, unabhängig davon, ob ein Gewinn erzielt worden ist. Zu weiteren Entnahmen ist er gem. § 122 Abs. 1 HGB nur berechtigt, soweit der Gewinn des vergangenen Jahres die Summe von vier vom Hundert des Kapitalanteils übersteigt und "es nicht zum offenbaren Schaden der Gesellschaft gereicht". Mit letzterer Einschränkung soll vermieden werden, daß der Gesellschafter noch Entnahmen tätigt, obwohl für ihn offensichtlich dann der Bestand der Gesellschaft, die Erreichung des Gesellschaftszwecks oder auch die Ausführung bereits eingeleiteter, ohne erhebliche Nachteile nicht rückgängig zu machender großer Geschäfte gefährdet wäre[8]. Die Einschränkung des Entnahmerechts in § 122 Abs. 1, letzter Halbsatz HGB, ist damit ein besonderer Ausdruck des Grundsatzes der Gesellschaftstreue.

Seine dritte Funktion übt der Kapitalanteil in der Liquidation der Personengesellschaft aus. Gem. § 155 Abs. 1 HGB ist er maßgebend für das Auseinandersetzungsguthaben: ist nach Berichtigung der Gesellschaftsschulden noch Gesellschaftsvermögen vorhanden, so besteht ein Anspruch auf Vermögensverteilung. Diese Verteilung erfolgt entsprechend dem Verhältnis der Kapitalanteile, wie sie sich aus der Liquidationsschlußbilanz (§ 154 HGB)

---

[7] Morck, S. 74; Huber, ZGR 1988, 1 (6)

[8] Fischer in Großkomm.HGB, § 122 Anm. 17

ergeben.[9] Die Kapitalanteile müssen also in der Liquidationsschlußbilanz neu festgesetzt werden. Das geschieht zunächst dadurch, daß der Reinerlös der Liquidation mit dem in der letzten Jahresbilanz ausgewiesenen Eigenkapital bzw. der Summe der Kapitalanteile der Gesellschafter verglichen wird. Ergibt sich danach ein über das Eigenkapital hinausgehender Reinerlös, d. h. ein Gewinn, so ist der überschießende Betrag nach dem Gewinnverteilungsschlüssel auf die Kapitalanteile der einzelnen Gesellschafter zu verteilen.[10] Die so festgestellten Kapitalanteile sind in ihrer Summe zwangsläufig wieder mit dem Liquidationserlös identisch, da nur so die Schlußbilanz ausgeglichen ist.[11] § 155 HGB besagt folglich nur, daß die Kapitalanteile in der Schlußbilanz, sofern sie alle einen positiven Stand haben[12], mit ihrem Nennbetrag an die Gesellschafter zu verteilen sind.

Weitere Funktionen kommen dem Kapitalanteil wegen der Personenbezogenheit der Personengesellschaft nach dem Gesetz nicht zu. Er ist kein Maßstab für das Stimmrecht, weil nach der Konzeption des Gesetzgebers das Stimmrecht nach Köpfen gilt, §§ 119 Abs. 2 HGB, 709 Abs. 2 BGB. Er ist auch nicht Maßstab für die Gewinnverteilung hinsichtlich der Gewinne über die vierprozentige Vordividende hinaus sowie für die Verlustverteilung, §§ 121 Abs. 3 HGB, 722 Abs. 1 BGB.[13]

2. Fester und veränderlicher Kapitalanteil

Die Summe der jeweiligen Kapitalanteile der Gesellschafter ergibt das bilanzmäßige Eigenkapital einer Personengesellschaft. Damit bringt der Kapitalanteil des einzelnen Gesellschafters die augenblickliche, anteilsmäßige Beteiligung am Eigenkapital zum Ausdruck, wie es sich zum Bilanzstichtag in der Bilanz der Gesellschaft darstellt.[14] Als insoweit bloße Rechnungsziffer für die Verhältnisse der Gesellschafter untereinander - und nicht zu Dritten - unterliegt der Kapitalanteil folglich der Vertragsfreiheit, § 109 HGB. Der

---

[9] BGHZ 19, 42 (48) m. w. N.

[10] Baumbach/Duden/Hopt, § 154 Anm. 2 B; A. Hueck, § 32 VI.3; vgl. auch das Beispiel bei Huber, § 8, 2.a, S. 180 f.

[11] Huber, § 8, 2. a, S. 181 m. w. N.; Klußmann, DB 1967, 389

[12] Zum negativen Kapitalanteil und -konto s. u., Ausf. unter B.II.4, S. 93 f.

[13] Zur abweichenden Regelung für den Kommanditisten vgl. § 168 Abs. 2 HGB; umfassend zu den besonderen Funktionen des auf dem Kapitalkonto verbuchten Kapitalanteils des Kommanditisten: Huber, ZGR 1988, 1 (11 ff.)

[14] Morck, S. 82

Gesellschaftsvertrag kann Abweichungen in der Berechnung sowie auch unveränderliche Kapitalanteile vorsehen.[15]

In der Praxis wird von der Vereinbarung fester Kapitalanteile häufig Gebrauch gemacht, und zwar in Anlehnung an die Kapitalgesellschaften, bei denen kraft zwingenden Rechts nur feste Anteile gebildet werden dürfen.[16] Die Handhabung fester Kapitalanteile erfolgt teilweise allein dadurch, daß der Gesellschaftsvertrag nicht lediglich ein veränderliches Kapitalkonto zur Erfassung der kapitalverändernden Buchungen vorsieht, sondern ein festes Dauerkonto und daneben mindestens ein zweites veränderliches Konto für die entsprechenden Buchungen. Im folgenden wird eine solche Einrichtung unter dem "System fester Kapitalanteile" verstanden.

Der Begriff des "Systems fester Kapitalanteile" wird zunächst nur der Einfachheit wegen zur Abgrenzung vom gesetzlichen "System variabler Kapitalanteile" gewählt. Ob es sich dabei wirklich um feststehende, d. h. unveränderliche Kapitalanteile handelt, wird im materiellrechtlichen Teil noch zu untersuchen sein.[17]

Während das Gesetz in §§ 121 Abs. 3, 119 Abs. 2 HGB Stimmrecht und Verlustbeteiligung nach Köpfen regelt, streben die Gesellschafter mit der Vereinbarung fester Kapitalanteile die einheitliche Handhabung von Kapitalbeteiligung, Stimmrecht[18] und Gewinn-und Verlustbeteiligung an.[19] Ebenso kann die Höhe der zulässigen Entnahmen, die sich beim variablen Kapitalanteil stets ändert, konstant gehalten werden. Weder das Verhältnis der "Kapitalanteile" noch die sich daraus ergebenden Beteiligungsverhältnisse der Gesellschafter können sich bei feststehenden "Kapitalanteilen" verändern.

Der Grund für eine solche Handhabung liegt in der Klarheit, der Schaffung eindeutiger Verteilungs- und Abstimmungsverhältnisse.[20] Die Regelung soll auch davor schützen, daß ein vermögender Gesellschafter durch Stehenlassen der Gewinne seinen Kapitalanteil und damit seine Beteiligung am Gewinn

---

[15] Unstr., vgl. nur: G. Hueck, § 14 V. 2; A. Hueck, § 16 V.4, S. 241; Huber, § 11, S. 236 ff.; Maiberg, Rn. 86

[16] Vgl. die Untersuchung von Morck, S. 93; ebenso: Sudhoff, Familienunternehmen, § 29, S. 90

[17] S. u., Ausf. unter C., S. 130 ff.

[18] Eine gesellschaftsvertragliche Ausrichtung des Stimmrechts nach der Höhe des Kapitalanteils kann allerdings nur dann Bedeutung gewinnen, wenn der Gesellschaftsvertrag Mehrheitsentscheidungen zuläßt.

[19] BFH v. 3.2.1988, DB 1988, 1199; Huber, § 11, 1. a, S. 236; Morck, S. 85, der aber zutreffend bemerkt, daß dazu nicht allein die Vereinbarung fester Kapitalanteile ausreicht. Vielmehr muß sich aus dem Gesellschaftsvertrag ergeben, daß die bezeichneten Gesellschafterrechte sich nach dem Kapitalanteil bemessen sollen.

[20] So auch die entsprechende Auswertung von Morck, S. 111

ständig erhöht, bis er seine Mitgesellschafter "aushungert" und allein herrscht.[21] Dies gilt namentlich für den praxisrelevanten Fall, daß auch das Stimmrecht nach dem Kapitalanteil ausgerichtet wird.

Selbst das Gesetz nähert sich im Recht der Kommanditgesellschaften dieser gesellschaftsvertraglichen Regelung an: grundsätzlich gilt § 120 Abs. 2 HGB über § 161 Abs. 2 HGB zwar auch hier, gem. § 167 Abs. 2 HGB wird aber der Gewinn dem Kapitalanteil des Kommanditisten maximal bis zur Höhe seiner bedungenen Einlage zugeschrieben. Demnach soll die Einlage die Höchstgrenze für den Kapitalanteil des Kommanditisten bilden.[22]

Die beiden dargestellten Modelle des festen und veränderlichen Kapitalanteils lassen sich auch miteinander kombinieren. So können Gesellschaftsverträge vorsehen, daß eine Erhöhung des Gesellschaftskapitals nur nach dem Verhältnis der Kapitalkonten der Gesellschafter vorgenommen werden darf. Die Kapitalkonten können sich dann nur in der ursprünglichen Relation verändern, die überschießenden Beträge sind den Gesellschaftern auf ihre "Privat-" oder anderen Sonderkonten gutzuschreiben[23]. Das gleiche Verhältnis der Gesellschafter untereinander bleibt damit gewahrt. Aus diesem Grunde wird man eine solche Vereinbarung aber praktisch nur dort finden, wo alle Gesellschafter mitarbeiten und alle die gleichen Rechte und Pflichten haben.[24]

Näher dem System der veränderlichen Kapitalanteile zuzuordnen ist eine Vereinbarung, die eine Veränderung der Kapitalkonten nur innerhalb bestimmter Grenzen zuläßt. Solche Grenzen haben, soweit sie Untergrenzen bilden, die Wirkung von Entnahmebeschränkungen. Sie haben den Zweck, der Gesellschaft ein Mindestkapital zu sichern bzw. im Fall der Obergrenze eine Kapitalübersättigung zu vermeiden.[25]

Die aufgezeigten Regelungsmöglichkeiten sollen und können keine abschließende Darstellung beinhalten. Sie sollen nur verdeutlichen, daß die Gesellschafter einer Personengesellschaft den Kapitalanteil in ihren Verträgen beliebig gestalten können. Sie können selbstverständlich auch im gesetzlichen System des variablen Kapitalanteils verbleiben und dem

---

[21] Huber, § 11, 1. a, S. 239; dazu und zu weiteren Gründen auch: Morck, S. 112; Crezelius in Peter/Crezelius, Rn. 266

[22] Gemeint ist hier die "Pflichteinlage" des Kommanditisten, zu der er sich den Gesellschaftern gegenüber im Innenverhältnis verpflichtet. Diese kann durchaus verschieden sein von der "Hafteinlage", die gem. § 162 Abs. 1 HGB im Handelsregister einzutragen ist und den Gläubigern gegenüber gilt; s. u., Ausf. unter B.IV.3, S. 120 f.

[23] Potthoff/Zintzen/Halft, S. 226; Westermann in Westermann u. a., I Rn. 296; näher dazu: Sudhoff, Familienunternehmen, § 46, a, S. 164

[24] Wie Fußn. 23

[25] Potthoff/Zintzen/Halft, S. 227

Kapitalanteil lediglich Funktionen entziehen oder weitere Funktionen beimessen, wie z. B. den Maßstab für das Stimmrecht.[26]

3. Die Rechtsnatur des Kapitalanteils

Der Kapitalanteil dient als Bemessungsgrundlage für verschiedene Rechte des Gesellschafters wie die Ansprüche auf die Vordividende und auf das Auseinandersetzungsguthaben. Kraft Gesellschaftsvertrages können dem Kapitalanteil weitere Funktionen beigemessen werden. Deshalb stellt sich an dieser Stelle die Frage nach seiner Rechtsnatur. Mangels gesetzlicher Definition ist zur Abgrenzung zwischen dem Gesellschaftsanteil, dem Vermögensanteil und dem Kapitalanteil zu unterscheiden.

Der Gesellschaftsanteil repräsentiert die Mitgliedschaft, er umfaßt die gesamte Beteiligung des Gesellschafters als Inbegriff der mitgliedschaftlichen Rechte.[27] Der Vermögensanteil dagegen gibt die vermögensmäßige Beteiligung an der Gesellschaft wieder, gleichbedeutend mit dem Anteil am Gesellschaftsvermögen (§ 719 Abs. 1 BGB).[28]

a) Die Entwicklung der h. M.

Seit der Leitentscheidung des Reichsgerichts im Jahre 1927[29] wird der Kapitalanteil weithin definiert als eine Rechnungsziffer, die den Wert der jeweiligen wirtschaftlichen Beteiligung des Gesellschafters am Gesellschafts-

[26] In der Praxis erhält der Kapitalanteil häufig eine zusätzliche Funktion mit der "Buchwertklausel". Diese sorgt aus Einfachheitsgründen und zur Vermeidung von Streitigkeiten dafür, daß im Fall des Ausscheidens eines Gesellschafters infolge Kündigung, § 138 HGB, der für den Zeitpunkt des Ausscheidens festgestellte Kapitalanteil das Abfindungsguthaben des betreffenden Gesellschafters bildet.
Näher zur Buchwertklausel: Sudhoff, Familienunternehmen, § 67, S. 234 f.; Schmidt, Lehrbuch, § 50 IV.2.a und b

[27] Schmidt, Lehrbuch, § 47 III.1.a; Kübler, § 7 III.2.a; RG, DR 1941, 1084 (1086); Huber, § 1, S. 11; Baumbach/Duden/Hopt, § 124 Anm. 2 A; BGH, WM 1986, 1314 (1315)

[28] Schmidt, Lehrbuch, § 47 III.1.a; Kübler, § 7 III.2.b

[29] RGZ 117, 238 (242)

vermögen zum Ausdruck bringen soll[30]. Darüberhinaus ist ihm auch die Bedeutung einer Bilanzziffer beigemessen worden, die den nach den Methoden ordnungsmäßiger Buchführung errechneten gegenwärtigen Stand der Einlage des Gesellschafters angebe[31].

Diesen Definitionen ist jedenfalls gemein, daß der Kapitalanteil als solcher kein selbständiges und übertragbares Recht bezüglich der Beteiligung an der Gesellschaft oder am Gesellschaftsvermögen verkörpert.[32] Er stellt danach lediglich die rechnerische Grundlage für die Ermittlung bestimmter Rechte des Gesellschafters dar.[33]

Davon abweichend wird der Kapitalanteil bisweilen als ein besonderes subjektives Recht des Gesellschafters verstanden. Dabei wird zum einen davon ausgegangen, daß der Kapitalanteil von der Mitgliedschaft als solcher, von dem Anteil des Gesellschafters am Gesellschaftsvermögen und von dem Anspruch auf das Auseinandersetzungsguthaben zu trennen sei[34]. Dies werde dadurch dokumentiert, daß eine isolierte Abtretung des Kapitalanteils ohne Mitgliedschaft und Auseinandersetzungsanspruch möglich sei[35]. Im Ergebnis stelle der Kapitalanteil damit ein besonderes "Wertrecht" des Gesellschafters, das Gesellschaftsvermögen betreffend, dar.[36]

Von einem anderen Ausgangspunkt wird der Kapitalanteil unter Ablehnung der oben genannten Trennung von Kapitalanteil, Mitgliedschaft usw. als einheitliche "Bewertungsgröße" angesehen; diese soll in Ziffern ausdrücken, "wie der Anteil des Gesellschafters (am Gesellschaftsvermögen) nach bilanz-

---

[30] Baumbach/Duden/Hopt, § 120 Anm. 3 A; Westermann in Westermann u. a., I Rn. 288; A. Hueck, § 16 V.1, S. 229 m. w. N.; Klauss/Mittelbach, Rn. 202; RG, DR 1941, 1084 (1086); 1943, 1228 (1229); ähnlich auch Maiberg, Rn. 91

[31] Huber, § 10, 5.a, S. 228; Schmidt, Lehrbuch, § 47 III.1.a, S. 1018; zustimmend Westermann in Westermann u. a., I Rn. 288, allerdings insoweit mißverständlich, als die veränderlichen Kapitalanteile das "Verhältnis der Beteiligungen der Gesellschafter am Gesellschaftsvermögen" wiedergeben sollen. Aufgrund der unterschiedlichen Entwicklungsmöglichkeiten kann das allenfalls für den Zeitpunkt der Feststellung gelten.

[32] Huber, § 10, 4.a, S. 224, stört sich bei der Definition der h. M. an der "wirtschaftlichen Beteiligung": "Die Rechnungsziffer gebe vielmehr einen rechtlichen Tatbestand wieder und drücke damit auch eine rechtliche Beteiligung aus." Nur besagt die Tatsache, daß dem Kapitalanteil ein rechtlicher Tatbestand zugrunde liegt, noch nicht, daß er selbst ein besonderes subjektives Recht des Gesellschafters darstellt. So ergibt sich auch für Huber in § 10, 5.a, S. 229, materiellrechtlich kein Unterschied zur h. M.; wie Huber auch: Morck, S. 83

[33] RG, DR 1941, 1084 (1086); 1943, 1228 (1229); Heinemann in Felix, Rn. 467

[34] Schlegelberger/Geßler, § 120 Anm. 10

[35] Schlegelberger/Geßler, § 120 Anm. 10

[36] Schlegelberger/Geßler, § 120 Anm. 10; ebenso mit der Bezeichnung als "Wertanteilsrecht": Eckelt, NJW 1954, 1905 (1909); v. Randenborgh, DNotZ 1959, 373 (381)

rechtlichen Kriterien bewertet wird"[37]. Da das Gesetz dieser Bewertungsgröße eine besondere Bezeichnung als Bilanzposition gebe, sei der Kapitalanteil "eine Bezeichnung des Beteiligungsrechts des Gesellschafters selbst", d. h. mit diesem identisch[38].

b) Eigene Stellungnahme

Daß der Kapitalanteil eine Rechnungsziffer ist, ergibt sich schon aus der Buchführungs- und Bilanzierungspflicht (§§ 238, 242 HGB). Das Gesetz ordnet diesbezüglich in § 120 Abs. 2 HGB die Ab- und Zuschreibung von gesellschaftsrechtlichen Vorgängen an. Soll der Kapitalanteil darüberhinaus ein selbständiges Recht verkörpern, so muß sich das ebenfalls aus dem Gesetz im Wege der Auslegung ergeben.

aa) Aussagekraft des Wortlauts

Der "Kapitalanteil" des Gesellschafters besagt, daß der einzelne Gesellschafter einen Anteil am "Kapital" hat. Dieses "Kapital" ist das Eigenkapital der Personengesellschaft.[39] Das bilanzmäßige "Eigenkapital" ergibt sich grundsätzlich als Differenzbetrag aus Vermögen und Schulden.[40] Kommt dem Eigenkapital insgesamt eine weitere, selbständige rechtliche Bedeutung nicht zu[41], so gilt das zunächst auch für den Anteil an diesem Kapital. Die Existenz eines Kapitalanteils ergibt sich notwendig daraus, daß das Eigenkapital einer Personengesellschaft mehreren Personen gemeinschaftlich zusteht. Aus dem Wortlaut kann mithin ein besonderes subjektives Recht des Gesellschafters nicht abgeleitet werden.

---

[37] Fischer in Großkomm.HGB, § 120 Anm. 22

[38] Fischer in Großkomm.HGB, § 120 Anm. 22; Sudhoff, Gesellschaftsvertrag, II.C.2., S. 127; Sudhoff, Rechte u. Pflichten, § 2 I.4

[39] S. o., Ausf. unter A.I.1, S. 24 f.

[40] S. o., Ausf. unter A.I.1., S. 23 f.

[41] Ausführlich dazu: Huber, § 10, 5.a, S. 229

bb) Historische Auslegung

Das ADHGB bezeichnete in seinem Art. 106 den Kapitalanteil noch als "Anteil am Gesellschaftsvermögen". Trotzdem stellte sich bereits Staub auf den Standpunkt, der Kapitalanteil sei lediglich eine fiktive Ziffer, die ersichtlich mache, wieviel der Gesellschafter von der Gesellschaft im Augenblick der Saldoberechnung erhalten würde, wenn zu diesem Zeitpunkt die Auseinandersetzung erfolgte[42]. Ein selbständiges dingliches oder obligatorisches Recht am Gesellschaftsvermögen soll der Kapitalanteil hingegen nicht beinhalten.[43]

Während § 718 BGB mit dem Anteil am Gesellschaftsvermögen eine Berechtigung zur gesamten Hand gewährt, drückt der Kapitalanteil einen dem Einzelnen zustehenden, d. h. ziffernmäßigen Bruchteil vom Eigenkapital der Personengesellschaft aus. Die Gesamthandsberechtigung dagegen bedeutet gerade nicht die Berechtigung des einzelnen Gesellschafters auf einen bestimmten Bruchteil des Gesellschaftsvermögens, sondern die Berechtigung auf das Ganze, beschränkt nur durch die gleiche Mitberechtigung der anderen Gesellschafter.[44] Kapitalanteil und Anteil am Gesellschaftsvermögen können daher nicht identisch sein.[45] Dementsprechend hat der Gesetzgeber bei der Neufassung des HGB im Jahre 1897 den Begriff des "Kapitalanteils" anstelle des "Anteils am Gesellschaftsvermögen" eingeführt, um zu verdeut-

---

[42] Staub, Art. 91, § 6 und Art. 106, § 5 (ADHGB)

[43] Wie Fußn. 42; heute unstr.: A. Hueck, § 16 V. 1, S. 229; Huber, § 8, 2.b, S. 182; RG, DR 1941, 1084 (1086); 1943, 1228 (1229);
anders noch Wieland, S. 556 f., der in dem positiven Kapitalanteil eine auf die Beendigung der Gesellschaft betagte Forderung des Gesellschafters sah; da aber der Kapitalanteil durch künftige Verluste völlig aufgezehrt werden kann, ist zum Bilanzstichtag ein Auszahlungsanspruch bei Beendigung der Gesellschaft rechtlich noch nicht begründet, so auch: Huber, ZGR 1988, 1 (5)

[44] Westermann in Westermann u. a., I Rn. 281; Schlegelberger/Geßler, § 105 Anm. 34 m. w. N.; für die gleiche Differenzierung: A. Hueck, § 16 V.1.b, S. 231; Crezelius in Peter/Crezelius, Rn. 108

[45] Anders wohl v. Godin, WPg. 1958, 226 (227), der den Gesamthandsanteil für ein besonderes Recht an einem Sachinbegriff erachtet: daß der Kapitalanteil in einer Geldgröße ausgedrückt werde, soll sich ausschließlich aus der Buchführungspflicht ergeben. Ist heute aber anerkannt, daß es auch einen Gesellschafter ohne Kapitalanteil geben kann, so ist auch dieser Gesellschafter und folglich Mitgesamthänder gem. § 719 Abs. 1 BGB. Allein an der Vermögensverteilung nimmt er nicht teil. Das sieht auch v. Godin, S. 228. Nur können dann Kapitalanteil und Anteil am Gesellschaftsvermögen nicht identisch sein.

lichen, daß der bezeichnete rechtliche Unterschied besteht.[46] Daraus kann jedoch nur die Erkenntnis gewonnen werden, daß nach Vorstellung des Gesetzgebers die beiden Begriffe nicht identisch sind, daß der Kapitalanteil insbesondere keine dingliche Berechtigung am Gesellschaftsvermögen und an dessen einzelnen Gegenständen beinhalte.

cc) Vergleich mit anderen Gesellschafterrechten

Ein besonderes Recht könnte daraus abzuleiten sein, daß der Kapitalanteil etwas Spezifisches im Recht der Personengesellschaften des Handelsrechts ist. Im Rahmen der allgemeinen Vorschriften über die BGB-Gesellschaft (§§ 705 ff. BGB) gibt es den Begriff des Kapitalanteils nicht. Als Rechnungs- oder Bilanzziffer ist er aber bei den Personengesellschaften des Handelsrechts schon deshalb erforderlich, weil nur diese - und nicht die BGB-Gesellschaften - gem. §§ 238, 242 HGB buchführungs- und bilanzierungspflichtig sind. Eine Erfassung der Kapitalanteile der Gesellschafter ist nur ziffernmäßig möglich. Die Differenzierung zwischen der Personengesellschaft nach HGB und BGB läßt deshalb weitere Rückschlüsse auf die Rechtsnatur des Kapitalanteils nicht zu.

Aufschluß könnte allerdings der Vergleich mit anderen Gesellschafterrechten geben.[47] Es kommt eine Identifizierung des Kapitalanteils mit der Mitgliedschaft in Betracht. Die Mitgliedschaft sei dabei verstanden als Summe aller Rechte und Pflichten eines Gesellschafters[48], vergleichbar mit der Aktie bei der AG oder der Stammeinlage als Geschäftsanteil bei der GmbH[49]. So wie die Aktie gleichsam als Gegenwert für die geleistete Einlage

---

[46] Vgl. die Denkschrift zum HGB, S. 75: "Der Ausdruck Antheil am Gesellschaftsvermögen hat zu dem Mißverständnis geführt, als ob die zum Gesellschaftsvermögen gehörenden Gegenstände nach dem Verhältnisse der Kapitalkonten im Miteigenthum der Gesellschafter ständen; dies ist aber nicht richtig."

[47] Der Unterschied zwischen dem Kapitalanteil und dem dinglichen Anteil am Gesellschaftsvermögen im Sinne des § 718 BGB ist bereits oben unter A.II.3.b, bb, S. 35, herausgestellt worden.

[48] Crezelius in Peter/Crezelius, Rn. 69, 222; Soergel/Hadding, § 717 Rn. 19; A. Hueck, § 16 V.1.c, S. 234; Morck, S. 79; Wiedemann, § 2 I.1.b, bb, S. 95

[49] V. Godin, WPg. 1958, 226 (228); Huber, § 1, S. 1; ebenso wohl Fischer in Großkomm.HGB, § 120 Anm. 21, der den Kapitalanteil an einer OHG in Bezug auf eine Teilabtretung völlig in Parallele zur Teilabtretung des Geschäftsanteils an einer GmbH behandelt.

entsteht, so entstehe in gleicher Weise der Kapitalanteil als Gegenwert für die Einlage des Personengesellschafters.[50]

Stellt man aber allein die persönlich unbeschränkt und die beschränkt haftenden Gesellschafter einer KG einander gegenüber, so besitzen sie in gleicher Weise einen Kapitalanteil, obwohl ihre Mitgliedschaftsrechte sehr unterschiedlich ausgestaltet sind. Der Kommanditist ist beispielsweise von dem Recht zur Geschäftsführung ausgeschlossen, § 164 HGB; seine Informations- und Kontrollrechte sind stark eingeschränkt, § 166 HGB.

Eine notwendige Differenzierung zwischen Mitgliedschaft und Kapitalanteil ergibt sich insbesondere beim Stimmrecht. Nach der gesetzlichen Regelung richtet sich das Stimmrecht im Zweifel nach Köpfen, §§ 119 Abs. 2 HGB, 709 Abs. 2 BGB, nicht nach dem Kapitalanteil. Das gleiche gilt für Verluste und für Gewinne, die vier vom Hundert der gesamten Kapitalanteile übersteigen, § 121 Abs. 3 HGB. Die Mitgliedschaft reicht damit nach der gesetzlichen Regelung weiter als der Kapitalanteil.

Soweit der Kapitalanteil mit der Aktie bzw. dem Geschäftsanteil bei der GmbH verglichen wird, ist zudem mit A. Hueck[51] folgender Unterschied leicht festzustellen: schrumpft der Kapitalanteil aufgrund von Entnahmen oder Verlusten auf Null oder wird er sogar negativ[52], so ist zumindest letzteres bei Aktien und GmbH-Geschäftsanteilen nicht möglich. Eine Gleichsetzung käme nur mit Hilfe einer "negativen Mitgliedschaft" in Betracht; diese ist allenfalls denkbar, wenn eine Pflicht bestünde, den Kapitalanteil aufzustocken. Von einer solchen Verpflichtung hat der Gesetzgeber aber gerade in § 707 BGB, der über §§ 105 Abs. 2, 161 Abs. 2 HGB auch für Personengesellschaften gilt, abgesehen.[53] Der Kapitalanteil ist weder mit dem Anteil am Gesellschaftsvermögen noch mit der Mitgliedschaft identisch.

Anstelle der Mitgliedschaft sieht Fischer den Kapitalanteil als das "Beteiligungsrecht" des Gesellschafters[54].[55] Auch dies überzeugt aus dem gleichen

---

[50] Ausführlich v. Godin, WPg. 1958, 226 (228)

[51] A. Hueck, § 16 V.1.c, S. 234

[52] Näheres zum negativen Kapitalanteil unten, B.II. 4, S. 93 f.

[53] Als Regulativ hierzu besteht im Außenverhältnis gegenüber den Gesellschaftsgläubigern die persönliche, unbeschränkbare Haftung.

[54] Fischer in Großkomm.HGB, § 120 Anm. 22; dabei wird nicht eindeutig geklärt, worin der Unterschied zwischen der Mitgliedschaft und dem Beteiligungsrecht liegen soll. Gleichzeitig äußert auch Fischer, daß der Kapitalanteil nur eine "Bezeichnung" des Beteiligungsrechts des Gesellschafters selbst sei, weil das Beteiligungsrecht in einer bestimmten Geldgröße ausgedrückt werden muß. Die Bezeichnung eines Rechts ist selbst aber noch kein Recht, so zutreffend: A. Hueck, § 16 V.1.c, S. 234 in Fußn. 54c

Grunde wie bei der Mitgliedschaft nicht. Man stelle sich wiederum vor, daß Entnahmen und Verluste die Einlagen und Gewinne überwiegen. Der Kapitalanteil wird dann negativ. Wären nun Kapitalanteil und Beteiligungsrecht identisch, so müßte es gleichermaßen ein negatives oder passives Beteiligungsrecht geben. Ein negatives Recht aber gibt es nicht[56].

Das Beteiligungsrecht gründet sich vielmehr auf die Mitgliedschaft. Es bleibt auch dann bestehen, wenn der Saldo des Kapitalkontos negativ wird.[57] In diesem Sinne stellt auch Fischer fest, daß "nur die wirtschaftliche Bewertung dieses Beteiligungsrechts mit Rücksicht auf die bestehenden Ausgleichsansprüche bei Beendigung der Gesellschaft in einer negativen Ziffer ausgedrückt werden kann"[58]. Das bedeutet aber wieder eine Rückkehr zum Kapitalanteil als Bewertungs- oder Rechnungsziffer. Andernfalls würde die Qualifikation als Recht davon abhängig gemacht, "ob der Anteil zufällig gerade positiv oder negativ ist".[59]

Nach Siebert ist der Kapitalanteil von der Mitgliedschaft als der vermögensmäßigen Beteiligung zu trennen[60]. Dabei gesteht er jedoch selbst, daß der Kapitalanteil "zunächst nur ein wirtschaftlicher Begriff ist, der juristisch nur mittelbar zu fassen sei. Selbständige rechtliche Gestalt gewinne er vornehmlich als Anspruch auf das Auseinandersetzungsguthaben."[61] Diesen Worten ist

---

[55] Ebenso: Giefers/Frost in Bünz/Heinsius, 5 A/44, Rn. 31; Sudhoff, Gesellschaftsvertrag, II.C.2., S. 127: das Beteiligungsrecht als Gesamtheit der Rechte und Pflichten eines Gesellschafters. Er beruft sich dort auf eine Entscheidung des BGH vom 8.12.1971 (DB 1972, 132). Nur behandelt diese Entscheidung nicht den Kapitalanteil eines Gesellschafters, sondern seinen Geschäftsanteil. Unter letzterem - entsprechend dem Geschäftsanteil bei der GmbH - versteht der BGH die Gesamtheit der Rechte und Pflichten. Daß aber Geschäftsanteil an der GmbH und Kapitalanteil an der Personengesellschaft nicht identisch sind, wurde bereits geklärt. Wenn Sudhoff gleichzeitig betont, daß der Kapitalanteil - anders als der Geschäftsanteil an einer GmbH - kein selbständiges Recht sei, so will er jedoch nur die Verknüpfung von Beteiligungsrecht und Kapitalanteil aufzeigen. Gegenstand des Rechtsverkehrs ist auch nach seiner Ansicht allein das Beteiligungsrecht des Gesellschafters.

[56] V. Randenborgh, DNotZ 1959, 373 (381), versucht das negative Recht mit der Konstruktion einer Anwartschaft auf ein Recht zu umgehen. Der negative Kapitalanteil sei dann eine "Ziffer, die den Abstand bis zum Vollrecht bezeichnet". Allerdings sind "Anwartschaftsrechte" nur in begrenzten Ausnahmefällen, bei gestreckten Erwerbsgeschäften zum Zwecke der vorzeitigen Rechtsverleihung, also bei Verfügungen, anerkannt. Ein solches Bedürfnis ist hier nicht ersichtlich.

[57] Morck, S. 82

[58] Fischer in Großkomm.HGB, § 120 Anm. 25

[59] Morck, S. 81; Mühlbauer, S. 27

[60] Siebert, S. 7: er erörtert dies am Beispiel des Erbfalles: während der Kapitalanteil in den Nachlaß falle, finde bezüglich der Mitgliedschaft eine Sondererbfolge statt (S. 24). Wegen dieser unterschiedlichen Wirkungen müsse der Kapitalanteil mehr als eine bloße Rechnungsziffer sein.

[61] Siebert, S. 7

deutlich zu entnehmen, daß auch Siebert den Kapitalanteil nicht von vornherein als selbständiges Recht betrachtet. Als subjektive Rechte erkennt er vielmehr die mit dem Kapitalanteil kumulativ verbundenen gesellschaftsrechtlichen Ansprüche wie hier den Anspruch auf das Auseinandersetzungsguthaben an. Damit besteht ein sachlicher Unterschied zur h. M. nicht[62]. Es bleibt festzuhalten, daß der Kapitalanteil mit anderen Gesellschafterrechten nicht identisch ist.

dd) Der Kapitalanteil als Gegenstand des Rechtsverkehrs?

Zur Konkretisierung der Gesellschafterrechte übt der Kapitalanteil die drei schon bezeichneten Funktionen aus: er ist als Berechnungsgrundlage maßgebend für die Vorausdividende, für das Entnahmerecht und für das Auseinandersetzungsguthaben. Die Kumulation dieser Funktionen allein macht ihn noch nicht zu einem selbständigen Recht neben der Mitgliedschaft. Gesucht werden muß vielmehr nach dem Inhalt, dem "Zuweisungsgehalt"[63] eines solchen Rechts. Dieser konnte bisher nicht festgestellt werden. Ein solcher Zuweisungsgehalt ist dem Kapitalanteil aber als besonderes "Wertrecht"[64] oder "Wertanteilsrecht"[65] beigemessen worden.

In beiden Fällen ist versucht worden, ein solches selbständiges Recht am Fall der Übertragung des Kapitalanteils zu begründen[66]: überträgt ein Gesellschafter einen Teil seines Kapitalanteils auf einen in die Gesellschaft eintretenden Gesellschafter, so wird dies durch Abbuchung bestimmter Beträge vom Kapitalkonto des übertragenden Gesellschafters dokumentiert. Da das Kapitalkonto aber nur der buchmäßige Niederschlag des Kapitalanteils ist, müßten bei Abbuchung bestimmter Beträge diese Beträge vom Kapitalanteil abgetreten sein.[67]

Kritisch zu würdigen ist bei dieser Überlegung schon der Ansatzpunkt. Die Frage der Übertragbarkeit eines Rechts setzt ein bereits bestehendes

---

[62] Ebenso mit ähnlicher Begründung: A. Hueck, § 16 V.1.a

[63] Davon spricht auch Huber, § 10, 5.a, S. 229.

[64] Schlegelberger/Geßler, § 120 Anm. 10

[65] Eckelt, NJW 1954, 1905 (1909); v. Randenborgh, DNotZ 1959, 373 (381)

[66] Schlegelberger/Geßler, § 120 Anm. 10; v. Randenborgh, DNotZ 1959, 373 (379 ff.); Eckelt, NJW 1954, 1905 (1909)

[67] Schlegelberger/Geßler, § 120 Anm. 10

Recht voraus, denn nur ein solches ist übertragbar.[68] Argument für das Bestehen eines selbständigen Rechts kann also nicht allein dessen Übertragbarkeit oder das Bedürfnis danach sein. Erst wenn ein subjektives Recht festgestellt ist, kann über dessen Übertragbarkeit entschieden werden.[69]

Dem gleichen Fehler unterliegt das Argument der Abbuchung bestimmter Beträge vom Kapitalkonto. Die Buchführung ist lediglich die Dokumentation gewisser rechtlicher Vorgänge. Die Umbuchung von einem Kapitalkonto auf ein anderes Kapitalkonto besagt indes noch nicht, daß ein ganz bestimmtes Recht übertragen worden ist. Dies gilt insbesondere für das Kapitalkonto, das gerade nicht zur Aufnahme von Forderungen und Schulden zwischen Gesellschaft und Gesellschafter oder zwischen den Gesellschaftern untereinander bestimmt ist[70].

Welche rechtlichen Vorgänge einer bestimmten Buchung zugrunde liegen, ist durch Auslegung zu ermitteln. Der hier in Frage stehende Buchungsvorgang ließe sich mit der Übertragung eines Teils der sogenannten "vermögensrechtlichen Bezüge", also des Entnahmerechts und der Ansprüche auf den Gewinnanteil und das Auseinandersetzungsguthaben erklären, für die der Kapitalanteil die Berechnungsgrundlage bildet[71]. Die Umbuchung würde dann nur Ausdruck der neuen Berechnungsgrundlage sein, die durch Abtretung der entsprechenden Ansprüche erzielt worden ist. Geßler[72] wirft hier allerdings die berechtigte Frage auf, wie diese Abtretung erfolgt sein soll: es sind weder feste Beträge noch bestimmte Bruchteile dieser Ansprüche abgetreten worden.

Jeder Gesellschafterwechsel, auch der Eintritt eines neuen Gesellschafters, bedarf der Änderung des Gesellschaftsvertrages. In diesem Gesellschaftsvertrag wird gerade dann, wenn ein weiterer Gesellschafter hinzukommt, gleichzeitig die vermögensmäßige Beteiligung der Gesellschafter in ihrem Verhältnis neu festgelegt. Um mit den Worten der h. M.[73] zu sprechen, wird die "wirtschaftliche Beteiligung" in ihrer wechselseitigen Relation neu

---

[68] Gem. § 1204 Abs. 2 BGB können Gegenstand des Rechtsverkehrs zwar auch künftige, d. h. noch nicht existierende Forderungen sein, bei dem Kapitalanteil geht es aber auch insoweit nicht um ein künftiges Recht.

[69] In dieser logischen Reihenfolge auch: Schmidt, Lehrbuch, § 47 III 2 a, S. 1018: "Der Kapitalanteil ist überhaupt kein Recht und "folglich" auch kein übertragbares oder pfändbares Recht."

[70] Näheres dazu unten, C.I.1, S. 132 ff.

[71] So: A. Hueck, § 16 V.1.b, S. 231 und § 27 II.1, S. 395

[72] Schlegelberger/Geßler, § 120 Anm. 10

[73] S. o., Ausf. unter A.II.3.a, S. 32 f.

verteilt.[74] Die anschließende Umbuchung von einem Kapitalkonto auf ein anderes dokumentiert nur diese Änderung des Gesellschaftsvertrages. Eine Übertragung eines Teils des Kapitalanteils oder der vermögensrechtlichen Bezüge von Seiten eines Gesellschafters an einen anderen Gesellschafter findet insoweit gar nicht statt.[75] Um die veranlaßten Bewegungen auf den Kapitalkonten erklären zu können, bedarf es folglich auch nicht der Konstruktion des Kapitalanteils als eines selbständigen Rechts.

Im übrigen beruhen alle Vorschläge, den Kapitalanteil als selbständiges Recht zu werten, auf der gesetzlichen Grundlage, daß der Kapitalanteil die Ansprüche auf Gewinnbeteiligung und das Auseinandersetzungsguthaben umfaßt. Gem. §§ 161 Abs. 2, 109 HGB liegt es allerdings im Belieben der Gesellschafter, dem Kapitalanteil diese Funktionen zu entziehen oder weitere Funktionen beizumessen. Damit müßte jeweils nach der Gestaltung des Gesellschaftsvertrages entschieden werden, ob der Kapitalanteil ein selbständiges Recht des Gesellschafters darstellt oder nicht.[76]

Zwischenergebnis: Nach der gesetzlichen Regelung in §§ 120 Abs. 2, 121 HGB ist der Kapitalanteil des Gesellschafters einer Personengesellschaft ein bestimmter Posten in der Gesellschaftsbilanz. Die Summe der Kapitalanteile ergibt in der Bilanz insoweit das Eigenkapital der Personengesellschaft. In der laufenden Buchführung der Gesellschaft wird der Kapitalanteil als Rechnungsziffer und Bewertungsgröße ausgedrückt. Diese Bewertungsgröße gibt nicht den wahren Wert der wirtschaftlichen oder vermögensmäßigen Beteiligung wieder, sondern den Wert, wie er sich in der Buchführung und Bilanz darstellt.[77] Der Gesetzgeber hat aus Gründen der Vereinfachung der Buchführung diese aus der Bilanz leicht zu entnehmende Ziffer zugelassen.[78]

---

[74] So betonen Heymann/Kötter, § 120 Anm. 3, daß es "dem Aufnahmevertrag geradezu an einem Essentiale fehlen würde, wenn in ihm die vermögensrechtliche Stellung des neuen Gesellschafters nicht durch Neuregelung der Verhältnisse klargestellt wäre";
anders noch Düringer/Hachenburg/Flechtheim, § 122 Anm. 11: die Umbuchung dokumentiere die Entnahme des alten Gesellschafters und Neueinlage durch den neuen Gesellschafter; § 122 Abs. 2 HGB stehe nicht entgegen, da der Beschluß über die Neuaufnahme die Zustimmung der übrigen Gesellschafter zur Entnahme beinhaltet.

[75] Ebenso mit ausführlicher Begründung: Huber, § 10, 5.b, sowie in ZGR 1988, 1 (64)

[76] Heymann/Kötter, § 120 Anm. 3

[77] Lediglich der feste Kapitalanteil zeigt aufgrund seiner Unveränderlichkeit die Beteiligungsquote des Gesellschafters am Gesellschaftsvermögen, und zwar im Verhältnis zur Gesamtsumme aller festen Kapitalanteile, ebenso: Huber, ZGR 1988, 1 (50)

[78] A. Hueck, § 16 V.1.c, S. 234

Demgegenüber wäre der wahre Wert der Beteiligung für die Gewinnverteilung meist nur schwer zu ermitteln.[79]

Darüberhinaus ist der Kapitalanteil nach dem Gesetz nicht als selbständiges Recht des Gesellschafters ausgestaltet.

4. Begründung des Kapitalanteils aufgrund einer Einlage

Für die Ermittlung der Gewinnanteile nach § 121 Abs. 2 S. 1 HGB werden die Leistungen, die der Gesellschafter "als Einlage" gemacht hat, mitberücksichtigt. Demnach wird nur für "Einlagen" des Gesellschafters ein Kapitalanteil gebildet.[1] Ob eine solche "Einlage" in jedem Beitrag gesehen werden kann, zu dessen Leistung der Gesellschafter gem. §§ 161 Abs. 2, 105 Abs. 2 HGB, 705 BGB verpflichtet ist, ist angesichts des unterschiedlichen Wortlauts des Gesetzes fraglich. Was unter einer Einlage zu verstehen ist, hat auch Bedeutung für die Frage, ob der Kommanditist eine haftungsbefreiende Einlageleistung im Sinne von § 171 Abs. 1, 2. Halbs. HGB erbracht hat.

a) Begriff und Arten von Einlagen

Das Gesetz nennt den "Beitrag" (§§ 705, 706, 707, 735 S. 2 BGB) und die "Einlage" (§§ 707, 733 Abs. 2 und 3, 734, 735 S. 1, 739 BGB) als mögliche Gesellschafterpflichten. Eine abgrenzende Definition beider Begriffe erfolgt jedoch nicht. Können beide Verpflichtungen auch in der Leistung von Diensten (§§ 706 Abs. 3, 733 Abs. 2 S. 3 BGB) und in der Überlassung der Benutzung eines Gegenstandes (§§ 706 Abs. 2, 733 Abs. 2 S. 3 BGB) bestehen, so erscheinen die beiden Begriffe als deckungsgleich.[2]

---

[79] V. Randenborgh, DNotZ 1959, 373 (380), führt als einprägsames Beispiel den nach Abschreibung noch mit DM 1,– in der Bilanz stehenden Kraftwagen an. Dieser Wagen ist sicherlich mehr wert, er bereichert aber auch auf der Passivseite das Kapital nur noch um den Erinnerungswert 1. Die hier gebildete stille Reserve gehört zum wahren Wert der Beteiligung. Selbst bei der Auflösung der stillen Reserve ist für den Anteil an ihr nicht der Kapitalanteil, sondern der Gewinnverteilungsschlüssel maßgeblich.

[1] Der Kapitalanteil kann auch durch das Stehenlassen von Gewinnanteilen begründet werden: Ganssmüller, DB 1967, 2103; das geschieht dann durch Aufrechnung mit der Einlageforderung, vgl. Düringer/Hachenburg/Flechtheim, § 122 Anm. 7; Schmidt, Einlage und Haftung, C.I.1, S. 41

[2] Staudinger/Keßler, § 706 Rn. 1

Die h. M. definiert die Einlage als die bereits bewirkte Beitragsleistung.[3] Sie stützt sich darauf, daß sich in § 707 BGB der vereinbarte, d. h. noch zu leistende Beitrag und die durch Verlust verminderte, d. h. bereits schon geleistete Einlage einander gegenüberstehen. Erachtet das Gesetz in § 733 Abs. 2 S. 2 BGB für Einlagen den Wert "zur Zeit der Einbringung" für maßgeblich, so versteht es damit unter Einlagen ebenfalls bereits erbrachte Leistungen. Auch nach dem allgemeinen Sprachgebrauch soll "Beitragen" das Hinzufügen von etwas bedeuten, während die "Einlage" etwas bezeichnet, was schon eingelegt ist.[4] Andererseits wird darauf verwiesen, daß selbst der Sprachgebrauch des BGB nicht einheitlich ist[5]: so werden in § 718 Abs. 1 BGB gerade die Leistungen, die der Gesellschafter schon erbracht hat, als "Beiträge" bezeichnet. Auch die Motive zum BGB[6] gebrauchen den Begriff "Beitrag" im Sinne eines bereits geleisteten Gutes.

Die vorliegende Arbeit beschäftigt sich mit Personengesellschaften des Handelsrechts. Angesichts der nicht eindeutigen Terminologie im BGB ist ein Blick auf die Spezialvorschriften des HGB erforderlich. Zunächst geht § 121 Abs. 2 S. 1 HGB von Leistungen aus, "die der Gesellschafter ... als Einlage gemacht hat". Diese Leistungen sind also bereits erfolgt. Ebenso spricht § 171 Abs. 1 HGB von der "geleisteten" Einlage.

Andererseits finden sich in §§ 167 Abs. 3, 232 Abs. 2 S. 1 HGB die "rückständige" Einlage und in §§ 167 Abs. 2, 169 Abs. 1 S. 2 HGB die "bedungene" Einlage. So wie der stille Gesellschafter gem. § 230 Abs. 1 HGB seine Einlage noch zu leisten hat, ist bei Kapitalgesellschaften besonders zu beachten, daß § 272 Abs. 1 S. 2 HGB sogar eine Bilanzierung von "ausstehenden" Einlagen vorsieht.

Diese Auflistung beweist eindeutig, daß zumindest das HGB den Begriff der "Einlage" für schon erbrachte ebenso wie für noch nicht erbrachte Leistungen benutzt[7]. Sollten dagegen "Einlagen" nur bereits bewirkte Leistungen bezeichnen, so wären in Parallele zu den "ausstehenden Einlagen" des § 272 Abs. 1 S. 2 HGB auch die im allgemeinen Sprachgebrauch üblichen "Einlagepflichten" nicht denkbar.

---

[3] RGZ 76, 276 (278); BGH, NJW 1980, 1744; Staudinger/Keßler, § 706 Rn. 2; Soergel/Hadding § 706, Rn. 5; Palandt/Thomas, § 706 Anm. 1 a; A. Hueck, § 14 I, S. 205 m. w. N.; Westermann in Westermann u. a., I Rn. 257; Sarx in Beck Bil-Komm., § 247 Rn. 321; Potthoff/Zintzen/Halft, S. 124; Crezelius in Peter/Crezelius, Rn. 94; Giefers/Frost in Bünz/Heinsius, 5 A/28, Rn. 1; so auch die Motive Bd. 2, S. 597

[4] Staudinger/Keßler, § 706 Rn. 1

[5] Huber, § 9, 1.a, S. 191

[6] Motive Bd. 2, S. 630: "Erstattung der Beiträge"

[7] Ebenso: Huber, § 9, 1.a, S. 191

Wenn zwischen "Beitrag" und "Einlage" ein Unterschied bestehen soll, so ist dieser auf einer anderen Ebene zu suchen. Als "Beitrag" lassen sich zunächst alle Leistungen der Gesellschafter verstehen, die sie aufgrund des Gesellschaftsvertrages zur Förderung des Gesellschaftszwecks zu erbringen haben[8]. Da die Verpflichtung zur Förderung des Gesellschaftszwecks notwendiger Bestandteil des Gesellschaftsvertrages ist, ist insoweit eine "beitragsfreie Gesellschaft" nicht möglich.

Der Beitragsbegriff kann auch in einem engeren Sinne verstanden werden: "Beiträge" im engeren Sinne sind nur vermögenswerte Leistungen.[9] Die Differenzierung zwischen diesen Beitragsbegriffen folgt der in § 705 BGB vorgenommenen Trennung zwischen der allgemeinen Förderungspflicht und der möglichen weiteren Pflicht, "insbesondere" vermögenswerte Leistungen zu erbringen.[10]

Daß Einlagen nur Beiträge in diesem engeren Sinn sein können, entspricht insoweit schon dem allgemeinen Sprachgebrauch, als mit "Einlegung" von Beitragsverpflichtungen in die Gesellschaft dieser regelmäßig Vermögenswerte zufließen. Ebenso stellt die Rechtsprechung beispielsweise bei der "Einlegung" von Dienstleistungen darauf ab, daß ein wirtschaftlich faßbarer Vermögenswert dasein muß.[11] Diese Mindestvoraussetzung ergibt sich auch aus § 4 Abs. 1 S. 5 EStG: "Einlagen sind alle Wirtschaftsgüter, die der Steuerpflichtige dem Betrieb im Laufe des Jahres zugeführt hat." Im Rahmen einer Klammerdefinition klärt § 4 Abs. 1 S. 2 EStG, daß unter die Rubrik der Wirtschaftsgüter auch Nutzungen und Leistungen fallen. Dabei darf aber nicht übersehen werden, daß § 4 EStG als Vorschrift des öffentlichen Rechts nicht oder nur eingeschränkt als Auslegungshilfe herangezogen werden kann.

Im Gesellschaftsrecht wird nun teilweise der Schluß gezogen, daß nicht jede vermögenswerte Leistung, die der Gesellschafter zu erbringen hat, Gegenstand einer Einlage sein kann: eine "Einlage" würden nur solche Leistungen darstellen, die unmittelbar das Gesellschaftsvermögen und damit

---

[8] Soergel/Hadding, § 705 Rn. 37; Fischer in Großkomm.HGB, § 105 Anm. 17; Crezelius in Peter/Crezelius, Rn. 94; MK/Ulmer, § 706 Rn. 2; Westermann in Westermann u. a., I Rn. 257; Schmidt, Lehrbuch, § 20 II.2.a, S. 422; A. Hueck, § 14 I, S. 205

[9] Soergel/Hadding, § 705 Rn. 37; Baumbach/Duden/Hopt, § 109 Anm. 4 A; A. Hueck, § 14 I, S. 205; Huber, § 13, 2.a, S. 294; wenn das RG in RGZ 80, 268 (271) und der BGH in WM 1962, 1086 für eine BGB-Gesellschaft die Leistung von Beiträgen nicht voraussetzen, so verstehen sie den Beitragsbegriff in diesem engeren Sinne.

[10] Soergel/Hadding, § 706 Rn. 1; MK/Ulmer, § 706 Rn. 2, 2a

[11] St. Rspr., vgl. statt aller: BGHZ 29, 300 (304); in der Lit. ebenso: Sudhoff, Rechte und Pflichten, § 2 I.1, S. 12

die Haftungsmasse mehren[12]. Dazu gehören allein die Bareinlagen und die Sacheinlagen, die der Gesellschafter in Form der Eigentumsübertragung auf die Gesellschaft erbringt. Dienstleistungen und Gebrauchsüberlassungen können dann zwar Gegenstand eines Beitrags, nicht aber Gegenstand einer Einlage sein.[13]

Anders entscheidet demgegenüber die h. M., die die Einlage als bereits erbrachten Beitrag definiert: danach kann jeder Beitrag eine Einlage sein, die Geldleistung ebenso wie die Sachleistung, die Dienstleistung oder Gebrauchsüberlassung.[14] Ob ein bestimmter und wenn ja, welcher Einlagebegriff dem HGB zugrunde liegt, soll wegen der uneinheitlichen Terminologie anhand der möglichen Einlageformen untersucht werden.

aa) Einbringung zu Eigentum und "dem Werte nach" (quoad sortem)

Generell ist in Anlehnung an §§ 27 Abs. 1 S. 1 AktG, 5 Abs. 4 GmbHG zwischen Bar- und Sacheinlage zu unterscheiden. Eine Sacheinlage ist danach jede Einlage, die nicht in Geld zu erbringen ist. Eine im Gesellschaftsvertrag vereinbarte Sacheinlage erfolgt grundsätzlich wie die Bareinlage durch Überführung in das Gesamthandseigentum, bei beweglichen Sachen gem. §§ 929 ff. BGB, bei Grundstücken gem. §§ 873, 925 BGB.[15] Eine entsprechende Auslegungshilfe gibt § 706 Abs. 2 BGB. Im Umkehrschluß ergibt sich daraus aber gleichzeitig, daß die Gesellschafter auch Vereinbarungen über eine andere Form der beitragsmäßigen Einbringung von Sachen treffen können.

---

[12] Huber, § 9, 1.a, S. 192; Schmidt, Lehrbuch, § 20 II.1.a, S. 421; Schlegelberger[5]/Schmidt, §§ 171, 172 Anm. 5

[13] So: Schmidt, Lehrbuch, § 20 II.3.a, aa; Huber, § 9, 1.a, S. 192; Schlegelberger[5]/Schmidt §§ 171, 172 Anm. 10; Knobbe-Keuk, ZGR 1980, 214 (217 ff.);
nach Wieland, § 45.2.III.1, S. 544, können jedenfalls Arbeitsleistungen nie Gegenstand einer Einlage sein, weil sie sich nicht in bestimmten Sachwerten verkörpern und daher das Vermögen nicht meßbar vermehren; ebenso: Düringer/Hachenburg/Flechtheim, § 120 Anm. 6

[14] So: Westermann in Westermann u. a., I Rn. 918; A. Hueck, § 14 I, S. 205; Renkl in Glanegger u. a., § 120 Rn. 1; Baumbach/Duden/Hopt, § 109 Anm. 4 C und § 120 Anm. 3 C; Heymann/Kötter, § 121 Anm. 2; Feddersen in Bandasch, § 120 Rn. 6; Giefers/Frost in Bünz/Heinsius, 5 A/35, Rn. 15; Pankow/Gutike in Beck Bil-Komm., § 255 Rn. 244; Potthoff/Zintzen/Halft, S. 124; Sudhoff, NJW 1964, 1249; Sudhoff, Gesellschaftsvertrag, I.A.2. c, S. 23

[15] Hierher gehört auch der Fall der Forderungsabtretung gem. § 398 BGB. Sie führt zu einem Wechsel in der dinglichen Berechtigung.

Bei der aufgrund der Vertragsfreiheit zulässigen[16] Einbringung "dem Werte nach" wird der Gesellschaft die wirtschaftliche Substanz, der Wert der einzubringenden Sache zugeführt.[17] Von der Gebrauchs- und Nutzungsüberlassung unterscheidet sich diese Art der Beitragspflicht dadurch, daß zusätzlich die Wertsteigerungen und Wertverluste sowie die Lasten und die Sachgefahr der Gesellschaft zugerechnet werden. Im Innenverhältnis wird dieser Beitrag also wie eine Einlage zu Eigentum behandelt.

Das formelle Eigentum dagegen verbleibt beim einbringenden Gesellschafter, der damit auch verfügungsberechtigt bleibt.[18] Die Einbringung dem Werte nach bedarf folglich nicht der notariellen Form.[19] Grund für diese Einbringungsart ist in erster Linie das Bestreben, bei der Einbringung von Grundstücken (Notar-) Kosten und Steuern zu sparen.[20] Daneben darf nicht vergessen werden, daß das Grundstück selbst von den Gesellschaftsgläubigern wegen des formellen Eigentums des einzelnen Gesellschafters nicht verwertet werden kann (§ 771 ZPO). Vollstreckt werden kann nur in den Anspruch der Gesellschaft, das oder die Grundstücke wertmäßig zur Verfügung zu stellen.[21] Dieser Anspruch ist auf Geld gerichtet, kann allerdings durch die Grundstücksverwertung seitens des einbringenden Gesellschafters erfüllt werden.[22]

Für die Anerkennung der "Einbringung dem Werte nach" als Einlage ist zunächst der Vermögenswertzufluß bei der Gesellschaft maßgeblich.[23] Daß der mit der "Einbringung dem Werte nach" verbundene, auf Geld gerichtete und pfändbare Anspruch einen Vermögenswert besitzt, ist nicht zu bezweifeln. Neben der Nutzungsmöglichkeit hat die Gesellschaft auch die Wertsteigerungen und Wertverluste zu tragen, die ihr nur an einem Vermögenswert entstehen können. Läßt man den Zufluß eines faßbaren Vermögenswertes für die Qualifikation als Einlage genügen, so kann dem Gesellschafter für die Einbringung "dem Werte nach" ein Kapitalanteil gutgeschrieben werden.

---

[16] Unstr., vgl. statt aller: RGZ 109, 380 (382)

[17] Sudhoff, DB 1974, 842

[18] Wieland, § 45 2.I.3.b, S. 542: "In Kollisionsfällen gehen die vom Einbringer vorgenommenen Rechtsgeschäfte vor."

[19] RGZ 109, 380 (383); 166, 160 (163); BGH, WM 1965, 744 (745); 1967, 951 (952); BGH, BB 1979, 855 (856); Fischer in Großkomm.HGB, § 105 Anm. 56; Sudhoff, DB 1974, 842

[20] MK/Ulmer, § 706 Rn. 11; Sudhoff, Gesellschaftsvertrag, II.D.1

[21] Sudhoff, DB 1974, 842 (843); Ullrich, NJW 1974, 1486 (1490)

[22] Ullrich, NJW 1974, 1486 (1491)

[23] S. o., Ausf. unter A.II.4.a, S. 44

Häufig wird für die Einlagefähigkeit auf das zusätzliche Erfordernis der Bilanzfähigkeit des Vermögenswertes abgestellt.[24] Diese Forderung resultiert nicht zuletzt aus der üblichen doppelten Buchführung, so daß die Buchung auf dem Kapitalkonto die Gegenbuchung auf einem Sachkonto voraussetzt[25]. Bilanzfähig auf der Aktivseite sind gem. §§ 246 Abs. 1, 242 Abs. 1 S. 1 HGB "Vermögensgegenstände". Das sind zunächst solche Gegenstände, die der Gesellschaft zu gesamthänderischem Eigentum oder zur Verfügbarkeit übertragen werden.[26]

Die Bilanz hat nicht nur zivilrechtliches Eigentum an Sachen gem. § 90 BGB, sondern das Vermögen auszuweisen, also auch Rechte und Forderungen. Aus dem Vollständigkeitsgrundsatz, § 246 Abs. 1 HGB, ergibt sich, daß "sämtliche" aktivierungsfähigen Vermögenswerte auch aktiviert werden müssen und nicht verschwiegen werden dürfen.[27] Deshalb ist für die Bilanzierung nicht allein die rechtliche, sondern auch die wirtschaftliche Zugehörigkeit maßgeblich.[28] Entscheidendes Kriterium für das wirtschaftliche Eigentum ist die tatsächliche Herrschaftsmacht, daß der Berechtigte sich wie ein Eigentümer verhalten darf.[29] Bei der Einlage eines Gegenstandes nicht lediglich zur Nutzung, sondern auch dem Werte nach sind der Personengesellschaft gerade Besitz, Gefahr, Nutzen und Lasten des Gegenstandes zuzurechnen.[30] Sie wird also wie der wirtschaftliche Eigentümer behandelt.[31]

---

[24] BFH, GS v. 26.1.1970, BStBl. II, 264; Soergel/Hadding, § 706 Rn. 5; Staudinger/Keßler, § 733 Rn. 16; Sarx in Beck Bil-Komm., § 247 Rn. 323; Huber, § 9, 1. b, S. 196; Knobbe-Keuk, ZGR 1980, 214 (217); für das Aktienrecht Eckardt in Geßler u. a., § 27 Rn. 8

[25] Huber, § 9, 1.b, S. 195 f.

[26] Das würde im Ergebnis mit der Forderung der Eigentumsübertragung als Voraussetzung für die Begründung einer Einlage übereinstimmen.

[27] Kunz, S. 14; Adler/Düring/Schmaltz, § 149 Tz. 34

[28] Glade, I Rn. 323; Isele in Küting/Weber, II Rn. 209; Budde/Karig in Beck Bil-Komm., § 246 Rn. 4; Baumbach/Duden/Hopt, § 242 Anm. 4 B; IDW, WPg. 1976, 114 (116); Biener/Berneke, Erl. II.5 zu § 246; Sudhoff, DB 1974, 842 (844); Knobbe-Keuk, § 4 III.1, S. 55; ausführlich: Münzinger, C.I.1.b, S. 62 ff.; Bordewin, BB 1976, 967 (968) mit Beispielen; zur Aktivierung unter Eigentumsvorbehalt stehender Vermögensgegenstände in der Bilanz des Vorbehaltskäufers: Glade, I Rn. 329; Adler/Düring/Schmaltz, § 149 Tz. 31 ff.; zur Möglichkeit der Bilanzierung geleaster Vermögensgegenstände beim Leasingnehmer vgl. das sog. Leasing-Urteil des BFH v. 26.1.1970, BStBl. II, 264; v. 30.5.1984, BStBl. II, 825; Tiedtke, § 15 II.3.g, S. 246 ff. sowie Glade, I Rn. 768 f., jeweils m. w. N.

[29] Glade, I Rn. 326; Budde/Karig in Beck Bil-Komm., § 246 Rn. 5; Ullrich, NJW 1974, 1486 (1489); Körner, BB 1986, 1950 (1951); Hantke, 2.3.3.2.1, S. 58

[30] Vgl. für das Steuerrecht: § 39 Abs. 2 Ziff. 1 AO

[31] Zur Auslegungsproblematik, ob eine Einbringung "dem Werte nach" oder lediglich "zur Nutzung" vorliegt, vgl. Sudhoff, DB 1974, 842 (843) und MK/Ulmer, § 706 Rn. 11, jeweils m. w. N.; Heinemann in Felix, Rn. 484

Im Bereich des Anlagevermögens fordert § 247 Abs. 2 HGB für die Bilanzierungsfähigkeit zusätzlich, daß die Gegenstände dem Geschäftsbetrieb dauernd zu dienen bestimmt sind. Diese Zweckorientierung ergibt sich unmittelbar aus dem Gesellschaftsvertrag, wenn der Gesellschafter ein Grundstück oder Gebäude als Beitrag, d. h. zur Förderung des Gesellschaftszwecks einbringt. Die Bilanzierungsfähigkeit ist damit auf Seiten der Personengesellschaft gegeben.[32]

Die Aktivierungsfähigkeit und -pflicht führt zur Vermehrung des Gesellschaftsvermögens und der Haftungsmasse, so daß auch nach dem engsten Einlagebegriff[33] mehr für die Einlagefähigkeit von Beitragspflichten nicht verlangt werden kann. Bei der Aktivierung sollte jedoch dem Bilanzleser das rechtlich fremde Eigentum am Vermögensgegenstand durch einen entsprechenden Vermerk kenntlich gemacht werden.[34]

bb) Die Einräumung von obligatorischen Nutzungsrechten (quoad usum)

Im Gegensatz zur Einbringung "dem Werte nach" verbleibt bei der Gebrauchs- oder Nutzungsüberlassung der wirtschaftliche Wert der einzubringenden Sache beim Gesellschafter. Für eine solche Einbringung lediglich zum Gebrauch oder zur Nutzung kann der Haftungsgrund eine Rolle spielen, weil die so eingebrachten Wirtschaftsgüter dem Zugriff der Gesellschaftsgläubiger entzogen sind.[35]

§§ 733 Abs. 2 S. 3, 731 S. 1 BGB ermöglichen ausdrücklich die Erstattung von Gebrauchsüberlassungen kraft Gesellschaftsvertrages.[36] Die beiden Vorschriften gelten über §§ 161 Abs. 2, 105 Abs. 2 HGB auch für Personengesellschaften. Dort ist eine entsprechende Erstattung von Gebrauchsüberlassungen

---

[32] Für die Bilanzierungsfähigkeit ebenso: Reinhard in Küting/Weber, § 247 Rn. 101; IDW, WPg. 1976, 114 (116); Sudhoff, DB 1974, 842 (844);
einschränkend Huber, § 9, 1.c, S. 197: bilanzfähig ist nicht das Grundstück selbst, sondern der Anspruch darauf, daß der Gesellschafter das Grundstück zur Verfügung hält und im Auseinandersetzungsfall den Wert des Grundstücks ausgleicht. Der Ansatz wird sich aber in der Höhe nicht von der Aktivierung des Grundstückes selbst unterscheiden.

[33] S. o., A.II.4.a, S. 45 unter Fußn. 12

[34] Sudhoff, DB 1974, 842 (844)

[35] Sudhoff, DB 1974, 842 (843); IDW, WPg. 1976, 114

[36] Die "Einlage" von Gebrauchsüberlassungen in § 733 Abs. 2 S. 3 BGB kann nur als geleisteter Beitrag verstanden werden, weil für Einlagen im Recht der Personengesellschaften ein Kapitalanteil begründet wird und diese daher bei der Auseinandersetzung im Gegensatz zu § 733 BGB berücksichtigt werden, § 155 Abs. 1 HGB.

(1) Vermögenswertzufluß bei der Gesellschaft

Die Einlagefähigkeit erfordert zunächst einen meßbaren Vermögenswertzufluß bei der Gesellschaft. Wird der Gesellschaft beispielsweise für den Betrieb ein Grundstück zur Nutzung zur Verfügung gestellt, so kann sie wirtschaftlich gesehen mit diesem zur Förderung des Gesellschaftszwecks arbeiten. Diese Nutzungsmöglichkeit stellt zweifelsfrei einen Vermögenswert dar. Andernfalls müßte die Gesellschaft sich zur Förderung des Gesellschaftszwecks ein Grundstück mieten oder pachten.

Soweit es um die Meßbarkeit des Vermögenswertes geht, liegt die Bewertung zunächst in der Hand der Gesellschafter. Die Gesellschafter sind im Innenverhältnis in der Ausgestaltung des Gesellschaftsverhältnisses frei, §§ 109, 163 HGB[37], und nur an die allgemeinen Regelungen der §§ 134, 138 BGB gebunden[38]. Auch bei der Gesellschaftsgründung zur Förderung eines gemeinsamen Zwecks verfolgen die Gesellschafter untereinander regelmäßig egoistische und damit gegenläufige Interessen.[39] Jeder möchte mit einem möglichst hohen Kapitalanteil beteiligt sein.[40] Daher wird allgemein die Gebrauchs- oder Nutzungsüberlassung mit dem Betrag bewertet, der für entsprechende Miet- oder Pachtzinsaufwendungen zu zahlen wäre[41].

Richtig ist nun die Kritik, daß der Gesellschaft als Vermögenswert nicht die Ersparnis der entsprechenden Aufwendungen zufließt.[42] Ihr fließt aber nach der Entscheidung der Gesellschafter das Gebrauchs- oder Nutzungsrecht als solches zu, das nur entsprechend bewertet wird. Dieser Vermögenswert ergibt sich auch aus einer gesicherten Rechtsposition[43], da bei einer Veräußerung des überlassenen Gegenstandes durch den Gesellschafter der Gesellschaft gegen den Erwerber der Einwand aus § 986 Abs. 1 oder Abs. 2 BGB zusteht[44].

---

[37] Eine ganz andere Frage ist die, inwieweit die getroffenen Regelungen im Außenverhältnis, d. h. gegenüber den Gesellschaftsgläubigern, Geltung finden; näheres dazu unten, A.II.4.a, bb, (3), S. 53 f.

[38] Crezelius in Peter/Crezelius, Rn. 97; Westermann in Westermann u. a., I Rn. 268; BGHZ 17, 130 (134); BGH, DB 1973, 1739; WM 1974, 1151 (1152); WM 1975, 325 (327); Sudhoff, Gesellschaftsvertrag, II.D.2, S. 135; Baumbach/Duden/Hopt, § 120 Anm. 3 C

[39] Kupsch in Hofbauer/Kupsch, § 248 Rn. 24

[40] Ebenso: Crezelius in Peter/Crezelius, Rn. 242

[41] Ausführlich dazu Glade, I Rn. 488 m. w. N. der Rspr. des BFH

[42] Huber, § 9, 3. c, S. 214 für Dienstleistungen; Knobbe-Keuk, ZGR 1980, 214 (218)

[43] Zu diesem Erfordernis: BFH v. 16.11.1977, BStBl. 1978 II, 386; v. 20.11.1980, BStBl. 1981 II, 68 (69)

[44] MK/Ulmer, § 706 Rn. 12 m. w. N.

(2) Bilanzierungsfähigkeit

Fordert man zudem die Bilanzierungsfähigkeit für die Tauglichkeit als Einlage, so muß die Gebrauchs- oder Nutzungsüberlassung einen Vermögensgegenstand im Sinne des § 246 Abs. 1 HGB bilden. Als Vermögensgegenstand sind Sachen und Rechte im zivilrechtlichen Sinne sowie Güter zu bezeichnen, die nicht mit einem Recht verbunden sind wie technisches know-how oder faktische Nutzungsmöglichkeiten; der Unterschied zum einfachen wirtschaftlichen Vorteil besteht in der selbständigen Bewertbarkeit und Verkehrsfähigkeit.[45] [46] Für die handelsrechtliche Bilanzierungsfähigkeit kann dagegen nicht ausschlaggebend sein, ob der Gesellschafter einen Vermögensgegenstand in das Betriebs- oder Sondervermögen überführt.[47] Das sind allein steuerrechtliche Aspekte, obwohl das Steuerrecht die handelsrechtlichen GoB zu befolgen hat, § 5 Abs. 1 EStG.

Wird ein Grundstück oder ein Gebäude zur Nutzung überlassen, so ist der aktivierungsfähige Vermögensgegenstand natürlich nicht das Grundstück oder Gebäude selbst. Es verbleibt rechtlich und wirtschaftlich im Vermögen des Gesellschafters.[48] Vermögensgegenstand kann nur das Nutzungsrecht sein. Grundsätzlich sind Gebrauchs- und Nutzungsrechte als immaterielle Vermögensgegenstände anerkannt.[49]

Fraglich ist hier jedoch bei der Subsumtion unter den Begriff des Vermögensgegenstandes die Verkehrsfähigkeit, d. h. die Übertragbarkeit. Regelmäßig erfolgt die Überlassung gerade nur der Gesellschaft gegenüber, so daß der Überlassungsanspruch nicht weiter übertragbar und pfändbar ist.[50] Der Vermögenswert der Gebrauchsüberlassung allerdings ist für die Personengesellschaft der gleiche, ob nun das Gebrauchsrecht übertragbar ist oder nicht.

---

[45] Tiedtke, § 15 II.4.a, S. 250; Großfeld, § 9 II. 1.a, S. 47; Pankow/Lienau in Beck Bil-Komm., § 247 Rn. 11; Kupsch in Hofbauer/Kupsch, Einführung B, Rn. 92; Kußmaul in Küting/Weber, II Rn. 164 f.; Biener/Berneke, Erl. II.1 zu § 246; Thiel, 5.3.1, S. 139 f. m.w.N.

[46] Für die Annahme eines Wirtschaftsgutes wird die selbständige Verkehrsfähigkeit nicht verlangt, obwohl die Begriffe "Wirtschaftsgut" und "Vermögensgegenstand" aufgrund des Maßgeblichkeitsgrundsatzes, § 5 Abs. 1 EStG, identisch sind, vgl. vor allem BFH, GS v. 26.10.1987, DB 1988, 529 (531) und die Gesetzesbegründung, BT-Drucks. 10/4268, S. 89. Das führt zu einem Widerspruch mit dem Maßgeblichkeitsgrundsatz, vgl. dazu Thiel, 5.3.2, S. 141 und Tiedtke, § 15 II.4.a, S. 251 m. w. N.

[47] Budde/Karig in Beck Bil-Komm., § 246 Rn. 51

[48] A. A. wohl Sudhoff, Gesellschaftsvertrag, II.D. 2, S. 137 f.; Bordewin, BB 1976, 967 (968) im Fall der Widmung für den Geschäftsbetrieb

[49] Glade, § 253 Rn. 123; Adler/Düring/Schmaltz, § 151 Rn. 88; ebenso Tiedtke, § 15 II.4.b, bb, S. 257 für das Steuerrecht

[50] Ullrich, NJW 1974, 1486 (1489); Groh, DB 1988, 514 (519)

Das Kriterium der Vollstreckbarkeit zielt auf den Gesichtspunkt der Konkursvorsorge, den Gläubigerschutz ab, weil im Konkurs nur solche Vermögensgegenstände der Gläubigerbefriedigung dienen können, die einzeln veräußerbar sind.[51]

Die Frage der Pfändbarkeit zu klären, ist beispielsweise Aufgabe des Vermögensverzeichnisses nach § 807 Abs. 1 S. 1 ZPO.[52] Die Handelsbilanz dagegen wird für das fortbestehende Unternehmen errichtet, § 252 Abs. 1 Ziff. 2 HGB. Deswegen würde es einen Verstoß gegen den Vollständigkeitsgrundsatz bedeuten, würden diese Rechte verschwiegen. Nur aus diesem Grunde sind auch Konzessionen und Lizenzen, die in der Regel auch nicht übertragbar sind, gem. § 266 Abs. 2 (A. I. 1.) HGB bilanzierungsfähig.[53] Es kommt insoweit nur auf die abstrakte Verkehrsfähigkeit an, die Übertragbarkeit auf die Gesellschaft.[54] Übertragen wird der Besitz an dem betreffenden Vermögensgegenstand. Mit der Überlassung des Besitzes zur freien Nutzung ist diesbezüglich eine Aussonderung aus dem Vermögen des einbringenden Gesellschafters erfolgt.[55]

Ein Nutzungs- oder Gebrauchsrecht ist als immaterieller Vermögensgegenstand gem. § 248 Abs. 2 HGB nur bilanzierungsfähig, wenn es entgeltlich erworben wurde.[56] Die Entgeltlichkeit ist nicht nur bei Zahlung eines Kaufpreises gegeben, sondern bei jeder Art einer Gegenleistung, auch bei einer Gutschrift als Sacheinlage wegen der Gewährung von Gesellschaftsanteilen.[57] Damit sind die fraglichen Nutzungseinlagen auch in der Bilanz

---

[51] Coenenberg, S. 60; Pankow/Lienau in Beck Bil-Komm., § 247 Rn. 13; Kupsch in Hofbauer/Kupsch, Einführung B, Rn. 92

[52] Ebenso: Bordewin, BB 1976, 967 (968)

[53] So auch Kußmaul in Küting/Weber, II Rn. 167; Scholz/Winter, § 5 Rn. 44

[54] Thiel, 5.3.1, S. 141 m. w. N.; Großfeld, § 9 II. 1.a, S. 47; Pankow/Lienau in Beck Bil-Komm., § 247 Rn. 13; Kußmaul in Küting/Weber, II Rn. 171 m. w. N.; Scholz/Winter, § 5 Rn. 44

[55] A. A. Knobbe-Keuk, ZGR 1980, 214 (218)

[56] Das gilt gem. § 248 Abs. 2 HGB zwar nur für Gegenstände des Anlagevermögens. Die in der Praxis eingeräumten Nutzungs- und Gebrauchsrechte beziehen sich aber insoweit regelmäßig auf Grundstücke, Gebäude oder Maschinen, die der Personengesellschaft auf Dauer zur Verfügung stehen sollen. Grund für die Entgeltlichkeitsforderung ist die Tatsache, daß die Werte mangels konkreten Erwerbsgeschäfts schwer schätzbar, d. h. unsicher sind und deshalb aus Gründen der Vorsicht in der Bilanz mit 0 bewertet werden müssen.

[57] Karrenbauer in Küting/Weber, § 253 Rn. 14; Veit in Küting/Weber, § 248 Rn. 11; Budde/Karig in Beck Bil-Komm., § 248 Rn. 12; Knobbe-Keuk, § 5 VI.1.b, S. 180; Adler/Düring/Schmaltz, § 153 Tz. 116 m. w. N.; Biener/Berneke, Erl. 2 zu § 255; Sudhoff, Rechte und Pflichten, § 2 I.3, S. 14: Einbringungswert als Anschaffungswert;
ausführlich Thiel, 5.3.3, S. 146 f.; BFH v. 15.7.1976, BStBl. II, 748 (749); v. 24.3.1983, BStBl. 1984 II, 233

aktivierungsfähig.[58] Dagegen sind allgemein Rechte aus Miet-und Pachtverhältnissen als schwebende Geschäfte allenfalls unter den Rechnungsabgrenzungsposten zu bilanzieren, da diesen Rechten regelmäßig in gleicher Höhe Verpflichtungen gegenüberstehen.[59] Die Gutschrift einer Einlage auf dem Kapitalkonto als "Gegenleistung" stellt demgegenüber für die Gesellschaft gerade keine Verbindlichkeit dar.

(3) Einschränkung des Einlagebegriffs

Trotz der Bilanzierungsfähigkeit wird die Einlagequalität von Nutzungsüberlassungen teilweise bezweifelt.[60] Dies geschieht unter dem besonderen Gesichtspunkt, daß der Kommanditist auf diese Weise nicht seine Haftsumme belegen kann[61]. Sinn der Haftungsregelung sei es, daß der Kommanditist durch die Leistung der Einlage der Gesellschaft haftendes Vermögen zuführe, d. h. Vermögensgegenstände, die auch zur Deckung der Gesellschaftsschulden geeignet sind.[62] So sei in den gesetzlichen Regelungen über die Einlage des Kommanditisten auch immer von "Beträgen" die Rede.[63]

Das Gesetz spricht in § 171 Abs. 1, 2. Halbsatz HGB zunächst nicht von der "Zuführung haftenden Vermögens", sondern allein von der "Leistung der Einlage".[64] Diese ist dahin zu überprüfen, ob sie in ihrer Höhe mit der Haftsumme übereinstimmt. Es ist dagegen richtig, daß die Einlage des Kommanditisten in einem bestimmten Geldbetrag angegeben werden muß. Warum soll diese Möglichkeit aber ausschließlich bei Geldzahlungen und Sacheinlagen durch Eigentumsübertragung bestehen?

---

[58] Ebenso: Falterbaum/Beckmann, 17.4.1, S. 637; Sarx in Beck Bil-Komm., § 247 Rn. 323; Baumbach/Duden/Hopt, § 124 Anm. 16; Scholz/Winter, § 5 Rn. 46; BFH v. 16.11.1977, BStBl. 1978 II, 386 (387); BFH, GS v. 26.10.1987, DB 1988, 529 (532); differenzierend Groh, DB 1988, 514 (519)

[59] Adler/Düring/Schmaltz, § 149 Tz. 47; Münzinger, C.I.1.c, dd, S. 152; Biener/Berneke, Erl. II.3 zu § 246; Reinhard in Küting/Weber, § 247 Rn. 115; Knobbe-Keuk, § 4 VII.1, S. 110

[60]) Schmidt, Lehrbuch, § 20 II.3.a, aa; Huber, § 9, 1.a, S. 193; Schlegelberger[5]/Schmidt, § 335 Anm. 136; Knobbe-Keuk, ZGR 1980, 214 (218)

[61] Huber, § 9, 1.a, S. 193; Knobbe-Keuk, ZGR 1980, 214 (224)

[62] Huber, § 9, 1.a, S. 193

[63] Huber, § 9, 1.a, S. 192 unter Verweis auf §§ 161 Abs. 1, 162 Abs. 1, 167 Abs. 2, Abs. 3, 171 Abs. 1, 172 Abs. 4 S. 1, S. 2 HGB

[64] Auf den diesbezüglichen Streit, ob es auf die Zuführung haftenden Kapitals oder auf die nach schuldrechtlichen Grundsätzen erfolgende Leistung "auf die Einlage" ankommt, soll hier nicht näher eingegangen werden, vgl. dazu: Sudhoff, Gesellschaftsvertrag, I.A.2.c, S. 24

Dem Gesellschaftsvermögen muß ein Vermögenswert zufließen. Der Vermögenswert einer Leistung kann immer nur in einer Zahl, einer Bewertungsgröße, dargestellt werden. Er ist notfalls durch Schätzung oder durch Vergleich mit anderen Leistungen zu ermitteln. Nichts anderes gilt für die Einbringung von Gegenständen zu Eigentum, speziell wenn sie keinen gängigen Markt- oder Börsenpreis haben.[65] Doch sollen diese eine Einlage begründen können. Das Erfordernis der Angabe eines Betrages kann also für sich allein kein Abgrenzungskriterium sein.

Was die Einlage des Kommanditisten betrifft, so trifft das HGB keine Unterscheidung zwischen der Einlage des Kommanditisten und der des persönlich haftenden Gesellschafters. Der Kommanditist ist Gesellschafter einer Personengesellschaft wie jeder persönlich haftende Gesellschafter auch. Er ist in gleicher Weise an der Festlegung der gesellschaftsvertraglichen Rechte und Pflichten beteiligt.[66] Eine diesbezügliche klassenmäßige Differenzierung ist daher, soweit sie sich nicht auf den Gesellschaftsvertrag gründet, bereits im Ansatz verfehlt.

Aus den allgemeinen Regelungen über die Einlage, für die gem. § 109 HGB die Vertragfreiheit gilt, ergibt sich eine enge Begriffsbestimmung, wie sie aus der Haftungsregelung des § 171 Abs. 1 HGB gefordert wird, nicht.[67] Einlagen sind als Bestandteile des Kapitalanteils Beträge zur Aufbringung des Eigenkapitals.[68] Deshalb muß insoweit allgemein die entsprechende Bilanzierungsfähigkeit der "eingelegten" Aktivwerte genügen. Allein im Verhältnis zu den Gesellschaftsgläubigern tritt das Problem auf, wie weit die Leistungen des Kommanditisten auf seine Einlage anerkannt werden. Diese Frage ist aber scharf zu trennen von den Regelungsmöglichkeiten der Gesellschafter untereinander zur Festlegung des Beteiligungsverhältnisses.

§ 171 Abs. 1 HGB zielt auf den Schutz der Gesellschaftsgläubiger ab. Er will die Haftungsbeschränkung erst dann eingreifen lassen, wenn der Betrag der Einlage auch tatsächlich dem Gesellschaftsvermögen zugeflossen ist.

---

[65] Nur bei Geldzahlungen fallen Nominal- und Realbetrag zusammen. Bei allen anderen Gegenständen und Leistungen geht es nur um die Schätzung und Bewertung von Nominalbeträgen, die als Einlage eingebracht werden.

[66] So gilt nach BGH, WM 1982, 5 (7), auch für den Kommanditisten, daß die Gesellschafter im Innenverhältnis frei bestimmen können, ob und wie die Einlagepflicht zu erfüllen ist.

[67] Für die stille Gesellschaft hat der Gesetzgeber im HGB eine neue Fassung gegenüber dem ADHGB gewählt. Nach Art. 252 Abs. 1 ADHGB wurde noch der Inhaber des Handelsgeschäfts "Eigenthümer der Einlage". Mit der Neufassung in § 335 Abs. 1 HGB (§ 230 HGB n. F.) wollte der Gesetzgeber als Vermögenseinlage gerade auch Gegenstände einbeziehen, "die der stille Gesellschafter dem Geschäftsinhaber nur zum Gebrauch überläßt", vgl. die Denkschrift zum HGB, S. 184.

[68] Schlegelberger[5]/Schmidt, §§ 171, 172 Anm. 9

Nimmt man die Sacheinlagefähigkeit von Nutzungs- und Gebrauchsüberlassungen an, so ist die tatsächliche Einlageleistung des Kommanditisten mit der Rechtsprechung[69] nach dem objektiven Wert zu bemessen. Für ein Grundstück wäre beispielsweise der marktübliche Miet- oder Pachtzins eines vergleichbaren Grundstücks heranzuziehen.

Den Gläubigerschutz betreffend ist damit der gleiche Gedanke angesprochen, der in § 27 Abs. 1 S. 2 AktG zum Ausdruck kommt. Danach gilt es auch als Sacheinlage, wenn die Vergütung, die der Gesellschafter an sich für den eingebrachten Vermögensgegenstand zu erhalten hat, auf die Einlage des Aktionärs angerechnet werden soll[70]. Der Begründung zum Regierungsentwurf gemäß[71] soll § 27 Abs. 1 S. 2 AktG bezwecken, diesen Fall in § 36 a Abs. 2 S. 1 AktG miteinzubeziehen, da es sich um "einen typischen Fall der Umgehung" der Sacheinlagevorschriften handelt.[72]

Der Gedanke, daß im Interesse der Gesellschaftsgläubiger nur der tatsächliche, objektive Wert einer Einlage maßgeblich ist, wo die Haftung beschränkt ist, kann auf die Gebrauchs- und Nutzungsüberlassung eines Kommanditisten übertragen werden. Er findet sich in der Rechtsprechung zu § 171 HGB wieder.[73] Es besteht daher kein Bedürfnis, einen im Hinblick auf die Haftungsregelung des § 171 Abs. 1 HGB engen Einlagebegriff zu wählen.

Zwischenergebnis: Taugliche Gegenstände einer Einlage sind jedenfalls Vermögensgegenstände, d. h. sie müssen übertragbar und bilanzierungsfähig sein. Dazu gehören auch obligatorische Nutzungs- und Gebrauchsrechte. Der wirtschaftliche Wert unterliegt zunächst der Bewertung durch die Gesellschafter. Soweit es auf die Leistung der Einlage eines Kommanditisten ankommt, § 171 Abs. 1 HGB, ist der wirtschaftliche Wert anhand vergleichbarer Miet- oder Pachtaufwendungen zu messen.

Die Aktivierung des Nutzungs- oder Gebrauchsrechts erfolgt regelmäßig durch Kapitalisierung der Miet- oder Pachtzinsen für die gesamte Nutzungsdauer, soweit diese im Gesellschaftsvertag bestimmt ist. Dies bietet sich vor allem im System fester Kapitalanteile an, wo die Kapitalanteile schon von Anfang an in voller Höhe festgelegt werden. Möglich ist allerdings auch eine

---

[69] Regelmäßig zum Parallelproblem der Anerkennung von Dienstleistungen: BGHZ 39, 319 (322); 61, 59 (72); BGH, DB 1977, 394; vgl. auch aus der Lit.: Baumbach/Duden/Hopt, § 171 Anm. 2 A; Weipert in Großkomm.HGB, § 171 Anm. 13; Kübler, § 8 III.2.a

[70] Beim Kommanditisten wäre das eine Anrechnung auf seinen Kapitalanteil.

[71] BT-Drucks. 8/1678, S. 12

[72] Ebenso im GmbH-Recht die mit § 36 a Abs. 2 S. 1 AktG korrespondierende Vorschrift des § 7 Abs. 3 GmbHG

[73] BGH, NJW 1985, 2947 (2948) sowie die unter Fußn. 69 angegebene Rechtsprechung

ratenweise Gutschrift auf dem Kapitalkonto, d. h. fortlaufend mit der jeweiligen zeitlichen Überlassung.[74] Im Einzelfall ist jedoch immer zu prüfen, ob die Nutzungs- oder Gebrauchsüberlassung auf gesellschaftsrechtlicher Ebene als Beitrag oder auf schuldrechtlicher Ebene vereinbart ist.[75]

cc) Dienstleistungen als Sacheinlage

Im Gegensatz zu Nutzungs- und Gebrauchsrechten sind Dienstleistungen nicht als Vermögensgegenstand auf die Gesellschaft "übertragbar", sie werden direkt von dem tätigen Gesellschafter erbracht. Deshalb wird auch hier teilweise die Einlagequalität von Dienstleistungen bezweifelt.[76]

Wie bei Gebrauchs- und Nutzungsüberlassungen geht das Gesetz in § 733 Abs. 2 S. 3 BGB i. V. m. §§ 161 Abs. 2, 105 Abs. 2 HGB zunächst davon aus, daß dem Gesellschafter für die Dienstleistung kein Kapitalbetrag gutgeschrieben wird. § 733 Abs. 2 S. 3 BGB beruht auf dem Gedanken, daß sich der Einsatz der physischen und geistigen Arbeitskraft des Gesellschafters durchweg nicht als fest umrissener und meßbarer Vermögenswert abzeichnet oder zumindest die nachträgliche Bewertung höchst unterschiedlicher Individualleistungen bei der Auseinandersetzung kaum lösbar ist.[77] Zudem muß berücksichtigt werden, daß das Gesetz immer von dem Grundmodell ausgeht, daß alle Gesellschafter zur Geschäftsführung berechtigt und sogar verpflichtet sind, § 709 Abs. 1 BGB.

Nicht selten werden aber in der Vertragspraxis einige oder nur ein Gesellschafter zu Geschäftsführern berufen. Hier scheint es angemessen, diese(n) mit einem Kapitalanteil den anderen Gesellschaftern gegenüber zu begünstigen, sofern die Tätigkeit nicht eigens vergütet wird. Um diese Geschäftsführertätigkeit als "Einlage" qualifizieren zu können, muß es sich zunächst notwendig um eine vermögenswerte Leistung handeln.[78]

---

[74] Giefers/Frost in Bünz/Heinsius, 5 A/35, Rn. 15

[75] Es wird nicht verkannt, daß "gesellschaftsrechtlich" und "schuldrechtlich" kein eigentliches Gegensatzpaar ist; es wird nur dem allgemeinen Sprachgebrauch gefolgt, um zwischen dem Gesellschaftsrechtlichen und dem Nicht-Gesellschaftsrechtlichen zu unterscheiden.

[76] Schmidt, Lehrbuch, § 20 II. 3. a, aa, S. 425; Schlegelberger[5]/Schmidt, §§ 171, 172 Anm. 10; Wieland, § 45.2.III.1, S. 544; Huber, § 9, 1.b, S. 196; Düringer/Hachenburg/Flechtheim, § 120 Anm. 6; Eckardt in Geßler u. a., § 27 Rn. 16

[77] BGHZ 29, 300 (304); BGH, NJW 1980, 1744; Soergel/Hadding, § 733 Rn. 6

[78] S. o., Ausf. unter A.II.4.a, S. 44

(1) Vermögenswertzufluß bei der Gesellschaft

Tatsächlich ist die "Einlage" einer Arbeits- oder Dienstleistung insoweit mit einer Bar- oder Sacheinlage durch Eigentumsübertragung nicht vergleichbar, als letztere Beiträge mit der Leistung unmittelbar in das Gesellschaftsvermögen gelangen. Der Vermögenswert einer Dienstleistung zeichnet sich nur im Ergebnis ab, er fließt dem Gesellschaftsvermögen erst mittelbar, d. h. über den Tätigkeitserfolg, zu. Das hindert die Gesellschafter aufgrund ihrer Vertragsfreiheit jedoch grundsätzlich nicht, bereits die Arbeitsleistung als vermögenswerte Leistung im Hinblick auf das Gesellschaftsvermögen zu bewerten. Daß die Dienstleistung generell eine vermögenswerte Leistung ist, ergibt sich bereits aus der ausdrücklichen Nennung in § 706 Abs. 3 BGB.[79]

(2) Die Regelung des § 27 Abs. 2, 2. Halbs. AktG

Für Aktiengesellschaften hat der Gesetzgeber zum 31. 12.1978 mit Durchführung der Zweiten Richtlinie des Rates der Europäischen Gemeinschaften zur Koordinierung des Gesellschaftsrechts[80] in § 27 Abs. 2, 2. Halbs. AktG eindeutig bestimmt, daß Dienstleistungen nicht Gegenstand einer Sacheinlage sein können. Enthielt vorher § 27 Abs. 1 S. 1 AktG nur eine negative Definition der Sacheinlage, so ist nunmehr mit Abs. 2 eine positive Umschreibung hinzugefügt worden.[81]

Fraglich ist allerdings, ob diese Definition der Sacheinlage auf das HGB übertragbar ist. Eine entsprechende Regelung ist weder im HGB als lex generalis noch im GmbHG erfolgt. Stellt der Gesetzgeber in seiner amtlichen Begründung heraus, daß die Vorschriften der Richtlinie nur für Aktiengesellschaften gelten[82], so ist im übrigen an ein beredtes Schweigen zu denken. Die Beschränkung der Haftung von Kapitalgesellschaften auf das Grundkapital fordert für diese besondere Vorschriften zum Schutz der Gesellschaftsgläubiger. Die Sacheinlagen müssen deshalb einen genau feststellbaren Wert haben, § 27 Abs. 2, 1. Halbs. AktG, und bei der Anmeldung

---

[79] Ebenso: Baumbach/Duden/Hopt, § 109 Anm. 4 A; MK/Ulmer, § 706 Rn. 2a

[80] BGBl. 1978 I, S. 1959

[81] Eckardt in Geßler u. a., § 27 Rn. 7

[82] BT-Drucks. 8/1678, S. 9, und zwar im Interesse einer Angleichung der Regelungen für Aktiengesellschaften des deutschen Rechts und die ihnen gleichstehenden Gesellschaftsformen der anderen Rechtsordnungen (Art. 1 Abs. 1 der Richtlinie)

zur Eintragung im Handelsregister vollständig geleistet sein, § 36 a Abs. 2 S. 1 AktG.[83] Das ist bei Dienstleistungen regelmäßig nicht möglich.

Im Gegensatz zu den Kapitalgesellschaften steht bei der Personengesellschaft die Kapitalbeschaffung und -erhaltung zum Schutz der Gläubiger wegen der unbeschränkbaren Haftung der persönlich haftenden Gesellschafter nicht im Vordergrund. Das erlaubt die im Innenverhältnis wesentlich weiterreichende Gestaltungsfreiheit der Rechtsbeziehungen der Gesellschafter untereinander. Eine Übertragung der Regelung in § 27 Abs. 2 AktG erscheint daher nicht möglich.

(3) Die Konstruktion einer Bareinlage

Die Gegner der Anerkennung der (Sach-)Einlagefähigkeit von Dienstleistungen versuchen eine Lösung über einen anderen Weg: soll eine Dienstleistung als Sacheinlage vergütet werden, so stelle das eine Nebenabrede des Inhalts dar, daß die eigentlich zu zahlende Vergütung, Lohn oder Gehalt, als Bareinlage im Gesellschaftsvermögen belassen werden solle[84].

Die gesellschaftsvertragliche Regelung kann sich im wesentlichen in zwei verschiedenen Varianten präsentieren: einmal kann der betreffende Gesellschafter allein oder zu mehreren zur Geschäftsführung verpflichtet sein; dafür soll er mit einem Kapitalanteil in bestimmter Höhe bedacht werden. Der Gesellschaftsvertrag kann aber auch vorsehen, daß die Tätigkeit des Gesellschafters mit einem bestimmten Betrag vergütet werde; der Gesellschafter solle nur verpflichtet sein, die Tätigkeitsvergütungen in der Gesellschaft stehen zu lassen.

Daß die letzte der beiden Vertragsgestaltungen die oben getroffene Interpretation zuläßt, ist nicht zu leugnen. Fraglich ist nur, wie es sich im ersten Fall verhält. Eine "Einlageleistung" ist diejenige Leistung, die der Gesellschafter als Einlage und damit auch als Beitrag schuldet und erbringt.[85] Nach der Vertragsgestaltung schuldet der betreffende Gesellschafter nur die Dienstleistung, für die ihm ein bestimmter Kapitalanteil gutgeschrieben werden soll. Er schuldet nicht eine Bareinlage, die dann möglicherweise mit

---

83 Vgl. für die GmbH entsprechend § 7 Abs. 3 GmbHG

84 Wieland, § 45.2.III.1, S. 544; Huber, § 9, 1.a, S. 193; vgl. auch Sudhoff, NJW 1964, 1249 (1250 f.)

85 Schmidt, Einlage und Haftung, A.II.3.a, S. 8

einer Ersetzungsbefugnis in Form der Tätigkeit ausgestattet ist. Gegenstand der Beitragsverpflichtung ist allein die Tätigkeit.

Durch eine andere Interpretation könnte auch parallel die Sacheinlage in Form der Sachübernahme eines Vermögensgegenstandes durch die Gesellschaft jederzeit umgangen werden: man könnte beispielsweise in den meisten Fällen die Übereignungen an die Gesellschaft nach sachenrechtlichen Grundsätzen auf der Grundlage von Kaufverträgen konstruieren. Der übereignende Gesellschafter erhält als Gegenleistung eine Kaufpreisforderung. Mit dieser rechnet er gegen die Geldeinlageforderung der Gesellschaft in gleicher Höhe auf, gleichsam als ob die Kaufpreisforderung in bar getilgt wird und er das Geld sofort wieder als Einlage einzahlt. In gleicher Weise könnte man bei der Gebrauchs- oder Nutzungsüberlassung hinsichtlich der zu vergütenden Zinsen verfahren[86]. Nur wird als Beitragsverpflichtung jeweils die Übereignung, die Gebrauchsüberlassung, die Arbeitsleistung geschuldet.

Bei der Konstruktion der Bareinlage stellt sich zudem beim Kommanditisten ein besonderes Problem, wenn es die Haftungsbefreiung gem. § 171 Abs. 1 HGB betreffend auf die "Leistung seiner Einlage" ankommt. Man stelle sich vor, die Geschäftsführertätigkeit würde erheblich zu hoch bewertet. Eine solche Bewertung erfolgt lediglich im Gesellschafterinteresse, wenn sich Stimmrecht oder Gewinnverteilungsschlüssel oder beides nach dem Kapitalanteil richten. Die Gesellschaft würde doch in diesem Fall ebensowenig die Arbeitsleistung in bar vergüten, wie der Gesellschaft mit der Arbeitsleistung eine Bareinlage in entsprechender Höhe zufließt.

Überzeugen kann auch nicht die Argumentation Hubers[87]: er will die Vergütung auf dem Kapitalkonto des geschäftsführenden Gesellschafters zu Lasten des Kapitals, d. h. der Kapitalkonten der anderen Gesellschafter "einbuchen". Diese "Einbuchung" hat allein eine Umverteilung des Gesellschaftskapitals unter den Gesellschaftern zum Inhalt. Demnach käme es gar nicht darauf an, daß der geschäftsführende Gesellschafter selber eine Leistung erbringt.[88] Rechtlich würde das einer - der Auslegung des Gesellschaftsvertrages wohl kaum entsprechenden - Schenkung seitens der anderen Gesellschafter nahekommen.

Konsequent in seiner Ansicht kommt es Huber allerdings bezüglich der Haftungsbefreiung gem. § 171 Abs. 1 HGB nun ebenfalls nicht auf die Leistung des Kommanditisten an. Entscheidend für die Haftungsbefreiung sei vielmehr, ob das Kapital der durch die "Einbuchung" belasteten Gesellschaf-

---

[86] Vgl. dazu auch oben, A.II.4.a, bb, (1), S. 49

[87] Huber, § 9, 3.e, S. 214

[88] So auch Huber, wie Fußn. 87)

ter zur Abdeckung des eingebuchten Betrages genügt[89]. Die "belasteten" Gesellschafter müßten also der Gesellschaft ausreichende kapitalbildende Vermögensgegenstände zugeführt haben. Damit wird jedoch wiederum der Wille der Gesellschafter geleugnet, den geschäftsführenden Kommanditisten für seine Tätigkeit mit einem Kapitalanteil auszustatten. Die Gesellschafter wollen nicht für die Tätigkeit des Kommanditisten diesem etwas von ihrem "Kapital" abgeben, d. h. übertragen, und zwar unabhängig davon, ob dies rechtlich überhaupt möglich ist.

(4) Das Kriterium der Bilanzierungsfähigkeit

Bilanzierungsfähig sind Vermögensgegenstände. Soweit Dienstleistungen erbracht sind, schlagen sie sich allenfalls im Tätigkeitsergebnis wieder. Sie bilden aber keinen selbständig bewertbaren und auf die Gesellschaft übertragbaren Vermögensgegenstand. Soweit Dienstleistungen in der Zukunft zu erbringen sind, stellen sie zwar rechtlich Forderungen dar, sie gehören aber wirtschaftlich mangels Einforderung noch nicht zum Vermögen am Bilanzstichtag.[90] Fordert man also für die Einlagefähigkeit von Beitragsleistungen die Bilanzierungsfähigkeit als Vermögensgegenstand, so sind Dienstleistungen nicht einlagefähig. Der BGH hat dagegen nicht allein auf die Bilanzierungsfähigkeit abgestellt.[91]

Die gesamte Buchführung, d. h. auch das Kapitalkonto, unterliegt gem. § 238 Abs. 1 S. 1 HGB den Grundsätzen ordnungsmäßiger Buchführung. Zählt man hierzu heute auch die doppelte Buchführung[92], so hat eine Gegenbuchung auf einem anderen Konto zu erfolgen. Da eine Dienstleistung das in der Bilanz aktivisch auszuweisende Gesellschaftsvermögen nicht unmittelbar wie eine Bareinlage erhöht, kann ein entsprechendes aktivisches Vermögenskonto nicht erkannt werden. Deswegen fühlt sich die Gegenansicht erst recht zu der Auffassung veranlaßt, daß allein die nicht ausgezahlte Vergütung eine Einlage darstellen kann[93], nicht aber die Dienstleistung selbst.

Nur stellt sich dann die gleiche Frage, welcher - auf der Aktivseite der Bilanz auszuweisende - Vermögenswert der Gesellschaft jetzt zugeflossen

---

[89] Huber, § 9, 3.e, S. 214; Schmidt, Einlage und Haftung, A.II.3.c, S. 15

[90] Zur Möglichkeit der Bilanzierung als "Ausstehende Einlagen" s. u., Ausf. unter B.III.3.b, bb, S. 107 ff.

[91] BGHZ 29, 300

[92] Leffson, S. 161; Niedner in Glanegger u. a., §§ 238, 239 Rn. 3; Groh, DB 1985, 1849

[93] Huber, § 9, 1.a, S. 193; Schmidt, Lehrbuch, § 20 II.3.a, aa

sein soll. Geldmittel sind der Gesellschaftskasse nicht zugeflossen. Vielmehr sind nur Aufwendungen erspart worden. Aufwendungen, die normalerweise als Geschäftsführergehalt bei Einstellung eines Dritten zu zahlen gewesen wären, kommen nicht zur Auszahlung, sondern werden als Einlage auf dem Kapitalkonto verbucht.

Verlangt man als Voraussetzung für eine Einlage die Zuführung eines in der Bilanz aktivisch auszuweisenden Vermögenswertes, so dürften auch die nicht gezahlten Vergütungen keine Einlage bilden. Insoweit ist Huber[94] zu folgen, daß die Gesellschaft als aktivischen Vermögenswert nicht etwas "ersparen" kann, was sie gar nicht hat. Daß aber zumindest die nicht ausgezahlten Vergütungen eine Einlage darstellen können, wird, soweit ersichtlich, von niemandem bestritten.

Nach den bisherigen Feststellungen läßt sich der Begriff der Einlage weder im BGB noch im HGB in einem eindeutigen Sinne verstehen.[95] Deswegen ist zu überlegen, ob die "Einlage" überhaupt als objektiv feststehender Begriff definiert werden kann. Schon Wieland[96] hat zwischen Einlagen im engeren Sinne - das sind die Bareinlagen und Sacheinlagen in Form der Eigentumsübertragung - und Einlagen im weiteren Sinne unterschieden. Zu letzteren sollen alle sonstigen Wertvermehrungen des Gesellschaftsvermögens gehören, die dem Gesellschafter "als Einlage gutgeschrieben und ganz oder zum Teil den Grundsätzen über die Einlagen unterworfen werden".[97]

Die Verpflichtung zur Leistung von Beiträgen, § 705 BGB, wird in § 105 Abs. 2 HGB in das Recht der Personengesellschaften aufgenommen, ohne auf "Beiträge" weiter Bezug zu nehmen. Zur "Einlage" nimmt das HGB im Recht der Personengesellschaften erstmalig in § 121 Abs. 2 S. 1 HGB Stellung[98], wenn dort von Leistungen die Rede ist, "die der Gesellschafter ... als Einlage gemacht hat". Damit spricht das Gesetz nicht von Einlagen, die der Gesellschafter gemacht hat, sondern von Leistungen, die er "als Einlage"

---

[94] Huber, § 9, 3.e, S. 214

[95] Auf den ersten Blick könnte sich ein weit zu fassender Einlagebegriff aus § 230 Abs. 1 HGB ergeben: wenn der stille Gesellschafter seine Einlage "so zu leisten hat, daß sie in das Vermögen des Inhabers des Handelsgeschäfts übergeht", so muß es offensichtlich noch andere Einlageformen geben. § 230 Abs. 1 HGB will aber in erster Linie klarstellen, daß eine Einlage, soweit sie zu leisten ist, in das Vermögen des Handelsgeschäftsinhabers zu leisten ist und nicht in ein Gesamthandsvermögen der Gesellschaft, da es dieses nicht gibt; vgl. Huber, § 9, 1.a, S. 194; Schmidt, Lehrbuch, § 62 II.1.d, S. 1390

[96] Wieland, § 45.2.III, S. 543

[97] Wie Fußn. 96)

[98] Vorher wird nur in § 111 Abs. 1 HGB einmal die "Geldeinlage" erwähnt.

gemacht hat. Ob eine Leistung, d. h. eine Beitragsleistung "als Einlage" erbracht gilt, hängt wesentlich von der gesellschaftsvertraglichen Regelung ab.[99]

Sind die Gesellschafter somit in der Bewertung einer Einlage frei, so sind sie grundsätzlich auch in der Bewertung als Einlage frei. Sie können dann auch frei entscheiden, ob sie eine Beitragsleistung als Einlage gelten lassen und bewerten wollen.[100] Betrachten sie die Leistung als Einlage, so wird der einbringende Gesellschafter als Gegenwert hierfür mit einem Kapitalanteil bedacht. Erforderlich ist damit nur, daß etwas "eingelegt" wird, daß der Gesellschaft ein meßbarer Vermögenswert zufließt, der bewertet werden kann. Dem liegt die Vorstellung zugrunde, daß derjenige, der sich auf der einen Seite am Gesellschaftsvermögen beteiligt, auf der anderen Seite auch am Kapital beteiligt wird.

Die Frage, ob und in welcher Höhe dem Gesellschaftsvermögen mit der betreffenden Beitragsleistung ein Wert zufließt, darf dann aber auch nicht allein objektiv beurteilt werden. Ausschlaggebend ist vielmehr die Bewertung seitens der Gesellschafter im Gesellschaftsvertrag. Die "Einlage" gibt letztlich den Betrag wieder, mit dem die Beitragsleistung für das Gesellschaftsvermögen von den Gesellschaftern bewertet wird. Wie bei der Gebrauchs- und Nutzungsüberlassung tritt allein im Verhältnis zu den Gesellschaftsgläubigern die Frage auf, wie weit die Leistungen des Kommanditisten auf seine Einlage anerkannt werden.[101]

Zwischenergebnis: §§ 733 Abs. 2 S. 3, 731, 706 Abs. 3 BGB, die über §§ 161 Abs. 2, 105 Abs. 2 HGB auf die Personengesellschaften des Handelsrechts anwendbar sind, räumen die Möglichkeit ein, Dienstleistungen als Gegenstand einer Sacheinlage zu bestimmen. Für diesen Fall ist eine ausdrückliche Festlegung im Gesellschaftsvertrag erforderlich.[102] Auch dann ist der Dienstleistungsbeitrag buchhalterisch nur erfaßbar, wenn er einen meßbaren Vermögenswert darstellt. In der Praxis gibt es jedoch kaum noch Gesellschaftsverträge, die Dienstbeiträge vorsehen, ohne zugleich ihren geschätzten Geldwert zu bestimmen. Für die Bestimmung des Geldwertes wird dabei zumeist die durchschnittliche Vergütung eines vergleichbaren Arbeitnehmers herangezogen.

---

[99] Vgl. auch Soergel/Hadding, § 733 Rn. 8, der bei Auflösung den Ersatz des Wertes von Diensten zuläßt, die "als Einlage" erbracht worden sind.

[100] Ebenso Thiel, 5.1.1, S. 119: "Der Kaufmann hat weitgehende Freiheit, Gegenstände durch Widmung (= Einbuchung als Einlage) zum Betriebsvermögen zu machen."

[101] S. o., Ausf. unter A.II.4.a, bb, (3), S. 53 f.

[102] BGH, WM 1962, 1086; NJW 1966, 501 für die stille Gesellschaft

Erbrachte Dienstleistungen können folglich Gegenstand einer Einlage sein. Der Anspruch auf künftige Dienstleistungen dagegen ist noch kein Vermögensgegenstand der jährlich aufzustellenden Stichtagsbilanz, weil die künftigen, nicht eingeforderten Dienstleistungsbeiträge noch nicht zum gegenwärtigen bilanziellen Vermögen gehören. Ob insoweit eine Bilanzierung als "Ausstehende Einlage" in Betracht kommt, wird noch zu untersuchen sein.[103] Für die KG gelten wegen der Vertragsfreiheit im Innenverhältnis der Gesellschafter untereinander die gleichen Grundsätze. Da die Haftung der Kommanditisten aber auf die Höhe der Einlage beschränkt ist, können durch eine Überbewertung der Einlage schützenswerte Interessen der Gesellschaftsgläubiger beeinträchtigt werden. Das rechtfertigt jedoch noch keine allgemeine Einengung des Einlagebegriffs. Vielmehr gilt im Verhältnis zu den Gläubigern die Einlage des Kommanditisten ausschließlich als zu dem wahren objektiven Wert der Sacheinlage erbracht.

Von der Vereinbarung einer Tätigkeit als Sacheinlage ist der Fall zu unterscheiden, daß der betreffende Gesellschafter allein zum Stehenlassen seiner Tätigkeitsvergütungen in der Gesellschaft verpflichtet ist. In diesem Fall sind in der Gesellschaft keinerlei Geldbeträge geflossen, vielmehr stellen auch die "Vergütungen" nur eine Bewertung der Tätigkeit dar. Eine zu hohe Vergütung würde hier auch nur zur Regelung der Gesellschafterrechte im Innenverhältnis erfolgen.[104] Soweit es um die "Leistung der Einlage" im Außenverhältnis (§ 171 Abs. 1 HGB) geht, wird man den gleichen Gedanken heranziehen müssen, der in § 27 Abs. 2 S. 1 AktG zum Ausdruck kommt. Die "Bareinlage" ist wie eine Sacheinlage zu behandeln.[105] Die Leistung der Einlage hat der Kommanditist zu beweisen.[106] Im Rahmen des § 171 Abs. 1 HGB kommt es insoweit auch hier auf den wahren Wert der Tätigkeit an, damit die schutzwerten Gläubigerinteressen nicht umgangen werden.

Dies alles gilt natürlich nur, soweit die (Geschäftsführungs-) Tätigkeit auf gesellschaftsrechtlicher Ebene als Beitrag geschuldet und erbracht wird. Im Einzelfall ist daher im Wege der Auslegung zu prüfen, ob die Dienstleistung auf gesellschaftsoder schuldrechtlicher Basis vereinbart ist.[107]

---

[103] S. u., Ausf. unter B.III.3.b, bb, S. 107 ff.

[104] Dies ist immer dann der Fall, wenn sich Stimmrecht und/oder Gewinnverteilungsschlüssel nach dem Kapitalanteil richten.

[105] Im Erg. wohl ebenso: Sudhoff, NJW 1964, 1249 (1251)

[106] BGH, DB 1977, 394

[107] Zu den Auslegungskriterien näheres unten, Ausf. unter C.IV.2.b, S. 183 ff.

b) Freie Bewertbarkeit der Einlagen?

Aufgrund der Vertragsfreiheit können die Gesellschafter grundsätzlich ihre Einlagen im Verhältnis untereinander frei bewerten. Dennoch ist ein Gesichtspunkt bisher nicht berücksichtigt worden. Die Einlagen werden den Gesellschaftern auf ihren Kapitalkonten gutgeschrieben. Damit finden sie Eingang in die Buchführung und in die nach § 242 Abs. 1 S. 1 HGB aufzustellende Eröffnungs- und Jahresschlußbilanz. Dort gelten gem. §§ 238 Abs. 1 S. 1, 243 Abs. 1 HGB die GoB.

Eine willkürliche Über- oder Unterbewertung der Einlage würde diese in der Buchführung nicht korrekt wiedergeben und könnte in der Bilanz zur Täuschung über die Eigenkapitalbasis führen. In der Praxis wird es sich insoweit allerdings um Ausnahmefälle handeln, weil grundsätzlich jeder Gesellschafter wegen seiner Eigeninteressen mit einem möglichst großen Anteil beteiligt sein will. Grundlage einer gesellschaftsvertraglichen Vereinbarung wird deshalb regelmäßig der objektive, auf dem Markt zu zahlende Wert sein.

aa) Kodifizierung der GoB

Früher sind die GoB in §§ 38 ff. HGB a. F. lediglich spärlich behandelt worden. Eine umfassende Neuformulierung erfolgte im HGB zur Angleichung der Jahresabschlüsse in der Europäischen Gemeinschaft aufgrund Art. 31 der 4. EG-Richtlinie. Diese sah die Angleichung nur für Kapitalgesellschaften vor. Der deutsche Gesetzgeber hat die Geltung der GoB aber für alle Rechtsformen von Unternehmen normiert. Die Kodifizierung schon bisher geltender ungeschriebener GoB soll damit auch für Einzelkaufleute und Personengesellschaften die Rechtssicherheit erhöhen.[1]

Eine vollständige Definition ist mit der Neufassung des HGB ebensowenig erfolgt, wie sie vorher bestanden hat. Das hat den Vorteil, daß die GoB weiterentwickelt werden können durch Anpassung der Rechnungslegung an veränderte wirtschaftliche und technische Möglichkeiten.[2] Es handelt sich um einen unbestimmten Rechtsbegriff. Der Gesetzgeber wollte mit der

---

[1] Coenenberg, S. 24

[2] Heinen, S. 153; Wöhe, S. 154; Leffson, S. 19; Baetge, DB 1986, Beilage Nr. 26, 1 (2); Coenenberg, S. 46; wie hier auch die amtliche Begründung in BR-Drucks. 257/83, S. 68: "Die auch von der Sache her gebotene Verwendung unbestimmter Rechtsbegriffe" ermögliche "ein hohes Maß an Flexibilität".

Neufassung des HGB eine weitgehende Kodifizierung der GoB erreichen.[3] Deshalb ist zur Ermittlung der GoB zunächst an die gesetzlichen Bestimmungen anzuknüpfen.[4]

Zur Sicherung einer zutreffenden Dokumentation der buchungspflichtigen Geschäftsvorfälle ist in § 238 Abs. 1 S. 1 HGB ein Verweis auf die GoB vorgesehen. Die GoB sollen, wie sich aus § 238 Abs. 1 S. 2 HGB ergibt, die Grundlage dafür geben, daß ein sachverständiger Dritter[5] "innerhalb angemessener Zeit einen Überblick über die Geschäftsvorfälle und über die Lage des Unternehmens" bekommt. Dazu gehört formal nach § 239 Abs. 2 HGB eine vollständige, zeitgerechte und geordnete Erfassung. Die "vollständige" Buchung verlangt die lückenlose Aufzeichnung aller Geschäftsvorfälle.[6] "Zeitgerecht" ist die Buchführung, wenn die Eintragungen zeitnah erfolgen, "geordnet" ist sie, wenn die Eintragungen chronologisch erfolgen.[7]

Daneben verlangt § 239 Abs. 2 HGB die Richtigkeit der Buchführung. Steht hier die "Richtigkeit" neben dem Erfordernis von "zeitgerecht" und "geordnet", so muß ihr eine zusätzliche Bedeutung zukommen. Das bedeutet erstens formal die "richtige" Buchung auf dem richtigen, zugehörigen Konto. Da aber die Dokumentation nur bei materiell korrekter Wiedergabe zutreffend sein kann, erfordert die Richtigkeit zweitens auch die korrekte Buchung dem Grunde und der Höhe nach.[8] Dazu finden sich in §§ 246 ff. HGB spezielle Ansatz- und Bewertungsvorschriften. Nur bei materiell "richtiger" Wiedergabe wird der Pflicht, "einem sachverständigen Dritten innerhalb

---

[3] BT-Drucks. 10/4286, S. 89
Nicht zu folgen ist insoweit Weickert, B.IV, S. 24, Adler/Düring/Schmaltz, § 149 Tz. 19, und Leffson, S. 25, die als GoB nur das ansehen, was nicht kodifiziert ist. Dann gehörte beispielsweise der Zwang zur Klarheit und Übersichtlichkeit des Jahresabschlusses, § 243 Abs. 2 HGB, nicht zu den GoB. Nach wie vor muß aber auch im geltenden HGB - da besteht kein Unterschied zu früher - festgestellt werden, was überhaupt generell unter den GoB zu verstehen ist, zumal sich im HGB nur einzelne Vorschriften und diese teilweise noch verstreut finden; wie hier auch: Thiel, 4.5.3, S. 101 in Fußn. 98. Im Ergebnis besteht jedoch kein Unterschied, da die gesetzlichen Bestimmungen immer vorrangig zu prüfen sind.

[4] Zur Rechtsnatur der GoB umfassend: Kruse, S. 5 ff.; Peter/v. Bornhaupt/Körner, Rn. 335 ff.; Münzinger, C.I.1.a, S. 52 ff.

[5] Der "sachverständige Dritte" ist der Wirtschaftsprüfer, Steuerberater, Betriebsprüfer, Buchhalter oder jede andere in der Buchführung ausgebildete Person, vgl. Glade, § 238 Rn. 51; Budde/Kunz in Beck Bil-Komm., § 238 Rn. 66

[6] Niedner in Glanegger u. a., §§ 238, 239 Rn. 4; Budde/Kunz in Beck Bil-Komm., § 239 Rn. 3; Glade, § 239 Rn. 14

[7] Ausführlich dazu: Glade, § 239 Rn. 22, 24; Budde/Kunz in Beck Bil-Komm., § 239 Rn. 5 f.

[8] Hantke, 2.3.2.1; Körner, BB 1986, 1950 (1951 f.); vgl. zum Grundsatz der Richtigkeit auch: Glade, § 239 Rn. 17; Budde/Kunz in Beck Bil-Komm., § 239 Rn. 4

angemessener Zeit einen Überblick über die Geschäftsvorfälle und über die Lage des Unternehmens" zu vermitteln, Genüge getan.

Die allgemeine Kodifizierung in § 239 Abs. 2 HGB ist aber nicht abschließend. Denn sonst wäre der generelle Verweis auf die "Grundsätze ordnungsmäßiger Buchführung" in § 238 Abs. 1 S. 1 HGB überflüssig. Die GoB umfassen also, wie der Name schon sagt, mehrere "Grundsätze", von denen einige normiert sind, insbesondere in §§ 238 Abs. 1 S. 2 und 3, 239 HGB. Das Verhältnis bestimmt sich nach dem Grundsatz "lex specialis derogat legi generali".[9]

Hinsichtlich der hier zu behandelnden Frage der Bewertung finden sich in §§ 246 ff. HGB Ansatz- und Bewertungsvorschriften. Soweit es um die Bewertung von Einlagen geht, können jedoch die §§ 252 ff. HGB, die ausdrücklich nur für "Vermögensgegenstände und Schulden" (§ 252 Abs. 1 HGB) gelten, nicht herangezogen werden. Es stellt sich allgemein die Frage nach der Geltung weiterer, nicht explizit formulierter GoB. Wie können diese ungeschriebenen GoB gewonnen werden?

bb) Ableitung und Inhalt der GoB

Zunächst gelten die gesetzlichen Spezialbestimmungen. Zur weiteren Auslegung soll daher nicht auf die historische Entwicklung zurückgegriffen werden, die bis ins Preußische Allgemeine Landrecht von 1794 zurückreicht.[10] Helfen die kodifizerten GoB nicht weiter, so gibt es zum einen die Möglichkeit, die praktische Übung und Handhabung "ehrenwerter Kaufleute" zugrunde zu legen, die zum Handelsbrauch geworden ist und der laufenden Entwicklung unterliegt.[11] Dabei wird darauf abgestellt, was "ehrbare und ordentliche Kaufleute" tun oder zu tun pflegen.[12]

---

[9] So auch die h. M.: Körner, BB 1986, 1742 (1748); Baetge, DB 1986, Beilage Nr. 26, 1 (14);
a. A.: Kruse, S. 109 ff, 114 ff., der in der Generalnorm (§ 38 HGB a. F.) eine Gesetzeslücke "intra legem" sah; ebenso: Thiel, 4.5.1, S. 98

[10] Leffson, S. 17, mit Angabe weiterer Literatur zur Entwicklung des Buchführungsrechts

[11] Sog. induktive Methode, bei der von einzelnen, durch Beobachtung oder Experimentierung gewonnenen Sätzen auf allgemeingültige Sätze geschlossen wird; insbesondere vertreten von Schmalenbach, ZfhF 1933, 225 ff.

[12] Adler/Düring/Schmaltz, § 149 Tz. 20; Glade, I Rn. 217;
dafür: BFH v. 12.5.1966, BStBl. 1966 III, 371; ebenso hat der BGH in BGHZ 34, 324 ff. die Pflicht zur Passivierung von Pensionsanwartschaften von einer "praktischen Übung" abhängig gemacht, die durch statistische Erhebungen des DIHT festgestellt werden sollte; vgl. auch

Doch handelt es sich bei den Begriffen "ehrbar" und "ordentlich" ebenfalls um unbestimmte Rechtsbegriffe, die einer genauen Abgrenzung und Definition nicht oder nur schwer zugänglich sind.[13] Selbst bei einer abweichenden Auffassung muß man zugestehen, daß auch ehrenwerte Kaufleute "Interessenvertreter" ihrer Gesellschaft oder ihres Unternehmens sind[14]. Ihre Buchführung erfolgt nicht objektiv neutral, sondern beeinflußt durch die eigenen, oft unterschiedlichen Bilanzinteressen.[15] Daraus können sich mitunter Bilanzierungsgewohnheiten ergeben, die nicht die Qualität einer "ordnungsmäßigen" Buchführung haben.[16]

Für die heutige Praxis stellt sich zudem das Problem, daß die mit der Buchführung beauftragten "ehrenwerten Kaufleute" häufig nicht mehr die Unternehmer selbst sind. Größere Unternehmen haben Sachbearbeiter, kleinere Unternehmen ziehen die steuerberatenden Berufe zu Hilfe.[17] Das buchhalterische Denken ist folglich tendenziell steuerrechtlich ausgestaltet, nicht zuletzt aus dem Grunde, daß regelmäßig nur die Finanzgerichte mit der Auslegung von GoB beschäftigt sind.[18]

Aus diesen Gründen werden heute neben den Gebräuchen der "ehrenwerten Kaufleute" die GoB aus den Zielsetzungen von Buchführung und Jahresabschluß hergeleitet.[19] Als Entscheidungshilfen sind dabei Gesetz, höchstrichterliche Rechtsprechung[20], die Fachgutachten des IDW, die gutachterlichen Stellungnahmen des Deutschen Industrie- und Handelstages und der Industrie- und Handelskammer, die gesicherten Erkenntnisse der

---

Lang in Handwörterbuch, S. 236;
vgl. auch die Denkschrift zum HGB, S. 44: "Nach den Gepflogenheiten sorgfältiger Kaufleute ist zu beurteilen, wie die Bücher geführt werden müssen."

13 Wöhe, S. 158; Heinen, S. 154; vgl. dazu auch Leffson, S. 118 ff.

14 Heinen, S. 154

15 Heinen, S. 154; Leffson, S. 113 f. weist unter mehreren Nachweisen darauf hin, daß es sogar eher das Ziel der Informationspflichtigen sein werde, möglichst wenig Informationen zu verschaffen; vgl. auch Leffson, S. 153

16 Weickert, B.IV, S. 25

17 Leffson, S. 121; Wöhe, S. 159

18 Heinen, S. 154; Leffson, S. 140 f. m. w. N.

19 H. M., sog. deduktive Methode: Leffson, S. 30; Kruse, S. 88; Heinen, S. 154 f.; Wöhe, S. 159; Körner, BB 1986, 1742 (1747); ähnlich Baetge, DB 1986, Beilage Nr. 26, 1 (4); vgl. zu den jeweiligen Vor- und Nachteilen Federmann, B.II.1.b, S. 96

20 Hier weist Weickert, B.IV, S. 26, jedoch zutreffend auf die Gefahr der steuerrechtlichen Orientierung der Rechtsprechung hin, weil es um die Ermittlung handelsrechtlicher GoB geht. Die Zielsetzungen der Rechnungslegung sind nicht identisch, da die Rechnungslegung gegenüber dem Fiskus beispielsweise im Handelsrecht allenfalls Nebenzweck ist; vgl. dazu noch unten, Ausf. unter B.II.3.a, bb, (2), S. 87 f.

Betriebswirtschaftslehre, die Fachliteratur sowie die Bilanzierungspraxis ordentlicher Kaufleute hinzuzuziehen.[21]

Die Buchführung hat im wesentlichen zwei Funktionen. Erstens ist das die Dokumentationsfunktion, da der Kaufmann gem. § 238 Abs. 1 S. 1 HGB in den Büchern "seine Handelsgeschäfte ... ersichtlich zu machen" hat. Zweitens hat die Buchführung die Aufgabe der Rechenschaftslegung, wenn der Kaufmann gem. § 238 Abs. 1 S. 1 HGB zugleich "die Lage seines Vermögens ... ersichtlich zu machen" hat.[22]

Die Dokumentation als Wiedergabe aller Geschäftsvorfälle verlangt die systematische Ordnung, Richtigkeit und Vollständigkeit der Angaben, § 239 Abs. 2 HGB.[23] Nur so kann sie die Grundlage für weitere Zwecke der Rechnungslegung bilden. Die Pflicht zur Rechenschaftslegung als Sichtbarmachung der Lage des Vermögens ist erst erfüllt, wenn der Leser die ihm abstrakt gegebenen Informationen verstehen und verwenden kann. Eine Information kann für den Informationsempfänger nur dann wertvoll sein, wenn er sie für glaubwürdig halten kann.[24] Die Aufgaben der Dokumentation und Rechenschaftslegung sind die Grundprinzipien der Buchführung, zu deren Ausfüllung die GoB bestimmt sind (§ 238 Abs. 1 S. 1 HGB: "nach den GoB").

cc) *Geltung der GoB auch im Jahresabschluß*

Der unbestimmte Rechtsbegriff GoB findet sich sowohl bei den Vorschriften über die Buchführung (§§ 238, 239 HGB) als auch bei den allgemeinen Vorschriften über den Jahresabschluß (§§ 242 ff. HGB). Daraus kann zunächst abgeleitet werden, daß der Begriff einheitlich verwandt wird. Soweit

---

[21] WP-Hdbuch 1985/86 I, S. 533; Federmann, B.II.1.b, S. 98; Thiel, 4.5.2; Weickert, B.IV, S. 25 f.; Hantke, 2.3.1, S. 53

[22] Im Erg. ebenso: Leffson, S. 18; Heinen, S. 153; Moxter, § 1, 2; Körner, BB 1986, 1742 (1743);
a. A. Wöhe, S. 156 f., und Coenenberg, S. 34, die zwischen dem Grundsatz der Dokumentation für die laufende Buchführung und dem Grundsatz der Rechenschaftslegung für die Bilanzierung unterscheiden. Diese Unterscheidung widerspricht aber § 238 Abs. 1 S. 1 HGB, nach dem die Bilanz nicht mehr ist als die geordnete Zusammenfassung der Buchführungsergebnisse zu einem bestimmten Bilanzstichtag. Die genannten Funktionen müssen von der Buchführung selbst verfolgt werden.

[23] Ausführlicher noch: Leffson, S. 157 m. w. N.; Baetge, DB 1986, Beilage Nr. 26, 1 (7 f.)

[24] Leffson, S. 81

GoB für die laufende Buchführung gelten, gelten sie auch für den Jahresabschluß.

Dieser gesetzlichen Regelung entsprechend war auch vor der Neufassung des HGB weitgehend anerkannt, daß die Grundsätze ordnungsmäßiger Buchführung auch die Grundsätze ordnungsmäßiger Bilanzierung und Inventur umschließen.[25] So werden aus den beiden wesentlichen Aufgaben der Dokumentation und Rechenschaftslegung[26] folgende "General-" oder "Rahmengrundsätze"[27] für die Bilanzierung abgeleitet, die zum Teil im HGB normiert sind:

- Der Grundsatz der Vollständigkeit verlangt in der Buchführung eine lückenlose Erfassung aller Geschäftsvorfälle (§§ 239 Abs. 2 HGB) und ebenso in der Bilanz die Erfassung "sämtlicher Vermögensgegenstände, Schulden, Rechnungsabgrenzungsposten, Aufwendungen und Erträge", § 246 Abs. 1 HGB.

- Der Grundsatz der (Bilanz-) Klarheit fordert eine "klare und übersichtliche" Aufstellung des Jahresabschlusses, § 243 Abs. 2 HGB. Da der Jahresabschluß aus der Buchführung entwickelt wird, wird sich ein klarer und übersichtlicher Jahresabschluß regelmäßig nur erstellen lassen, wenn auch die Buchführung "klar und übersichtlich" ist. Deshalb verlangt § 238 Abs. 1 S. 2 HGB neben einer sachgerechten Kontierung und der Klarheit der Kontengliederung auch eine hinreichende Übersichtlichkeit.[28] In der Praxis sind deshalb Kontenrahmen als Organisationspläne entwickelt worden, und zwar branchenmäßig für den Einzelhandel, den Großhandel und die Industrie[29] sowie Kontenrahmen der verschiedenen Datenverarbeitungsorganisationen (z. B. der DATEV).[30] Aus diesen Kontenrahmen stellen die

---

[25] Für das handelsrechtliche Schrifttum: Adler/Düring/Schmaltz, § 149 Tz. 20; Gierke/Sandrock, § 20 II.2; Brüggemann in Großkomm.HGB, Vorbem. 3 zu § 38; Heymann/Kötter, § 38 Anm. 5; ebenso: RG, JW 1938, 747 (748); BFH v. 24.9.1974, BB 1974, 1623;
für das betriebswirtschaftliche Schrifttum: Leffson, S. 21; Wöhe, S. 155; vgl. auch Baetge, DB 1986, Beilage Nr. 26, 1 (2) und Peter/v. Bornhaupt/Körner, Rn. 18.
Die h. M. leitete sich daraus ab, daß die Bilanz aus der Buchführung entwickelt wird; was für die Buchführung gilt, muß mithin auch für die Bilanz gelten.

[26] Näheres dazu unten, Ausf. unter B.II.3.a, S. 82 ff.

[27] Wöhe, S. 160; Leffson, S. 153; Coenenberg, S. 36

[28] Körner, BB 1986, 1742 (1745); im Erg. ebenso: Leffson, S. 208 f. m. w. N., S. 214 f.; Adler/Düring/Schmaltz, § 149 Tz. 21 ff.

[29] Neu herausgegeben im Jahre 1986 vom Bundesverband der Deutschen Industrie: IKR, S. 37; abgedruckt auch bei Falterbaum/Beckmann, 10.4.4, S. 238 ff.

[30] Peter/v. Bornhaupt/Körner, Rn. 54 ff.

Betriebe nach ihren jeweiligen Bedürfnissen Kontenpläne über die zu führenden Konten auf.

- Der Grundsatz der Wahrheit verlangt die Richtigkeit der Buchführung und Bilanzierung. Dabei darf nicht übersehen werden, daß es aufgrund der vielen erforderlichen Schätzungen und Abschreibungsmöglichkeiten eine "richtige" oder "wahre" Bilanz nicht gibt.[31] Zur Konkretisierung dieses Grundsatzes gibt es deshalb verschiedene, im HGB nun kodifizierte Einzelprinzipien: das Anschaffungspreisprinzip (§ 253 Abs. 1 HGB), der Grundsatz der Einzelbewertung (§ 252 Abs. 1 Ziff. 3 HGB), als Vorsichtsprinzipien das Realisationsprinzip[32] für Gewinne (§ 252 Abs. 1 Ziff. 4, 2. Halbsatz HGB) und das Imparitätsprinzip für Verluste und Abschreibungen (§§ 252 Abs. 1 Ziff. 4, 1. Halbsatz, 253 Abs. 2 HGB). Dieser für den Schutz der Gläubiger maßgebliche Grundsatz der Vorsicht soll nach der Formel: "niemand soll sich reicher machen dürfen als er ist"[33], eine zu günstige Darstellung der Vermögens- und Ertragslage verhindern helfen. Soweit der Jahresabschluß nur der Abschluß der laufenden Buchführung ist, werden ein "vorsichtiger" Ansatz und eine "vorsichtige" Bewertung schon in der Buchführung erfolgen müssen.

- Als ergänzende Grundsätze seien noch die Grundsätze der formellen und materiellen Bilanzkontinuität[34] erwähnt. Sie beinhalten zwecks Vergleichbarkeit der Jahresabschlüsse die Gleichmäßigkeit in Bilanzgliederung, Bilanzansatz und Bewertung (§ 252 Abs. 1 Ziff. 1 und Ziff. 6 HGB).[35] "Unstetigkeit führt niemals zu einer klaren Übersicht."[36]

---

[31] Für die Frage, inwieweit deshalb der Begriff überhaupt tauglich ist für den betreffenden Grundsatz, sei auf die spezielle Fachliteratur verwiesen: Leffson, S. 193 ff.; Heinen, S. 181, jeweils m. w. N.

[32] Adler/Düring/Schmaltz, § 149 Tz. 82 f.; Leffson, S. 422

[33] Stehle/Stehle, I. 3., S. 12; Leffson, S. 105; Thiel, 4.1.1, S. 72, der konsequent zu dem Schluß gelangt, daß § 253 Abs. 1 S. 4 HGB nur eine Obergrenze, aber keine Untergrenze aufstellt, da Unterbewertungen das Kreditrisiko der Gläubiger eher mindern als erhöhen.

[34] Ausführlich dazu: Federmann, B.II.8, S.118 ff.; Thiel, 4.6.2, S. 104 ff.
Die Darstellungsstetigkeit in Form und Gliederung wird nach der Systematik des Gesetzes nur von Kapitalgesellschaften verlangt, § 265 Abs. 1 HGB. Allerdings sah der Regierungsentwurf in § 238 Abs. 1 E-HGB eine entsprechende Regelung für alle Kaufleute vor. Eine Übernahme in das geltende Gesetz dürfte aus dem Grunde nicht erfolgt sein, daß "man irrtümlich wohl der Auffassung war, es bedürfe der Regelung nur, wenn auch die Gliederung vorgeschrieben ist", so Thiel, 4.6.2.2, S. 104 in Fußn. 116, und Schulze-Osterloh, ZHR 150, 403 (426 f.)

[35] Ausführlich dazu: Wöhe, S. 189 ff.; Hantke, 2.3.3.4.2, S. 60

[36] Leffson, S. 153

Zwischenergebnis: Die GoB haben im geltenden HGB eine weitgehende Kodifizierung erfahren, sie sind jedoch nicht abschließend geregelt. Ergänzend können sie vornehmlich deduktiv aus den Jahresabschlußzwecken abgeleitet werden.

dd) Der Grundsatz der "Wahrheit" bei den Einlagen

Im Innenverhältnis können die Gesellschafter aufgrund der Vertragsfreiheit ihre Einlagen frei bewerten und sind nur an die Grenzen der §§ 134, 138 BGB gebunden. Die Führung von Handelsbüchern gem. § 238 Abs. 1 S. 1 HGB und die Aufstellung von Bilanzen gem. § 242 Abs. 1 S. 1 HGB sind öffentlich-rechtliche Pflichten[37] zur Sicherung der Kreditbeziehungen[38]. Als Teil des öffentlichrechtlichen Wirtschaftsverwaltungsrechts sind deshalb die §§ 238 ff. HGB grundsätzlich gesellschaftsvertraglich nicht abdingbar.[39]

Über die Bewertung von Einlagen enthält das HGB keine Bestimmungen. Lediglich für das Steuerrecht ist geregelt, daß Sacheinlagen allgemein gem. § 6 Abs. 1 Ziff. 5 und 6 EStG mit dem Teilwert anzusetzen sind. Das ist nach der Legaldefinition des § 6 Abs. 1 Ziff. 1 EStG "der Betrag, den ein Erwerber des ganzen Betriebs im Rahmen des Gesamtkaufpreises für das einzelne Wirtschaftsgut ansetzen würde". Im übrigen gelten die Anschaffungs- und Herstellungskosten als Höchstwert.

Bei Kapitalgesellschaften ist gem. § 5 Abs. 4 S. 2 GmbHG, § 32 Abs. 2 S. 1 i. V. m. § 34 Abs. 1 Ziff. 2 AktG auf die "Angemessenheit" der Leistungen für Sacheinlagen abzustellen. § 9 Abs. 1 AktG erklärt darüberhinaus die sogenannte Überpari-Emission für unwirksam, so daß dort Überbewertungen von Sacheinlagen generell unzulässig sind. Demgegenüber sah § 272 Abs. 1 S. 2 und 3 E-HGB vor, daß Kapitalanteil und Einlagen von Komplementären und Einzelkaufleuten mit dem Betrag anzusetzen seien, zu dem sie geleistet sind. Danach wäre die freie Bewertung zulässig.

---

[37] Glade, § 238 Rn. 3; Baumbach/Duden/Hopt, § 238 Anm. 2 A;
zu §§ 39 ff. HGB a. F.: Schlegelberger/Geßler, § 120 Anm. 6; Schlegelberger/Hildebrandt, § 39 Anm. 2; Fischer in Großkomm.HGB, § 120 Anm. 13; Heymann/Kötter, § 120 Anm. 2; zur Unterzeichnung der Bilanz als öffentlich-rechtliche Pflicht: A. Hueck, § 17 I.2; BGHZ 44, 158 (160)

[38] Thiel, 4.1.1, S. 72

[39] Crezelius in Peter/Crezelius, Rn. 259

Für das Handelsrecht ist von der doppelten Buchführung auszugehen, sei es aufgrund der Tatsache, daß sie sich in der Praxis völlig durchgesetzt hat[40], sei es, daß sie schon zu den GoB gehört[41]. Wollen die Gesellschafter ihre Kapitalanteile frei festsetzen als Bemessungsgrundlage für die Gesellschafterrechte, so wäre dies zumindest in der Eröffnungsbilanz über eine freie Bewertung der Einlagen möglich. Dies gilt deshalb, weil die Kapitalanteile zunächst durch Einlagen gebildet werden und so in der Eröffnungsbilanz sich regelmäßig Einlage und Kapitalanteil decken. Der Buchung auf dem Kapitalkonto müßte also eine Gegenbuchung auf einem Vermögenskonto der Personengesellschaft gegenüberstehen.

(1) Überbewertung von Einlagen

Für die Bilanzierung von Vermögensgegenständen gelten kraft des Grundsatzes der Wahrheit gem. § 253 Abs. 1 S. 1, Abs. 2 und 3 HGB bestimmte Wertansatzgrenzen, nach § 242 Abs. 1 S. 2 HGB auch schon für die Eröffnungsbilanz. Maßstab sind die in § 255 HGB erläuterten Anschaffungs- oder Herstellungskosten. Eine Überbewertung von Vermögensgegenständen darüberhinaus ist unzulässig. Nach der Legaldefinition in § 255 Abs. 1 S. 1 HGB gehört zu den Anschaffungskosten in erster Linie der Kaufpreis. Spricht das Gesetz von "Aufwendungen", so sind die tatsächlichen Aufwendungen maßgeblich, auch wenn sie überhöht sind.[42] Ein Kaufpreis wäre grundsätzlich nicht auf seine Angemessenheit hin zu prüfen.[43]

Als Aufwendung ist bei der Einlage jedoch kein Kaufpreis gezahlt worden, sondern eine Einlagegutschrift auf den Kapitalanteil erfolgt. Da dies aber wegen der Gewährung von Gesellschaftsanteilen als Gegenleistung für eine "Aufwendung" im Sinne des § 255 Abs. 1 S. 1 HGB genügt[44], führen auch

---

[40] Thiel, 2.2.2, S. 20; Peter/v. Bornhaupt/Körner, Rn. 23;
allgemein zu den verschiedenen Buchführungsformen: Peter/v. Bornhaupt/Körner, Rn. 22 ff.; Adler/Düring/Schmaltz, § 149 Tz. 109 ff.

[41] Leffson, S. 161; Niedner in Glanegger u. a., §§ 238, 239 Rn. 3, und § 242 Rn. 3; Groh, DB 1985, 1849 (1849); Körner, BB 1986, 1742 (1745);
a. A. wohl Peter/v. Bornhaupt/Körner, Rn. 22

[42] Glade, § 255 Rn. 8; Adler/Düring/Schmaltz, § 153 Tz. 12

[43] Das gilt aber nur für "echte" Kaufpreise, nicht für Kaufgeschäfte mit Gesellschaftern von Personengesellschaften, bei denen überhöhte Preise als verdeckte Entnahmen und zu niedrige Preise als verdeckte Einlagen zu behandeln sind, vgl. Glade, I Rn. 465 in Fußn. 145

[44] S. o., Ausf. unter A.II.4.a, bb, (2), S. 51 f.

die mit der Sacheinlage vereinbarten, festgelegten Werte zu Anschaffungskosten der Personengesellschaft.

Ließe man nun bei der Sacheinlage eine Überbewertung zu, so würde das regelmäßig zu einer Überbewertung der Aktiva, des Gesellschaftsvermögens führen. Zur Wiedergabe eines "richtigen" Wertes besteht gem. § 253 Abs. 2 S. 3, 2. Halbs. HGB der Zwang zu einer außerplanmäßigen Abschreibung, wenn und soweit der Zeitwert unter den Buchwert gesunken ist[45]. Diese Vorschrift ist jedoch nicht direkt anwendbar, weil zumindest aus der Sicht der Gesellschaft keine "Wertminderung" vorliegt, sondern dem Vermögensgegenstand von vornherein ein anderer Wert beigemessen wird.[46]

Dennoch läßt sich aus den Ansatzvorschriften des § 253 HGB als Ausprägung der Grundsätze der Wahrheit und der Vorsicht die gesetzliche Wertung ableiten, daß in der Bilanz auf der Aktivseite der wahre Zeitwert auszuweisen ist.[47] Die Gläubigerschutzfunktion der Einlage ist insoweit nicht auf Kapitalgesellschaften[48] beschränkt, als sie auf der Aktivseite der Bilanz zum Ausweis eines überhöhten Gesellschaftsvermögens führt.

Auch bei Personengesellschaften dürfen nach den GoB mithin die Zeitwerte nicht überschritten werden, wie dies für Kapitalgesellschaften in §§ 5 Abs. 4 GmbHG, 32 Abs. 1 S. 1, 34 Abs. 1 Ziff. 2 AktG ausdrücklich geregelt ist. So hat der Gesetzgeber auf eine entsprechende Regelung für alle Kaufleute nur verzichtet, weil nach seiner Auffassung den Anschaffungskosten aus der Sicht des Unternehmens der Wert entspricht, "der den Gegenständen im Zeitpunkt der Einlage zukommt"[49].

Zwischenergebnis: Sacheinlagen können auch bei Personengesellschaften nach den Grundsätzen der Wahrheit und Vorsicht grundsätzlich nur mit dem Zeitwert des eingebrachten Vermögensgegenstandes angesetzt werden. Das gilt zunächst für jede Einlage, durch Umbuchungen auf den Kapitalkonten kann allerdings faktisch die "Überbewertung" einer Einlage bewirkt werden. Jedoch darf dann die Gesamtheit der von den Gesellschaftern einzubringen-

---

[45] Glade, § 253 Rn. 140

[46] Trotzdem weisen Adler/Düring/Schmaltz, § 153 Tz. 12, darauf hin, daß überhöhte Anschaffungskosten eine außerplanmäßige Abschreibung auf den niedrigeren beizulegenden Wert erforderlich machen können.

[47] Im Erg. ebenso: Glade, I Rn. 480; Huber, ZGR 1988, 1 (18); Schlegelberger[5]/Schmidt, §§ 171, 172 Rn. 54; Crezelius in Peter/Crezelius, Rn. 242; Sarx in Beck Bil-Komm., § 247 Rn. 349; Gross/Schruff, Teil 2 III.B.3

[48] Die Gläubigerschutzfunktion der Einlage besteht bei Kapitalgesellschaften aufgrund der Beschränkung der Haftung auf das Gesellschaftskapital.

[49] BT-Drucks. 10/4268, S. 101

den Einlagen nicht überbewertet werden und zu einem zu hohen Ausweis von Aktivwerten führen.

Soweit dagegen aktivierungsfähige Vermögensgegenstände im Wege der doppelten Buchführung nicht beeinflußt werden, wie das bei Dienstleistungen der Fall ist, scheint eine Überbewertung möglich. Hier liegt bilanztechnisch aufgrund der Buchung per Aufwand/Gewinnkonto an Kapitalkonto lediglich ein Passivtausch innerhalb der Position Eigenkapital vor. Das bedeutet, daß die Gläubiger und Bilanzleser nicht über die Höhe des Eigenkapitals getäuscht werden. Auch bei Kommanditisten werden die Gesellschaftsgläubiger nicht benachteiligt, weil der objektive Einlagewert die obere Grenze für die haftungsbefreiende Wirkung der Einlageleistung darstellt.[50] Soweit es die Gesellschafter betrifft, haben sie mit der entsprechenden Bewertungsregelung ja gerade die Bemessungsgrundlage für ihrer Gesellschafterrechte festlegen wollen.

(2) Unterbewertung von Einlagen

Parallel zur Überbewertung führt eine Unterbewertung von Einlagen grundsätzlich nicht nur zu einem zu niedrigen Eigenkapitalausweis, sondern auch zu einem gegenüber dem Zeitwert zu niedrigen Wertansatz von Vermögensgegenständen auf der Aktivseite der Bilanz. Der Wortlaut des § 253 Abs. 1 S. 1 HGB erlaubt insoweit eine Unterbewertung, als Vermögensgegenstände "höchstens" mit den Anschaffungs- oder Herstellungskosten anzusetzen sind.[51] Fraglich ist nur, ob damit beliebige Unterbewertungen zulässig sind.

§ 253 Abs. 4 HGB läßt Abschreibungen nur "im Rahmen vernünftiger kaufmännischer Beurteilung" zu. Mit der in § 253 Abs. 4 HGB getroffenen Regelung wollte der Gesetzgeber jedoch die Möglichkeit, stille Reserven (aufgrund von Abschreibungen) zu schaffen, "in bisherigem Umfang" gestat-

---

50 Schmidt, Einlage und Haftung, C.I.1, S. 41 f.

51 Das ist wohl von Glade, § 253 Rn. 835/836, übersehen worden, wenn nach seiner Auffassung das Gesetz ausdrücklich den niedrigeren Ansatz von Vermögensgegenständen nicht zuläßt.
Für den Bereich der Kapitalgesellschaften war schon früher die Zulässigkeit der Unterbewertung von Vermögensgegenständen anerkannt, vgl. nur Adler/Düring/Schmaltz, § 153 Tz. 55 m. w. N.

ten[52]. Nach seinem Willen sollte sich gegenüber dem früheren Recht nichts ändern.[53]

Insbesondere sah § 269 E-HGB den niedrigen Ansatz von Vermögenswerten sowohl aufgrund der Bewertung als auch aufgrund von Abschreibungen vor. Aufgrund dieser Gleichstellung sind Unterbewertungen auch nur "im Rahmen vernünftiger kaufmännischer Beurteilung" zulässig. Die vernünftige kaufmännische Beurteilung beinhaltet jedoch nur ein Willkürverbot[54], d. h. die Höhe der Unterbewertung muß nur in irgendeiner Form wirtschaftlich begründbar und vertretbar sein[55]. Ein solcher Grund wird sich im Einzelfall fast immer finden lassen.

Zwischenergebnis: Im Gegensatz zu Überbewertungen sind Unterbewertungen von Vermögensgegenständen und damit auch Einlagen zulässig. Sie unterliegen nur den Grenzen der "vernünftigen kaufmännischen Beurteilung" im Sinne von § 253 Abs. 4 HGB.[56]

---

[52] BT-Drucks. 10/4268, S. 100 f.;
nur den Kapitalgesellschaften ist eine Bewertung gem. § 253 Abs. 4 HGB durch § 279 Abs. 1 HGB verwehrt.

[53] Glade, § 253 Rn. 836; schon nach früherem Recht war die Bildung stiller Reserven anerkannt, da sie auf dem Entschluß der Gesellschafter beruht, die betreffenden Vermögenswerte nicht an die Gesellschafter auszuschütten, sondern als Gesellschaftskapital in der Gesellschaft zu belassen, vgl. statt aller: BGHZ 19, 42 (47)

[54] Glade, § 253 Rn. 844; Gross/Schruff, Teil 2 III.B.3, S. 96; Niedner in Glanegger u. a., § 253 Rn. 31; Popp/Hantke, Erl. zu § 253, S. 33

[55] Adler/Düring/Schmaltz, § 155 Tz. 200; Münzinger, C.IV.2, S. 479

[56] Nicht zu behandeln ist die sich anschließende Frage, ob beim Kommanditisten die Unterbewertung auch den Gläubigern zugute kommt oder diesen gegenüber immer der objektive Wert, d. h. hier als Mindestmaß, gilt: letzteres ist h. M.: Schilling in Großkomm.HGB, § 171 Anm. 13; Baumbach/Duden/Hopt, § 171 Anm. 2 a; Westermann in Westermann u. a., I Rn. 925;
a. A.: Huber, § 9, 3.c, S. 211 f.; Schmidt, Einlage und Haftung, C.I.1, S. 42; nach Schlegelberger/Geßler, § 171 Rn. 13, und neuerdings BGH, WM 1987, 1161 (1162) ist ein höherer wirklicher Wert nur maßgeblich, wenn die Gesellschafter dies vereinbart haben, also für das Innen- und Außenverhältnis unterschiedlich bewertet haben.

B. Der Ausweis des Eigenkapitals in der Bilanz gem. § 247 Abs. 1 HGB

Für die Kapitalgesellschaften ist in § 266 Abs. 2 und 3 HGB ein bestimmtes Gliederungsschema für die zu erstellende Jahresabschlußbilanz vorgesehen.[1] Ihre Bilanz ist gem. § 266 Abs. 1 S. 1 HGB in Kontoform aufzustellen. Auf der Aktivseite der Bilanz finden sich mit dem Eigenkapital zusammenhängende Posten vor allem als "ausstehende Einlagen auf das gezeichnete Kapital" (§ 272 Abs. 1 S. 2 und 3 HGB) und als "Nicht durch Eigenkapital gedeckter Fehlbetrag" (§ 268 Abs. 3 HGB).

Diese Bilanzierungsvorschriften gelten kraft ihrer systematischen Stellung (§§ 264 ff. HGB) direkt nur für Kapitalgesellschaften.[2] Auf die großen Personengesellschaften, die nach §§ 1 ff. PublG rechnungslegungspflichtig sind, sind sie gem. § 5 Abs. 1 S. 2 PublG "sinngemäß" anwendbar. Für die übrigen Personengesellschaften dagegen fehlen entsprechende Vorschriften. Für sie regelt lediglich § 247 Abs. 1 HGB allgemein, daß bestimmte Posten in der Bilanz, darunter auch das Eigenkapital, "gesondert auszuweisen und hinreichend aufzugliedern" sind. Ob und inwieweit danach auch eine Aufgliederung des Eigenkapitals zu erfolgen hat, richtet sich nach den GoB.

Jedenfalls scheint eine Übertragung der Vorschriften für die Kapitalgesellschaften auf die Personengesellschaften über die GoB aufgrund der Systematik des Gesetzes nicht möglich. Das Gesetz trennt strikt zwischen einem allgemeinen, für alle Kaufleute geltenden Teil, §§ 238 - 263 HGB, und einem besonderen, für Kapitalgesellschaften und Genossenschaften geltenden Teil, §§ 264 - 339 HGB.

Dementsprechend hat auch der Gesetzgeber in seiner amtlichen Begründung vorgetragen, daß die für alle Kaufleute geltenden GoB aus den für Kapitalgesellschaften und Genossenschaften geltenden Vorschriften "wegen der eindeutigen Trennung nur noch dann abgeleitet werden" können, "wenn sie auch den besonderen Verhältnissen der Einzelkaufleute und Personenge-

---

[1] Kleine Kapitalgesellschaften (§ 267 Abs. 1 HGB) dürfen allerdings gem. § 266 Abs. 1 S. 3 HGB eine verkürzte Bilanz aufstellen, vgl. dazu noch näher unten, Ausf. unter B.III., S. 95 ff.

[2] Vgl. auch die Überschrift vor §§ 264 ff. HGB zum Zweiten Abschnitt des Dritten Buches: "Ergänzende Vorschriften für Kapitalgesellschaften ..."

sellschaften gerecht werden"[3]. Inwieweit damit noch die rechtsformspezifischen Vorschriften, den Eigenkapitalausweis betreffend, Eingang in die GoB finden, bedarf im folgenden näherer Untersuchung.

Die Aufstellung der Bilanz in Kontoform hat sich in der Praxis auch bei Personengesellschaften und Einzelkaufleuten völlig durchgesetzt, nicht zuletzt durch die einheitliche Verwendung der EDV-Software.[4] Insoweit ergibt sich kein Unterschied zu den Kapitalgesellschaften.

I. Der gesonderte Ausweis des Eigenkapitals

§ 247 Abs. 1 HGB bestimmt für alle Kaufleute, daß das Eigenkapital neben den anderen aufgeführten Posten "gesondert auszuweisen" ist. Diese Pflicht könnte zu zwei Neuerungen gegenüber den früher allein geltenden GoB (§ 38 Abs. 1 HGB a. F.) führen. Der "gesonderte" Ausweis des Eigenkapitals bedeutet zunächst, daß sämtliche Eigenkapitalposten gesondert, d. h. in einer Gruppe auszuweisen sind. So gehören bei Kapitalgesellschaften zu diesen Eigenkapitalposten auch der Jahresgewinn bzw. Jahresverlust sowie die Gewinn- und Verlustvorträge, § 266 Abs. 3 (A.) HGB. § 151 AktG a. F.[5] dagegen kannte diesen "gesonderten" Ausweis noch nicht. Die dem "Jahresüberschuß/-fehlbetrag" entsprechenden Positionen "Bilanzgewinn" und "Bilanzverlust" bildeten den Abschluß der betreffenden Bilanzseite (§ 151 Abs. 1 AktG a. F.).

Der Sinn dieser Neuregelung liegt in der klareren Darstellung der Eigenkapitalverhältnisse des Unternehmens.[6] Die Umsetzung der 4. EG-Richtlinie hatte die Aufgabe der Harmonisierung des Gesellschaftsrechts in der Europäischen Gemeinschaft, jedenfalls soweit es Gesellschaften betrifft, deren Haftung auf ein bestimmtes Gesellschaftsvermögen beschränkt ist.[7] Das beinhaltet das Ziel, die Jahresabschlüsse der Kapitalgesellschaften im Interesse ihrer Vergleichbarkeit anzugleichen.

Der Gesetzgeber hat nun noch weitergehend den gesonderten Ausweis des Eigenkapitals für alle Kaufleute bestimmt. Er beschränkt damit das Interesse der Vergleichbarkeit nicht auf die Jahresabschlüsse der Kapital-

---

[3] BT-Drucks. 10/4268, S. 88

[4] Heinhold, S. 53; Hoffmann, 4.2.1, S. 15

[5] AktG i. d. F. vom 29.3.1983

[6] Baumbach/Duden/Hopt, § 266 Anm. 11

[7] BT-Drucks. 10/4268, S. 86

gesellschaften, sondern dehnt es auf alle Kaufleute aus. Die Finanzierung des Unternehmens und die Mittelherkunft soll den Bilanzlesern bei allen Gesellschaftsformen deutlich sichtbar gemacht werden.

Die Pflicht zum gesonderten Ausweis des Eigenkapitals könnte zu einer zweiten Neuerung führen, daß nämlich Personengesellschaften jetzt auch die Position "Eigenkapital" unter der gleichnamigen Bezeichnung zu führen haben. Nach dem Wortlaut des § 247 Abs. 1 HGB haben sie ebenso wie die Kapitalgesellschaften "das Eigenkapital" auszuweisen. Diese Position ist dann "hinreichend aufzugliedern". Der Wortlaut des § 247 Abs. 1 HGB spricht mithin dafür, in der Bilanz einen Gliederungspunkt "Eigenkapital" zu führen, der dann weiter zu untergliedern ist.

Dennoch hat der Gesetzgeber sich zu § 247 Abs. 1, 1. Teilsatz HGB gegen das Verständnis einer Mindestgliederungsvorschrift ausgesprochen[8]: der 2. Teilsatz des § 247 Abs. 1 HGB mit dem Erfordernis der "hinreichenden Aufgliederung" stelle klar, daß der 1. Teilsatz nicht als Gliederungsvorschrift zu verstehen sei. Erst der 2. Teilsatz fordere demnach eine Mindestgliederung, die allerdings gesetzlich nicht festgelegt ist.[9] Dieser Ansicht ist ein Großteil der Literatur gefolgt.[10] § 247 Abs. 1, 1. Teilsatz ist danach nur eine Inhaltsvorschrift, die nicht unbedingt besagt, daß die Bilanz auch den Gliederungsposten "Eigenkapital" aufzeigen muß.

Der Sinn der Neuregelung liegt in der klareren Darstellung der Eigenkapitalverhältnisse. Dieser Drang zur "klareren Darstellung" ist insbesondere durch die Pflicht zu einer klaren und übersichtlichen Aufstellung des Jahresabschlusses, § 243 Abs. 2 HGB, begründet. Gerade bei Personengesellschaften stellt sich aber die Frage nach dem materiellrechtlichen Charakter der Konten, wenn neben den festen oder variablen Kapitalkonten noch weitere Gesellschafterkonten ausgewiesen sind.

Ist das Eigenkapital nunmehr gesondert auszuweisen, so erfordert die Klarheit und Übersichtlichkeit des Jahresabschlusses implizit auch eine Zuordnung der entsprechenden Konten unter die obere Position "Eigenkapital". Die Personengesellschaften dürfen fortan nicht mehr allein die Salden ihrer Kapital- und sonstigen Konten isoliert in der Bilanz ausweisen.

---

[8] BT-Drucks. 10/4268, S. 98

[9] Näheres dazu unten, Ausf. unter B.III, S. 95 ff.

[10] Gross/Schruff, Teil 2, III.A.1 und IV.B.2.a; Budde/Ihle in Beck Bil-Komm., § 247 Rn. 5; Coenenberg, S. 52; Weickert, B.IV.1, S. 28; Heinhold, S. 57, führt zur Begründung an, daß die Bildung von Rückstellungen für alle Kaufleute verbindlich ist, diese Position aber nicht in das Schema des § 247 Abs. 1 HGB paßt;
a. A.: Baumbach/Duden/Hopt, § 247 Anm. 1 B

Sie müssen sie unter die Position "Eigenkapital" einordnen oder dem Fremdkapital zuweisen.[11]

Dieses Ergebnis widerspricht auch nicht dem Willen des Gesetzgebers. Mit der Verneinung einer Gliederungsvorschrift will er lediglich aussagen, "daß eine Bilanz, die den gesonderten Ausweis dieser Posten enthält"[12], nicht schon den GoB entspricht.[13] So geht es auch hier in erster Linie nicht um die Frage der Gliederung, sondern um die Frage des Ansatzes der Position "Eigenkapital" in der Bilanz unter der gleichnamigen Bezeichnung. Diesbezüglich hat der Gesetzgeber sich in § 247 Abs. 1 HGB für eine Angleichung der Jahresabschlüsse aller Unternehmen zum Zwecke der Vergleichbarkeit entschieden. Personengesellschaften wie Kapitalgesellschaften haben das Eigenkapital "gesondert", d. h. aus Gründen der Klarheit und Übersichtlichkeit auch unter der Bezeichnung "Eigenkapital", auszuweisen.[14]

Zwischenergebnis: Das HGB hat gegenüber dem früheren Recht insoweit eine Neuerung erfahren, als nunmehr sämtliche Bilanzpositionen mit Eigenkapitalcharakter in der 1. Gliederungsgruppe der Passivseite der Bilanz unter der Position "Eigenkapital" zu führen sind. Damit soll einerseits die zusammengefaßte Darstellung des Eigenkapitals eines Unternehmens erreicht und andererseits die Herkunft der Mittel eindeutig abgegrenzt werden.

Bedeutung gewinnt die gesetzliche Regelung des § 247 Abs. 1 HGB vor allem für neben dem Kapitalkonto geführte weitere Gesellschafterkonten. Hier muß zu einem richtigen Eigenkapitalausweis jeweils der materiellrechtliche Charakter der Konten bestimmt werden.[15] Wegen der erforderlichen Zuordnung zum Eigen- oder Fremdkapital wird in Zukunft ein aneinandergereihter Ausweis der einzelnen Konten der Vorschrift des § 247 Abs. 1 HGB nicht mehr genügen. Andererseits ist dann aber eine zusätzliche Erläuterung zur Klarstellung auch nicht mehr erforderlich.

---

[11] Anders noch die Aufstellung bei Thiel, 2.4.1, S. 59

[12] BT-Drucks. 10/4268, S. 98

[13] In diesem Sinne ist wohl auch die entsprechende unter Fußn. 10 aufgeführte Lit. zu verstehen; vgl. auch die Auslegung bei Baumbach/Duden/Hopt, § 247 Anm. 1 B: "I ist somit eine Ausweisvorschrift, aber zugleich auch eine (Mindest)Gliederungsvorschrift."

[14] Im Erg. ebenso: Weber in Küting/Weber, I Rn. 309; Glade, § 266 Rn. 558, mit Bezug auf eine "einheitliche Sprachregelung"

[15] Wie hier auch: Niedner in Glanegger u. a., § 247 Rn. 5; Schellein, WPg. 1988, 693 (698); näheres dazu im materiellrechtlichen Teil unter C., S. 130 ff.

II. Die Notwendigkeit der Aufgliederung des Eigenkapitals in der Bilanz

Im Anschluß an den gesonderten Ausweis fordert § 247 Abs. 1 HGB die hinreichende Aufgliederung der genannten Posten. Nach seinem Wortlaut gilt die Aufgliederungspflicht für alle genannten Posten, also auch für das Eigenkapital. Der Wortlaut einer Vorschrift ist aber nur eines von mehreren Auslegungskriterien. Der Jahresabschluß ist gem. § 243 Abs. 1 HGB nach den GoB aufzustellen. Deshalb müssen die GoB dieses Ergebnis bestätigen.

1. Frühere Ansichten

Buchführungs- und bilanzierungspflichtig ist nach §§ 38, 39 HGB a. F. ebenso wie nach §§ 238, 242 HGB "der Kaufmann". Nach § 6 Abs. 1 HGB gilt die Personenhandelsgesellschaft als Kaufmann. Sie selbst ist damit buchführungs- und bilanzierungspflichtig. Die Gesellschaftsbilanz ist eine Darstellung des Vermögens und der Schulden der Gesellschaft und nicht der Gesellschafter.[1] Daraus ist bisweilen der Schluß gezogen worden, daß die Aufteilung des Eigenkapitals in die Kapitalanteile der Gesellschafter nicht in die Gesellschaftsbilanz gehöre, weil der Saldo zwischen Aktiven und Passiven das Bilanzvermögen der Gesellschaft und nicht der Gesellschafter sei[2].

Bei einer solchen Argumentationsweise muß aber zunächst klargestellt werden, was überhaupt das "Bilanzvermögen" der Gesellschaft ist. Sicherlich ist es nicht ein Vermögenswert, der den Gesellschaftern zur gesamten Hand zusteht; denn eine Gesamthandsberechtigung kann nur an Vermögensgegenständen bestehen, § 718 Abs. 1 BGB, also an Aktivwerten der Bilanz, nicht aber an lediglich rechnerisch sich ergebenden Kapital-, d. h. Passivposten.[3] Mit einer Gesamthandsberechtigung ist auch der bruchteilsmäßige Kapitalanteil nicht vereinbar.

---

[1] Dazu näheres noch unten, Ausf. unter B.III.4.b, bb, S. 111 ff.

[2] Flume, § 11 II.4, S. 157; im Erg. ebenso: Pochmann, WPg. 1965, 414 (416)

[3] Im Erg. ebenso: Huber, § 7, 2, S. 147

Betriebswirtschaftlich betrachtet gibt die Passivseite der Bilanz die Mittelherkunft wieder. Bei dem "Bilanzvermögen" als dem Eigenkapital der Personengesellschaft handelt es sich aber gerade nicht um Mittel der Gesellschaft, sondern Mittel der Gesellschafter. Für ihre Einlagen werden den Gesellschaftern Kapitalanteile gutgeschrieben, deren Summe erst das Eigenkapital oder "Bilanzvermögen" ausmacht.

Dagegen ist eingewandt worden, daß bei einer Aufteilung des Eigenkapitals die irrtümliche Meinung entstehen könnte, daß die Gesellschafter an der Gesellschaft nach dem Verhältnis der in der Bilanz aufgeführten Beträge der Kapitalanteile beteiligt wären, obwohl sich die Beteiligung frühestens nach Auflösung der stillen Reserven ergibt.[4] Aber auch das "Bilanzvermögen" in Form des Eigenkapitals ergibt sich aus der Differenz von Vermögensgegenständen und Schulden, die einer Bewertung unterliegen. Auch das "Bilanzvermögen" zeigt, wie die Kapitalanteile der Gesellschafter, mithin nur das, was bei einer augenblicklichen Liqidation zu den Bilanzansätzen für die Verteilung übrig bliebe.

Da das "Bilanzvermögen" nur die summenmäßige Zusammenfassung der Kapitalanteile der Gesellschafter ist, sind die Überlegungen zu einem Eigenkapitalausweis in einer Summe nicht zwingend. Der Wortlaut des § 247 Abs. 1 HGB, nach dem auch das Eigenkapital "aufzugliedern" ist, spricht vielmehr für eine Aufteilung des Eigenkapitalpostens in die Kapitalanteile der Gesellschafter.

Der Entwurf des Bilanzrichtlinien-Gesetzes 1982 sah in § 248 Abs. 1 E-HGB allerdings die Möglichkeit eines einheitlichen Eigenkapitalausweises ausdrücklich vor: "Die Einlagen oder Kapitalanteile von persönlich haftenden Gesellschaftern oder Einzelkaufleuten dürfen abzüglich der Entnahmen mit dem Posten "Gezeichnetes Kapital" unter der Bezeichnung "Einlagen und gezeichnetes Kapital" zusammengefaßt ausgewiesen werden; auch dürfen Gewinne zugeschrieben und Verluste abgeschrieben werden." Eine Übernahme dieser Vorschrift in das geltende HGB ist jedoch nicht erfolgt. Der widersprechende Wortlaut des § 247 Abs. 1 HGB könnte damit als Abkehr von der bisher vertretenen Auffassung zu werten sein.[5]

---

[4] Flume, § 11 II.4

[5] A. A. wohl Glade, § 266 Rn. 559 f., der die ehemalige Regelung des § 248 Abs. 1 E-HGB in die geltenden GoB überführen will.

2. Die Bedeutung des § 9 Abs. 3 PublG für die Auslegung

Die GoB können auch aus den Vorschriften anderer Gesetze abgeleitet werden. Nach § 9 Abs. 3 PublG dürfen die Kapitalanteile der Gesellschafter, die Rücklagen, Gewinne und Verluste in einem Posten "Eigenkapital" ausgewiesen werden. Fraglich ist nun, ob diese "Vergünstigung" für die großen Personengesellschaften auch auf die kleinen Personengesellschaften zutrifft.

§ 9 Abs. 3 PublG behandelt den Ausweis "bei der Offenlegung". Hieraus wird der Schluß gezogen, daß es eine "externe" und eine "interne" Bilanz gibt und die Möglichkeit des einheitlichen Eigenkapitalausweises nur für die externe Bilanz besteht[6].

§ 9 Abs. 3 PublG geht von der Bilanz, d. h. von einer den GoB entsprechenden Bilanz, zunächst aus. "Bei der Offenlegung", d. h. für den Zweck der Offenlegung, ist den Personengesellschaften der einheitliche Eigenkapitalausweis erlaubt. Insofern spricht der Wortlaut für die Differenzierung zwischen einer "internen" Bilanz für die Selbstinformation der Gesellschafter und einer "externen" Bilanz für die Information der Öffentlichkeit.

Auch nach dem Willen des Gesetzgebers sollte § 9 Abs. 3 PublG lediglich eine Erleichterung für die Einreichung und Bekanntmachung des Jahresabschlusses einer Personengesellschaft bedeuten.[7] Systematisch kommt dies im Gesetz zum Ausdruck, indem zunächst § 5 PublG inhaltliche Bestimmungen zur Aufstellung des Jahresabschlusses trifft, § 8 PublG zu dessen Feststellung, und § 9 PublG nur die Offenlegung beinhaltet.[8]

Zum Inhalt und zur Gliederung des Jahresabschlusses verweist § 5 Abs. 1 S. 2 PublG ausdrücklich auf Bestimmungen des HGB, die für Kapitalgesellschaften gelten. Für Personengesellschaften muß insoweit auf § 5 Abs. 1 S. 2 PublG zurückgegriffen werden, der die "sonstigen Vorschriften, die durch die Rechtsreform oder den Geschäftszweig bedingt sind", für anwendbar erklärt. Durch die Rechtsreform bedingt ist auch die Vorschrift des § 247 Abs. 1 HGB, selbst wenn dessen Inhalt schon vorher als GoB anerkannt sein sollte. Das bedeutet, daß auch nach dem PublG die Aufstellung des Jah-

---

[6] Biener, WPg. 1972, 1 (5); Rückle/Klatte in Handwörterbuch, S. 113 (115)

[7] BT-Drucks. 10/4268, S. 134; vgl. auch Goerdeler in FS Kaufmann, S. 169 (181)

[8] Das HGB differenziert ebenfalls zwischen Aufstellung und Einreichung des Jahresabschlusses zum Handelsregister: kleine Kapitalgesellschaften können eine verkürzte Bilanz aufstellen und einreichen (§§ 266 Abs. 1 S. 3, 326 S. 1 HGB), mittlere Kapitalgesellschaften haben das große Gliederungsschema anzuwenden, müssen aber nur das verkürzte Schema einreichen (§§ 266 Abs. 1 S. 2, 327 Ziff. 1 HGB).

resabschlusses der "hinreichenden Aufgliederung" nach § 247 Abs. 1 HGB zu genügen hat.

Sinn und Zweck des PublG ist die Veröffentlichung von Jahresabschlüssen großer Unternehmen im Interesse der Öffentlichkeit. Das öffentliche Informationsinteresse ist nach den Anforderungen des § 1 Abs. 1 PublG aus der gesamtwirtschaftlichen Bedeutung des Unternehmens begründet.[9] Die wirtschaftliche Bedeutung kann sich aus einer entsprechend hohen Bilanzsumme, Umsatzerlösen oder einer entsprechenden Arbeitnehmerzahl ergeben.

Dem Interesse der Öffentlichkeit an der Veröffentlichung steht nun das Interesse der betroffenen Unternehmen entgegen, ihre Verhältnisse möglichst geheim zu halten und der Öffentlichkeit nur geringe Angaben zu machen.[10] Deshalb hat der Gesetzgeber für Personengesellschaften und Einzelkaufleute zur Wahrung der Privatsphäre Vereinfachungen in § 9 Abs. 2 und 3 PublG hinsichtlich der Offenlegung vorgesehen.

§ 9 Abs. 3 PublG ist somit nach allen Auslegungskriterien eine Sonderbestimmung für die Offenlegung und nicht für die Aufstellung von Jahresabschlüssen. Deshalb kann sie zur Auslegung des § 247 Abs. 1 HGB nicht herangezogen werden.

3. Die Aufgliederungspflicht nach den Jahresabschlußzwecken

a) Die Jahreabschlußzwecke und -funktionen

Die GoB werden, soweit sie nicht kodifiziert sind, in erster Linie aus den Jahresabschlußzwecken abgeleitet.[11] Den Eigenkapitalausweis betreffend, ist an eine Kodifizierung in §§ 264 ff. HGB aufgrund der Systematik des Gesetzes zunächst nicht zu denken.

Wie der Name schon besagt, soll mit dem Jahresabschluß das Geschäftsjahr eines Buchführungspflichtigen abgeschlossen werden. Dieses stimmt in der Praxis regelmäßig mit dem Kalenderjahr überein. Der Jahresabschluß ist das wichtigste Mittel der Rechnungslegung.[12] Es soll über die Vorgänge im

---

[9] Dazu näher: Federmann, A.IV.1.b, ba, S. 53; Thiel, 2.4.5

[10] Thiel, 2.3.3, S. 31

[11] S. o., Ausf. unter A.II.4.b, bb, S. 66

[12] Adler/Düring/Schmaltz, § 149 Tz. 5

Unternehmen und über seine Entwicklung "Bilanz" gezogen werden. Dementsprechend ist die Handelsbilanz des Kaufmanns in § 242 Abs. 1 S. 1 HGB definiert als ein "das Verhältnis seines Vermögens und seiner Schulden darstellender Abschluß".

Die lang währende Streitfrage, ob der Jahresabschluß mit der Bilanz identisch ist[13], ist nunmehr durch § 242 Abs. 3 HGB dahingehend entschieden worden, daß der Jahresabschluß sowohl die Bilanz als auch die Gewinn- und Verlustrechnung umfaßt. Deswegen soll im folgenden auch einheitlich von den Zwecken des Jahresabschlusses ausgegangen werden.

aa) Die Dokumentation

Der Dokumentation dient zunächst die laufende Buchführung durch Aufzeichnung aller Geschäftsvorfälle in den Büchern, d. h. auf Konten. Im Jahresabschluß wird dann der Zustand oder der Saldo der abgeschlossenen Konten sichtbar gemacht, d. h. dokumentiert. In der Bilanz aktivierte Vermögensgegenstände lassen die Rechts- und Eigentumsverhältnisse erkennen. Sind sie in der Bilanz festgehalten, so können sie im Konkursfall den Gläubigern nicht "unauffällig" entzogen werden[14] Auf der Passivseite der Bilanz werden die in Anspruch genommenen Kredite und die Eigenkapitalbewegungen[15] sichtbar gemacht. Buchführung wie Jahresabschluß haben damit zugleich die Aufgabe der Schaffung von Beweismitteln[16], und zwar zum Schutz der Gläubiger[17]. Die beweiskräftigen Urkunden sind im Rechtsstreit vorzulegen, §§ 258 - 261 HGB.

---

[13] So: Heymann/Kötter, § 39 Anm. 7;
für die Einbeziehung der GuV dagegen: Adler/Düring/Schmaltz, § 149 Tz. 122; Großfeld, § 21 I, S. 197

[14] Hantke, 1.2.1; Budde/Kunz in Beck Bil-Komm., § 238 Rn. 67

[15] Dies gilt natürlich nur, soweit das Eigenkapital noch positiv ist, also auf der Passivseite der Bilanz steht; ansonsten spiegelt sich die Veränderung auf der Aktivseite wieder.

[16] Ellerich in Küting/Weber, II Rn. 2; Federmann, A.III.2.a, aa, S. 43; Heinhold, S. 10

[17] Münzinger, B.II.2.a, S. 37

bb) Die Rechenschaftslegung

Die Rechenschaftslegung baut auf der Dokumentation auf. Sie dient in erster Linie der Information über die Lage des Vermögens (§ 238 Abs. 1 S. 1 HGB), über das Verhältnis von Vermögen und Schulden (§ 242 Abs. 1 S. 1 HGB), über die Verwendung und Zusammensetzung des Kapitals[18]. Rechenschaft bedeutet also Offenlegung der Verwendung anvertrauten Kapitals, so daß der Informationsempfänger sich anhand eines vollständigen und klaren Einblicks in die Geschäftstätigkeit ein Urteil über das verwaltete Vermögen und die damit verbundenen Erfolge bilden kann.[19]

Nach § 238 Abs. 1 S. 1 HGB ist die Vermögenslage "ersichtlich" zu machen. Damit hat der Gesetzgeber eine neutrale Fassung gewählt. Sie erfordert nur allgemein einen Informationsadressaten, nicht einen bestimmten. Das Informationsinteresse kann sowohl auf seiten der Unternehmer als auch auf seiten der Gläubiger bestehen.

(1) Selbstinformation

Daß der Jahresabschluß auch für den Einzelkaufmann und Personengesellschafter der Selbstinformation dienen soll, um sich ein Bild über die Lage des Vermögens zu machen, ist bestritten worden.[20] Grundlage für diese Betrachtung soll die Tatsache sein, daß "sich jeder Gesellschafter selbst über die Angelegenheiten der Gesellschaft unterrichten" kann und damit dem geschäftsführenden Gesellschafter "die gesetzlich nicht beschränkte Informationsfülle des internen Rechnungswesens zugänglich" ist[21]. Informationsfunktion kann danach dem Jahresabschluß erst bei einem Gesellschafter zukommen, der die Stellung eines Kommanditisten hat (§ 166 Abs. 1 HGB) oder dessen Informationsrechte nach § 118 Abs. 1 HGB gesellschaftsvertraglich eingeschränkt oder ausgeschlossen sind.[22]

---

[18] Rückle/Klatte in Handwörterbuch, S. 113 (118)

[19] Leffson, S. 64 m. w. N.; ähnlich: Hantke, 1.2.2.1, S. 28

[20] Heyd, 2.4.2, S. 78

[21] Wie Fußn. 20)

[22] Entgegen Ellerich in Küting/Weber, II Rn. 5, und Mellwig, BB 1979, 1409 (1410 f.), sollen auch die Gesellschafter, die von der Geschäftsführung ausgeschlossen sind, zum Kreis der Selbstinformanten gezählt werden, weil sie als Mitgesellschafter im Unternehmen stehen und nicht außerhalb, und weil ihnen grundsätzlich die Kontrollrechte gem. §§ 118, 166 Abs. 1 HGB zustehen. Außenstehenden kommen diese Rechte von vornherein nicht zu.

Es ist aber schon nicht einsichtig, daß Jahresabschlußzwecke, die sonst allgemein auf- oder festgestellt werden, hier allein von der Tatsache abhängen, ob ein Gesellschafter von der Geschäftsführung und den Informationsrechten aus § 118 Abs. 1 HGB ausgeschlossen ist. Dies ist im übrigen aus dem Jahresabschluß selbst auch nicht abzulesen. Desgleichen kann nicht mehr von jedem geschäftsführenden Gesellschafter behauptet werden, daß ihm die "Informationsfülle des internen Rechnungswesens zugänglich" ist. Ein Großteil der Gesellschafter ist nicht mehr mit der Buchführung befaßt, sie ist einem "Buchhalter" übertragen, der ein Gesellschafter sein kann, es aber nicht zu sein braucht. Für die Aufstellung der Jahresabschlüsse sind in erster Linie die Steuerberater zuständig.

Daß den persönlich haftenden Gesellschaftern die in § 118 Abs. 1 HGB niedergelegten Informationsrechte gesetzlich zustehen, besagt lediglich, daß ihre Informationsbedürfnisse auch außerhalb des Jahresabschlusses befriedigt werden können.[23] Damit ist aber noch nicht gesagt, daß der Jahresabschluß nicht auch den Zweck der Selbstinformation verfolgen kann. Weshalb sollte der Gesetzgeber sonst schon dem Einzelkaufmann, der niemandem Rechenschaft schuldet, die Pflicht zur Aufstellung von Jahresabschlüssen auferlegt haben?[24] Aus der fehlenden Verpflichtung, den Jahresabschluß offenzulegen, folgt vielmehr als primäre Aufgabe die Selbstinformation des Gesellschafters über die Lage des Unternehmens.[25]

Der Jahresabschluß soll für jeden Gesellschafter dazu dienen, sich ein Bild über die Lage des Vermögens, § 238 Abs. 1 S. 1 HGB, zu machen. Mit der laufenden Buchführung sollen alle Geschäftsvorfälle erfaßt werden, alle Schulden und Forderungen des Kaufmanns. Der Abschluß der Buchführung in Form des Jahresabschlusses hat dann auch die Aufgabe, dem Kaufmann selbst einen Überblick über die Kapitalstruktur, über die Höhe des Eigenkapitals und die Struktur des Fremdkapitals zu geben.[26]

---

[23] Für den Jahresabschluß haben §§ 118 Abs. 1, 166 Abs. 1 HGB die besondere Bedeutung, daß die Gesellschafter Anspruch haben auf Offenlegung der Verwendung des anvertrauten Kapitals, vgl. dazu: Rückle/Klatte in Handwörterbuch, S. 113 (118); Woltmann, WPg. 1985, 245 (248)

[24] Leffson, S. 55

[25] Baumbach/Duden/Hopt, Einl v § 238 Anm. 2 A; Ellerich in Küting/Weber, II Rn. 4; Woltmann, WPg. 1985, 245 (246); Kupsch in Hofbauer/Kupsch, Einführung B, Rn. 72; Heinhold, S. 6, sieht ausschließlich die Aufgabe der Selbstinformation, die Drittinformation soll erst § 264 Abs. 2 HGB begründen.

[26] Leffson, S. 40; Hantke, 1.2.2.1, S. 28; Wöhe, S. 293; Adler/ Düring/Schmaltz, § 149 Tz. 6; zur zentralen Bedeutung der Finanzierungsstruktur: Kupsch in Hofbauer/Kupsch, § 247 Rn. 24

Gleichzeitig wird damit vom Kaufmann Rechenschaft darüber gefordert, ob die Vermögens-, Ertrags- und Liquiditätslage der Gesellschaft die fristgerechte Tilgung ihrer Verbindlichkeiten erlaubt,[27] die sogenannte Schuldendeckungskontrolle.[28] Die rechtzeitige Selbstinformation bezweckt also auch die Erkennung einer krisenhaften Entwicklung und damit die Konkursvorsorge[29], nicht zuletzt im Hinblick auf § 283 Abs. 1 Ziff. 7 a StGB. Die Einordnung des § 283 Abs. 1 Ziff. 7 a StGB in die Reihe der Konkursstraftaten zeigt, daß Bilanzen auch dazu dienen sollen, Hinweise auf eine mögliche Überschuldung oder Zahlungsunfähigkeit zu geben.

(2) Information gegenüber Außenstehenden und Gläubigerschutz

Die Jahresabschlüsse der Kapitalgesellschaften sollen dem Gläubigerschutz dienen, weil den Gläubigern nur ein beschränktes Gesellschaftskapital als Haftungsmasse zur Verfügung steht. Nun könnte man meinen, daß der Jahresabschluß der Personengesellschaft diese Funktion nicht erfüllt, weil mindestens ein Gesellschafter persönlich und unbeschränkbar haftet, §§ 161 Abs. 2, 128 HGB.

Dennoch muß schon die Buchführung gem. § 238 Abs. 1 S. 2 HGB so gestaltet sein, daß sie "einem sachverständigen Dritten" einen Überblick über die Lage des Unternehmens vermitteln kann. Aufgrund der wiedergegebenen Kapitalstruktur[30] liefert der Jahresabschluß der Personengesellschaft Informationen darüber, ob und wie die Forderungen der mit der Gesellschaft in Rechtsverkehr tretenden Gläubiger durch das vorhandene, bilanzierte Vermögen der Gesellschaft gedeckt sind.[31] Dazu zählen vor allem Zahlungsansprüche wie diejenigen auf Zins- und Tilgungszahlung bei Darlehen und auf Lohnzahlung.[32] Die Darlehensgläubiger von Personengesellschaften haben ihre Geldmittel der Gesellschaft als Kreditgeber zur Verfügung gestellt.

---

[27] Ebenso: Wöhe, S. 42; Leffson, S. 55 f.

[28] Münzinger, B.II.2.b, S. 38

[29] Moxter, § 1, 2, weist darauf hin, daß überall Kaufleute in Konkurs fielen, weil sie "mangels ordentlicher Buchführung nur unzureichend über den Gang der Geschäfte informiert waren". Die Unkenntnis über die Vermögenslage führe insbesondere zu der Gefahr, zu hohe Beträge auszuschütten.

[30] S. o., Ausf. unter B.II.3.a, bb, (1), S. 85 f.

[31] Hantke, 1.2.2.1, S. 28; Kostka, S. 30

[32] Ausführlicher noch: Wöhe, S. 42

Daher sind sie besonders interessiert, ob die Rückzahlung des von ihnen geleisteten Kapitals gewährleistet ist oder nicht.

Gleiches gilt für potentielle Kreditgeber, die ihre Kreditgewährung davon abhängig machen, daß Gesellschaft oder Gesellschafter über ausreichende Eigenmittel, d. h. Eigenkapital oder Privatvermögen, verfügen.[33] Die Eigenkapitalausstattung steht dabei im Vordergrund, da die Kapitalgeber die Geldmittel einem "gesunden Unternehmen" zur Verfügung stellen wollen. Sie spekulieren nicht auf eine Rückzahlung aufgrund Konkurses der Gesellschaft und der persönlichen Haftung der Gesellschafter.[34] Das gilt insbesondere für die GmbH & Co. KG, bei der ja der "persönlich" haftende Gesellschafter keine natürliche Person ist und dessen Haftkapital infolgedessen auf das Gesellschaftskapital der GmbH beschränkt ist.

Soll sich der Kaufmann mit Hilfe des Jahresabschlusses Rechenschaft über die Fähigkeit zur fristgerechten Tilgung der Verbindlichkeiten geben, so bezweckt die Selbstinformation als Konkursvorsorge auch den Schutz der Gläubiger[35]. Dies ist besonders wichtig für die Gläubiger einer GmbH & Co. KG, da hier auch eine Anmeldung des Konkurses wegen des Tatbestandes der Überschuldung möglich ist, §§ 130 a, 130 b, 177 a HGB, § 209 Abs. 1 KO.[36] Die gesetzliche Absicherung des Gläubigerschutzzweckes erfolgt durch die strafrechtlichen Konkurstatbestände der §§ 283 Abs. 1 Ziff. 5 und 7 a, 283 b StGB.

Neben Gesellschaftern und Gläubigern finden sich als weitere Informationsadressaten: die Arbeitnehmer hinsichtlich ihrer Lohnforderungen und dem Arbeitsplatzrisiko[37], die Öffentlichkeit[38] bei Unternehmen von gesamtwirtschaftlicher Bedeutung - das sind im wesentlichen die Unternehmen, die

---

[33] Leffson, S. 40; Ellerich in Küting/Weber, II Rn. 5

[34] Ebenso: Westermann in FS v. Caemmerer, S. 657; Leffson, S. 40 m. w. N., weist darauf hin, daß das Eigenkapital so bemessen sein sollte, daß es auch noch nach mehreren aufeinanderfolgenden Verlustjahren als Haftungskapital dienen kann.

[35]) Leffson, S. 55 f., S. 72 f.; Thiel, 4.1.1, S. 72; Baumbach/ Duden/Hopt, Einl v § 238 Anm. 2 A; Ellerich in Küting/Weber, II Rn. 4; Münzinger, B.II.2.a, S. 37; Kupsch in Hofbauer/Kupsch, Einführung B, Rn. 69;
Hantke formuliert unter 1.2.2.2, S. 31, zutreffend: "Der Gläubigerschutz soll in erster Linie durch die Selbstinformation des Unternehmers sichergestellt werden."

[36] Insoweit besteht allerdings nur eine Warn- oder Indikatorfunktion, da zur Ermittlung der Überschuldung nach h. M. ein nach speziellen Regeln aufzustellender Überschuldungsstatus erforderlich ist, vgl. Rückle/Klatte in Handwörterbuch, S. 113 (120); WP-Hdbuch. 1985-/86 I, S. 1370 ff. m. w. N.

[37] Ausführlicher hierzu noch: Wöhe, S. 46 f.; Stehle/Stehle, I.3.c; Federmann, A.III.1.b, bc

[38] Vgl. dazu näher: Hantke, 1.2.2.2, S. 32; Federmann, A.III.1.b, bf; Stehle/Stehle, I.3.c

unter § 1 Abs. 1 PublG fallen -, und in gewissem Maße auch die Finanzverwaltung hinsichtlich des Ausweises des steuerpflichtigen Gewinnes[39].

cc) Zahlungsbemessungsfunktion

§ 122 Abs. 1 HGB gewährt zunächst ein gewinnunabhängiges Entnahmerecht in Höhe von vier vom Hundert des "für das letzte Geschäftsjahr festgestellten Kapitalanteils"; weitere Entnahmen bis zur Höhe des letztjährigen Gewinnanteils sind möglich, soweit dies nicht zum offenbaren Schaden der Gesellschaft gereicht.[40] Der Jahresabschluß dient folglich zur Konkretisierung des "festgestellten Kapitalanteils". Er verlangt eine eindeutige Feststellung des Eigenkapitals, des Gewinnes, der Gewinnverteilung und des Gewinnentnahmerechts.[41] Der Jahresabschluß übt insoweit zur Selbstinformation der Gesellschafter eine Zahlungsbemessungsfunktion aus. Dies gilt natürlich nur, soweit nicht kraft gesellschaftsvertraglicher Regelung Gewinnverteilung und Entnahmerechte nach einem anderen Schlüssel bestimmt werden.

dd) Einblick in die Rentabilität

Der Jahresabschluß kann nur dann einen Einblick in die Rentabilität und Wirtschaftlichkeit eines Unternehmens gewähren, wenn mit ihm die Feststellung des tatsächlichen Gewinnes beabsichtigt wird. Das ist jedenfalls dann der Fall, wenn der Jahresabschluß nicht eine reine Wertfeststellungsbilanz, sondern auch eine Erfolgsermittlungsbilanz umfaßt. Auf den diesbezüglichen langwierigen abstrakten Streit zwischen der statischen und dynamischen

---

[39] Ausschlaggebend für den zu versteuernden Gewinn ist zwar die Steuerbilanz, die Mehrzahl der Unternehmen erstellt aber nur eine Einheitsbilanz, die zugleich steuer- und handelsrechtlichen Vorschriften genügen soll, vgl. Hantke, 1.2.2.2, S. 33; Knobbe-Keuk, § 2 I.2, S. 15; Peter/v. Bornhaupt/Körner, Rn. 164; Morck, S. 191 f.; Sudhoff, Gesellschaftsvertrag, II.K.2.b, S. 245;
zum Interesse des Steuerfiskus allgemein: Stehle/Stehle, I.3.f; Federmann, A.III.1.c, S. 42

[40] Vgl. auch oben, Ausf. unter A.II.1, S. 28

[41] Woltmann, WPg. 1985, 245 (246); Heyd, 2.4.2, S. 80

Bilanztheorie soll hier nicht näher eingegangen werden.[42] Vielmehr sind die Vorschriften des HGB zugrundezulegen.

Gem. § 238 Abs. 1 S. 1 HGB hat der Kaufmann "die Lage seines Vermögens ... ersichtlich zu machen". In der Jahresabschlußbilanz geschieht dies gem. § 242 Abs. 1 S. 1 HGB durch Gegenüberstellung von Vermögen und Schulden. Nur für Kapitalgesellschaften ist weitergehend in § 264 Abs. 2 S. 1 HGB bestimmt, daß sie auch die "Ertragslage" wiederzugeben haben. Das spricht bei Personengesellschaften eher für eine alleinige Wertfeststellungsbilanz.

Allerdings ist in § 238 Abs. 1 S. 2 HGB der Buchführung bei allen Kaufleuten zum Ziel gesetzt worden, einem sachverständigen Dritten nicht nur einen Überblick über die Lage des Vermögens, sondern auch einen Überblick über "die Lage des Unternehmens" zu verschaffen. Die "Lage des Unternehmens" beinhaltet die in § 264 Abs. 2 HGB aufgezählte Vermögenslage, die Finanz- und Ertragslage.[43] Der Unterschied der Jahresabschlüsse besteht lediglich darin, daß Einzelkaufleute und Personengesellschaften kein "den tatsächlichen Verhältnissen entsprechendes Bild" wiedergeben müssen.[44] Damit im Einklang steht auch die Tatsache, daß zur Verwirklichung der bereits festgestellten Zahlungsbemessungsfunktion des Jahresabschlusses eine genaue Gewinnberechnung ebenfalls erforderlich ist.

Gegen das Ziel der Erfolgsermittlung ist allerdings eingewandt worden, daß ausschließlich die Steuerbilanzen den tatsächlichen Gewinn wiedergeben, weil für das Handelsrecht das Prinzip der kaufmännischen Vorsicht gilt.[45] Der Grundsatz der Vorsicht, in § 252 Abs. 1 Ziff. 4 HGB verankert, läßt

---

[42] Die daneben noch früher vertretene organische Bilanztheorie ist vom RFH mit Urteil vom 22.10.1931, RStBl. 1932, 22, ausdrücklich abgelehnt worden. Die Vorstellung von einer Bilanz, die zumindest auch die Erfolgsermittlung beabsichtigt, ist heute ganz h. M., vgl. nur: Heinen, S. 102 f.; Adler/Düring/Schmaltz, § 149 Tz. 12, 14; ebenso spricht der Runderlaß des Reichsfinanzministeriums von der "Erfolgsbilanz" (RFM v. 8.8.1935, RStBl. 1935, 1074); ausführlich zu den einzelnen Bilanztheorien: Wöhe, S. 217 ff.; Heinen, S. 36 ff.; Federmann, A.VI, S. 81 ff.

[43] Niedner in Glanegger u. a., §§ 238, 239 Rn. 7; Glade, § 238 Rn. 49 f.; Schellein, WPg. 1988, 693 (694);
a. A.: Biener/Berneke, Erl. zu § 238, nach denen die Finanzlage nur von Kapitalgesellschaften und Genossenschaften darzustellen ist. Dem kann jedoch nicht uneingeschränkt gefolgt werden, weil auch der Jahresabschluß der Einzelkaufleute und Personengesellschaften die Kapitalstruktur aufzeigen muß. Die Finanzlage gehört damit zur Lage des Unternehmens jedenfalls insoweit, als sie sich in Buchführung und Jahresabschluß darstellen läßt.

[44] Zur Wiedergabe "eines den tatsächlichen Verhältnissen entsprechenden Bildes" müssen die Kapitalgesellschaften insbesondere einen Anhang (§§ 284 ff. HGB) und einen Lagebericht (§ 289 HGB) aufstellen.

[45] D. Schneider, Steuerbilanzen, S. 5

weitreichende Unterbewertungen[46] und gem. § 253 Abs. 4 HGB erhöhte Abschreibungen im Vergleich zu Kapitalgesellschaften (§ 279 Abs. 1 S. 1 HGB) zu. Macht die Praxis hiervon übermäßig Gebrauch, so wird die Wiedergabe des tatsächlichen Erfolges "verwischt".[47] Das hindert aber noch nicht, daß die Bilanz auch das Ziel der Gewinnermittlung verfolgt. Die Bilanz kann mehrere Bilanzzwecke verfolgen. So sind Aufwendungen und Erträge nach ihrem Entstehungszeitpunkt, aber unabhängig vom Zeitpunkt der entsprechenden Zahlungen zu berücksichtigen, § 252 Abs. 1 Ziff. 5 HGB.

Nach der Novellierung des HGB betrachtet der Gesetzgeber nicht mehr die Bilanz isoliert, er hat den Begriff der "Bilanz" durch den Begriff "Jahresabschluß" ersetzt oder um letzeren erweitert.[48] Der Jahresabschluß besteht gem. § 242 Abs. 3 HGB aus der Bilanz und der Gewinn- und Verlustrechnung. Folglich ist für die Ermittlung der GoB nicht allein auf die Bilanzzwecke, sondern auf die Jahresabschlußzwecke abzustellen. Hier besteht aber die Pflicht zur Aufstellung einer Gewinn- und Verlustrechnung. Daß der Jahresabschluß das Ziel der Erfolgsermittlung verfolgt, läßt sich also nach geltendem Recht nicht mehr bestreiten.

Für alle Kaufleute gilt damit gleichermaßen, daß der Jahresabschluß nur den GoB entspricht, wenn sich aus ihm der ermittelte Gewinn oder Verlust ablesen läßt. Dies ist selbstverständlich möglich, wenn die Bilanz den Gewinn vor Gewinnverwendung ausweist. Es ist aber auch möglich bei einer Bilanz unter Berücksichtigung des verteilten Gewinnes, solange dann die Gewinn- und Verlustrechnung den ermittelten Gewinn vor Gewinnverteilung zeigt.

Zwischenergebnis: Der Jahresabschluß verfolgt die Aufgaben der Dokumentation und Rechenschaftslegung. Er beabsichtigt dabei auch die Gewinnfeststellung und übt insoweit mangels abweichender gesellschaftsvertraglicher Regelung für die Gesellschafter die Zahlungsbemessungsfunktion aus. Allgemein lassen sich als Einzelaufgaben unter der Dokumentation und Rechenschaftslegung aufführen: die Ermittlung des Periodengewinnes oder -verlustes, die Feststellung der Höhe des Bilanzvermögens und Bilanzkapi-

---

[46] Da der Kaufmann gleichzeitig gem. § 238 Abs. 1 S. 1 HGB "die Lage seines Vermögens ersichtlich zu machen" hat, kommt eine Unterbewertung nur im Rahmen der kaufmännischen Vorsicht in Betracht, so: Leffson, S. 465 f.; Wöhe, S. 587; Adler/Düring/ Schmaltz, § 149 Tz. 83.
Im Einzelfall wird es aber schwer nachzuprüfen sein, ob und wann eine Unterbewertung lediglich aus reiner Bewertungswillkür erfolgt.

[47] Stürzenhofecker, S. 249

[48] Vgl. insbesondere §§ 118 Abs. 1, 166 Abs. 1 und 3, 233 Abs. 1 und 3 (für den früheren § 338) HGB

tals zum Bilanzstichtag sowie die Darstellung der Vermögens- und Kapitalstruktur.[49]

b) Auswertung für die Aufgliederung des Eigenkapitals

Nach der gesetzlichen Konstruktion bildet die Summe der Kapitalanteile der Gesellschafter das Eigenkapital. Ein getrennter Ausweis dieser Kapitalanteile in der Bilanz dient der Selbstinformation der Gesellschafter, inwieweit die jeweils anderen Gesellschafter ihr "Kapital" in der Gesellschaft stehengelassen haben. Man denke nur daran, daß ein Gesellschafter vermögend ist und alle anderen Gesellschafter negative Kapitalanteile besitzen. Besteht hier dennoch ein in der Summe positives Eigenkapital, so ermöglicht ein getrennter Ausweis von positiven und negativen Kapitalanteilen die Selbstkontrolle angesichts der Kontroll- und Überwachungsrechte des Gesellschafters, §§ 118 Abs. 1, 166 Abs. 1 HGB.[50]

Keine andere Beurteilung läßt dann aber auch der Fall zu, daß die oben genannten negativen Kapitalanteile erst fast bis auf Null sinken, d. h. "noch" positiv sind. Es liegt im Eigeninteresse der Gesellschafter zu erfahren, ob die Gesellschafter oder welche Gesellschafter ihre Kapitalbeträge aus der Gesellschaft abziehen. Das gilt insbesondere für die von der Geschäftsführung ausgeschlossenen Gesellschafter. Auch potentiellen Kreditgebern ist es zur Beurteilung des Unternehmens nützlich zu wissen, wie das Eigenkapital des Unternehmens strukturiert ist und sich zusammensetzt.

Darüberhinaus bilden die Kapitalanteile schon nach der Konzeption des Gesetzgebers die Berechnungsgrundlage für bestimmte Gesellschafterrechte wie Vordividende[51] und Auseinandersetzungsguthaben.[52] Auch von daher

---

[49] Weitergehend noch: Kostka, S. 33; Heinen, S. 102 f., 104 ff.

[50] Für den getrennten Ausweis auch die h. M.: Knobbe-Keuk, § 4 V.1.a, S. 82; Thiel, 2.3.-4.2. 1, S. 40;
a. A.: IDW, WPg. 1976, 114 (115);
allg. nur Hinweis auf die Problematik bei Glade, § 253 Rn. 618

[51] Deshalb kann Flume, § 11 II.4, S. 158, auch nicht darin gefolgt werden, daß bei der Aufteilung des Eigenkapitals in die Kapitalanteile der Gesellschafter unberücksichtigt bleibt, wie sie an Gewinn und Verlust beteiligt sind. Insbesondere ist hier zusätzlich auf das System fester Kapitalanteile hinzuweisen, in dem die Höhe des Kapitalanteils regelmäßig den Gewinnverteilungsschlüssel bildet.

[52] S. o., Ausf. unter A.II.1, S. 28 f.

fordert die Selbstinformation grundsätzlich einen getrennten Ausweis der einzelnen Kapitalanteile der Gesellschafter.[53]

Zwischenergebnis: Ein Grund, die Pflicht des § 247 Abs. 1 HGB zur Aufgliederung nicht auf das Eigenkapital zu beziehen, ist nicht zu erkennen. Das Eigenkapital der Personengesellschaften bedarf wie die übrigen in § 247 Abs. 1 HGB genannten Bilanzposten einer Aufgliederung. Das bedeutet zunächst aus den genannten Gründen einen getrennten Ausweis der Kapitalanteile der Gesellschafter. Für die Bilanzerstellung dürfte es allerdings ausreichen, wenn in einer Vorspalte die Aufteilung des in der Hauptspalte in einer Summe ausgewiesenen Eigenkapitals erfolgt. Allen Informationsinteressen wird dann ausreichend genügt. Aus Gründen der Klarheit und Übersichtlichkeit ist hingegen die Darstellung der Entwicklung der einzelnen Kapitalanteile nicht erforderlich.[54]

Für den Bereich fester Kapitalanteile ergeben sich folgende Konsequenzen: weil die Festkapitalkonten regelmäßig Grundlage für die Bemessung der Gesellschafterrechte sind, sind die Festkapitalkonten in gleicher Weise wie die variablen Kapitalkonten einzeln in der Bilanz aufzuführen.[55] Daneben sind ebenso für jeden Gesellschafter ihre übrigen Gesellschafterkonten unter der Position Eigenkapital auszuweisen, soweit sie das Eigenkapital betreffen und nicht Forderungen oder Verbindlichkeiten darstellen.[56]

Eine Zusammenfassung jeweils der festen Kapitalkonten und der Sonderkonten dagegen genügt den GoB nicht.[57] Zwar sind die Gesellschafterrechte, für die der feste Kapitalanteil maßgeblich ist, schon im Gesellschaftsvertrag geregelt; der Stand des zusätzlichen "Kapitalkontos" zeigt aber weiterhin und unabhängig davon, ob das Konto Kapitalcharakter hat, welche Beträge der einzelne Gesellschafter (noch) in der Gesellschaft stehen hat. Das veränderliche Konto behält hier wie beim variablen Kapitalkonto seine Relevanz für die Interessen der Mitgesellschafter.

---

[53] A. A.: Kupsch in Hofbauer/Kupsch, § 247 Rn. 26; Hofbauer, WPg. 1964, 654 (658), ohne das Selbstinformationsinteresse zu berücksichtigen; Glade, § 266 Rn. 559, der unter Hinweis auf § 248 Abs. 1 E-HGB den Eigenkapitalausweis in einer Summe für GoB-gemäß hält.

[54] Vgl. dazu Glade, § 266 Rn. 560, und anschaulich Sarx in Beck Bil-Komm., § 247 Rn. 344;
a. A.: Hofbauer, WPg. 1964, 654 (658)

[55] Glade, § 266 Rn. 561; a. A. wiederum Hofbauer, WPg. 1964, 654 (658)

[56] Welche Konten das sind und wie sie im Zweifelsfall zu bestimmen sind, dazu näheres im materiellrechtlichen Teil unter C., S. 130 ff.

[57] A. A.: Sarx in Beck Bil-Komm., § 247 Rn. 305

4. Der gesonderte Ausweis des negativen Kapitalkontos

Sind die Verlustanteile und Entnahmen höher als die Einlage zuzüglich der Gewinne, so sind Kapitalkonto und Kapitalanteil des Gesellschafters negativ. Dies folgt direkt aus § 120 Abs. 2 HGB.[58] Ein negativer Kapitalanteil bedeutet zunächst nichts anderes als der positive Kapitalanteil, nämlich die wirtschaftliche bzw. vermögensmäßige Beteiligung des Gesellschafters an der Gesellschaft.[59] Da mangels anderer gesellschaftsvertraglicher Regelung eine Pflicht zur Ergänzung der durch Verlust verminderten Einlage gem. § 707 BGB nicht besteht, begründet der negative Kapitalanteil insbesondere keine Forderung der Gesellschaft gegen den Gesellschafter.

Deshalb sind auch andererseits unzulässige Entnahmen, die nicht von einer gesellschaftsvertraglichen Befugnis oder durch § 122 Abs. 1 HGB gedeckt sind, nicht vom Kapitalkonto abzuschreiben.[60] Wie sich aus § 111 Abs. 1 HGB bereits ergibt, ist "unbefugt" entnommenes Geld aus der Gesellschaftskasse zu verzinsen.[61] Im systematischen Zusammenhang mit den übrigen gesellschaftsrechtlichen Vorgängen wird dort aber die Verzinsungspflicht lediglich für Forderungen der Gesellschaft bestimmt. Für unbefugte Entnahmen gilt folglich die Regelung des § 122 Abs. 2 HGB, wonach der Gesellschafter "im übrigen" seinen Kapitalanteil nicht mindern darf. Solche Entnahmen lösen einen Rückforderungsanspruch aus positiver Verletzung des Gesellschaftsvertrages aus.[62] Werden sie von den übrigen Gesellschaftern genehmigt, so kann darin eine Vereinbarung im Sinne des § 607 Abs. 2 BGB zu sehen sein.

Der negative Kapitalanteil dagegen drückt lediglich aus, in welcher Höhe der Gesellschafter seinen Mitgesellschaftern gegenüber ausgleichspflichtig wäre, käme es im gegenwärtigen Zeitpunkt zur Liquidation.[63] Änderungen gegenüber dem positiven Kapitalanteil ergeben sich nur hinsichtlich der Vorzugsdividende, die beim negativen Kapitalanteil ausfällt[64]. Die Entnahme-

---

[58] Allenfalls für den Kommanditisten kann sich wegen § 167 Abs. 3 HGB etwas anderes ergeben, vgl. dazu unten, Ausf. unter B.IV.4, S. 125 f.

[59] S. o., Ausf. unter A.II.3.a, S. 32 f.

[60] A. A.: Baumbach/Duden/Hopt, § 122 Anm. 1 F und § 120 Anm. 3 B b

[61] So auch: Baumbach/Duden/Hopt, § 122 Anm. 1 F

[62] RG, DR 1941, 2124 (2125); Fischer in Großkomm. HGB, § 122 Anm. 22; IDW, WPg. 1976, 114 (118) m. w. N.

[63] A. Hueck, § 16 V.2, S. 239; selbst dies gilt uneingeschränkt nur dann, wenn die Liquidation zu den in der Bilanz angesetzten Werten durchgeführt werden könnte.

[64] Schlegelberger/Geßler, § 121 Anm. 5; Westermann in Westermann u. a., I Rn. 291; Heymann/Kötter, § 121 Anm. 4; Ganssmüller, DB 1967, 2103 m. w. N.

möglichkeit weiterer Gewinne wird dagegen durch § 122 Abs. 1 HGB nicht geschmälert.

Auch wenn insoweit kein Vermögenswert besteht, ist ein negativer Kapitalanteil aufgrund der Aufgliederungspflicht grundsätzlich auf der Aktivseite der Bilanz auszuweisen. Er ist insoweit ein Scheinaktivum[65] mit dem Charakter eines Verlustvortrags.[66] Das Verrechnungsverbot des § 246 Abs. 2 HGB greift zwar nicht, da es sich um einheitliche Eigenkapitalposten handelt, jedoch tritt in diesem Fall gerade das Informationsinteresse des Gesellschafters an der kapitalmäßigen Beteiligung der übrigen Gesellschafter zu Tage.

Soweit die Aufgliederung in die einzelnen Kapitalanteile nur in einer Vorspalte der Hauptspalte "Eigenkapital" erfolgt, kann der negative Kapitalanteil auf der Passivseite mit einem negativen Saldo so lange geführt werden, wie das gesamte Eigenkapital nicht negativ wird. Erforderlich ist jedoch immer ein offener Ausweis, um den Informationsbedürfnissen der Gesellschafter zu genügen.[67]

Ist das gesamte Eigenkapital negativ, so hat ein Ausweis auf der Aktivseite zu erfolgen. Dabei ist in Anlehnung an die für Kapitalgesellschaften geltende Regelung des § 268 Abs. 3 HGB die Bezeichnung "Nicht durch Eigenkapital gedeckter Fehlbetrag" zu wählen.[68]

---

[65] Großfeld, § 14 II.2.a, S. 144

[66] Huber, ZGR 1988, 1 (4)

[67] A. A. Kupsch in Hofbauer/Kupsch, § 247 Rn. 26; wie hier schon: Jakob, WPg. 1965, 229 (230)

[68] Reinhard in Küting/Weber, § 247 Rn. 105

III. Die "hinreichende" Aufgliederung

Nach § 247 Abs. 1 HGB ist das Eigenkapital neben den anderen dort genannten Posten "hinreichend aufzugliedern". Deshalb fragt sich, ob die alleinige Aufteilung des Eigenkapitals in die Kapitalanteile oder die Kapitalkonten der Gesellschafter dieser Anforderung genügt. Der Gesetzgeber hat bewußt von einem bestimmten Gliederungsschema abgesehen, um die Entscheidung über die Gliederung dem Kaufmann unter Beachtung der GoB zu überlassen.[1]

Im Rahmen der GoB wird den in § 243 Abs. 2 HGB niedergelegten Grundsätzen der Klarheit und Übersichtlichkeit besondere Bedeutung zukommen.[2] Diesen Grundsätzen ist entsprochen, wenn die Gliederung des Jahresabschlusses dem Bilanzleser eine ausreichende Information über die Lage des Unternehmens bietet (§ 238 Abs. 1 S. 2 HGB).[3] Welche Anforderungen die Grundsätze im einzelnen an den Eigenkapitalausweis stellen, ist abschließend noch nicht geklärt.[4]

Die Aufzählung in § 247 Abs. 1 HGB entspricht im groben der Bilanzgliederung nach § 266 Abs. 2, 3 HGB.[5] Deshalb soll anhand der für kleine Kapitalgesellschaften in § 266 Abs. 1 S. 3 HGB vorgesehenen Mindestgliederung überprüft werden, ob der dortige Eigenkapitalausweis als GoB auch für Einzelkaufleute und Personengesellschaften gilt. Dazu finden sich Äußerungen wie: "Der Gesetzgeber muß sich wohl vorhalten lassen, daß er mit der Minimalgliederung für kleine Kapitalgesellschaften gem. § 266 Abs. 1 S. 3 HGB selbst GoB verletzt, weil die dort vorgesehene Postenbeschränkung nicht den Grundsätzen der Wahrheit und Klarheit entsprechen kann. Andererseits wird man vom Kaufmann wohl kaum allgemein ein weitergehendes Schema fordern können, als im Gesetz für die strengeren Vorschriften unterliegenden Kapitalgesellschaften gefordert wird, auch wenn sich im

---

[1] BT-Drucks. 10/4268, S. 98; Glade, I Rn. 45

[2] BT-Drucks. 10/4268, S. 98; Gross/Schruff, Teil 2 III.A.1; Falterbaum/Beckmann 2.3.3.2, S. 69; Budde/Ihle in Beck Bil-Komm., § 247 Rn. 5

[3] Körner, BB 1986, 1950 (1953)

[4] Federmann, B.II.5

[5] Schulze-Osterloh, ZHR 150, 403 (427)

eigenen Interesse eine weitergehende Darstellung und Aufgliederung empfiehlt."[6]

Schon früher war die Ansicht verbreitet, daß die aktienrechtlichen Gliederungsschemata der alten §§ 151 und 157 AktG a. F. als Mindestvorschriften zu den GoB gehörten[7]. Allerdings ist nach dem neuen Recht die strenge Trennung zwischen dem allgemeinen, für alle Kaufleute geltenden Teil und dem besonderen, für Kapitalgesellschaften und Genossenschaften geltenden Teil des 3. Buches des HGB zu beachten. Nach der Wertung des Gesetzgebers können folglich besondere, nur für Kapitalgesellschaften und Genossenschaften geltende Vorschriften zur Ausfüllung der für alle Kaufleute geltenden GoB nur noch herangezogen werden, "wenn sie auch den besonderen Verhältnissen der Einzelkaufleute und Personenhandelsgesellschaften gerecht werden".[8]

Der Verweis bezüglich der Aufgliederung des Jahresabschlusses auf die GoB bewirkt zunächst, daß Einzelkaufleute und Personengesellschaften, die nicht publizitätspflichtig sind[9], die Reichweite der Aufgliederung ihren Bedürfnissen entsprechend selbst bestimmen können.[10] Auch § 266 HGB entspricht insoweit dem allgemeinen Gedanken, daß die Bilanz umso weitreichender aufzugliedern ist, je größer und bedeutender das Unternehmen ist. Zumindest im Anwendungsbereich des § 266 HGB ist vom Gesetzgeber klargestellt, daß bei weitergehender Zusammenfassung die Darstellung der Vermögenslage nicht mehr der Klarheit und Übersichtlichkeit des Jahresabschlusses entspricht.[11] Deshalb sind jedenfalls für die "hinreichende Aufgliederung" im Sinne des § 247 Abs. 1 HGB Rückschlüsse aus dem Gliederungsschema des § 266 HGB zu ziehen.[12]

Buchführung und Bilanzierung erfolgen heute weitgehend mittels elektronischer Datenverarbeitung. Dort verwendete einheitliche Programme führen zu einer gewissen Vereinheitlichung der Abschlüsse in der Darstellung.[13] Auch die Gläubiger sind an bestimmte Gliederungsschemata gewöhnt, insbesondere bei gesetzlich vorgesehenen und vertraglich vereinbarten Informationsrech-

---

[6] Glade, I Rn. 45

[7] Wöhe, S. 164; Heymann/Kötter, § 39 Anm. 7; Heinhold, S. 43 f. m. w. N.

[8] BT-Drucks. 10/4268, S. 88

[9] Vgl. andernfalls § 5 Abs. 1 S. 2 PublG

[10] So auch: BT-Drucks. 10/4268, S. 98

[11] Biener/Berneke, Erl. zu § 247, S. 73; Knobbe-Keuk, § 3 III.2, S. 35; Hantke, 4.1.3.2

[12] Glade, I Rn. 795

[13] Federmann, E.IV.1.a, S. 318; Schellein, WPg. 1988, 693 (695)

ten (§ 18 KWG, § 108 Abs. 5 BetrVG).[14] Die Orientierung am Gliederungsschema des § 266 HGB erhöht damit die Funktionsfähigkeit von Jahresabschlüssen und wird so allgemein auch den besonderen Verhältnissen der Einzelkaufleute und Personengesellschaften gerecht.

Ausgehend vom Gliederungsschema des § 266 Abs. 3 i. V. m. Abs. 1 S. 3 HGB wäre das Eigenkapital mindestens in die fünf Posten "Gezeichnetes Kapital", "Kapitalrücklage", "Gewinnrücklagen", "Gewinnvortrag/Verlustvortrag" und "Jahresüberschuß/Jahresfehlbetrag" aufzugliedern. Der Eigenkapitalausweis ist aber den rechtlichen Abweichungen anzupassen.[15] Ob die genannte Gliederung also im einzelnen "den besonderen Verhältnissen der Einzelkaufleute und Personengesellschaften gerecht wird"[16], ist im folgenden näher zu untersuchen.

Dabei ist zunächst zu erwägen, daß die Personengesellschaften mit der Vereinbarung fester Kapitalanteile in Anlehnung an die Kapitalgesellschaften möglicherweise zugleich die Geltung der Gliederungsvorschriften für Kapitalgesellschaften vereinbaren.[17] Die Bilanzgliederung steht unter der gesellschaftsvertraglichen Gestaltungsfreiheit im Rahmen der gesetzlichen Mindesterfordernisse. Im Regelfall wird jedoch die Auslegung des Gesellschafterwillens ergeben, daß nur die Festlegung der Gesellschafterrechte beabsichtigt ist.

1. Bilanz vor und nach Gewinnverwendung

Hinsichtlich ihrer inhaltlichen Gestaltung erscheint eine Bilanzierung vor und nach Gewinnverteilung möglich. In der Bilanz vor Gewinnverteilung wird der Saldo der Gewinn- und Verlustrechnung bzw. des damit übereinstimmenden Gewinn- und Verlustkontos unverteilt unter der Position "Jahresüberschuß/Jahresfehlbetrag" ausgewiesen, § 266 Abs. 3 (A. V.) HGB.[1] Die

---

[14] Heyd, 4.1.4.2.1, S. 322; bezüglich der Kreditinstitute: Reinhard in Küting/Weber, § 247 Rn. 13; Federmann, E.IV.1.a, S. 318

[15] Schulze-Osterloh, ZHR 150, 403 (427)

[16] Für dieses Erfordernis ja gerade BT-Drucks. 10/4268, S. 88

[17] So wohl Feddersen in Bandasch, § 120 Rn. 8

[1] Bei Kapitalgesellschaften ist der Bilanzgewinn solange als selbständiger Passivposten auszuweisen, bis die Haupt- oder Gesellschafterversammlung über dessen Verwendung beschlossen hat, vgl. §§ 119 Abs. 1 Ziff. 2, 174 AktG, 46 Ziff. 1, 48 Abs. 1 GmbHG. Ergeht allerdings sofort ein Gewinnverwendungsbeschluß, so darf die Bilanz auch unter Berücksichtigung der vollständigen oder teilweisen Gewinnverwendung aufgestellt werden, § 268 Abs. 1 S. 1 HGB. Dem Gewinnverwendungsbeschluß kommt bei Kapitalgesellschaften die besondere

Verteilung von Gewinn oder Verlust erfolgt dann erst im neuen Geschäftsjahr über die Kapital- oder sonstigen bestimmungsgemäßen Konten.

Auch bei Personengesellschaften wird gem. §§ 161 Abs. 2, 120 Abs. 1 HGB der Bilanzgewinn oder Bilanzverlust erst "auf Grund der Bilanz" ermittelt. Anders als bei den Kapitalgesellschaften sieht aber § 120 Abs. 2 HGB die automatische Zuschreibung von Gewinnen und Verlusten auf die Kapitalanteile der Gesellschafter vor. Es bedarf keines Gewinnverwendungsbeschlusses. Buchführungstechnisch wird damit das GuV-Konto als Unterkonto des Schlußbilanzkontos bei Einzelkaufleuten und Personengesellschaften über das bzw. die Kapitalkonten abgeschlossen.[2] Das Gesetz geht hier von einer Bilanz nach Gewinnverteilung aus.

Bei einer sofortigen Berücksichtigung der Gewinne und Verluste auf dem veränderlichen Kapitalanteil entfällt mithin der in § 266 Abs. 3 unter A. IV. und V. HGB vorgesehene Ausweis eines Gewinnvortrags/Verlustvortrags sowie eines Jahresüberschusses/Jahresfehlbetrages.[3] Ungeregelt bleibt allerdings, was im System fester Kapitalanteile zu gelten hat. Denn im konstanten Eigenkapitalteil kann eine Zu- und Abschreibung von Gewinnen und Verlusten nicht erfolgen.

a) Maßgeblichkeit der GoB

Gem. § 243 Abs. 1 HGB sind für den Jahresabschluß der Personengesellschaften die GoB maßgebend. Das gilt unabhängig davon, ob die Personengesellschaft das System fester oder variabler Kapitalanteile befolgt. Soweit die Gesellschaft für jeden Gesellschafter einen variablen Kapitalanteil durch die Führung nur eines Kapitalkontos dokumentiert, kann die Bilanz nach Gewinnverteilung im Sinne von § 120 Abs. 2 HGB ohne weiteres als den GoB entsprechend angesehen werden. Der Pflicht zur Ausweisung des Jahresergebnisses wird durch die Aufstellung der Gewinn- und Verlustrechnung nachgekommen, die gem. § 242 Abs. 3 HGB Bestandteil des Jahresabschlusses ist.

Hat das zusätzliche veränderliche Konto, auf dem die Gewinne und Verluste verbucht werden, Kapitalcharakter, so dürfte hier eigentlich nichts

---

Bedeutung zu, daß die Gewinnausschüttung der Kapitalertragssteuer unterliegt. Bei Personengesellschaften dagegen unterliegen sämtliche Gewinne der Einkommensteuer.

[2] Hantke, 3.1.5.1, S. 76; Gierke/Sandrock, § 20 III.3.e

[3] Reinhard in Küting/Weber, § 247 Rn. 104

anderes gelten. Der Kapitalanteil im Sinne des § 120 Abs. 2 HGB wäre dann nur in einen festen und beweglichen Teil aufgeteilt und in seiner Zusammenfassung damit weiterhin veränderlich.[4] Die Gutschrift von Gewinnen sowie die Belastung von Verlusten auf besonderen Konten wäre dann wie beim veränderlichen Kapitalanteil grundsätzlich bereits im Abschluß vorzunehmen.

Etwas anderes kann sich allenfalls ergeben, wenn die Posten auf den zusätzlichen Konten Forderungscharakter haben. Dann ist darin gleichzeitig ein Gewinnverwendungsbeschluß zu sehen mit dem Inhalt, daß die Gewinne in der betreffenden Höhe ausgeschüttet werden und der Gesellschafter einen Anspruch auf jederzeitige Auszahlung haben soll. Eine solche Regelung sieht auch das Gesetz beim Kommanditisten in § 167 Abs. 2 HGB vor, nach dem Gewinngutschriften über den Betrag der bedungenen Einlage hinaus auf einem Forderungskonto des Kommanditisten zu buchen sind. Da diese Gewinnbuchung gleichzeitig mit derjenigen bei den persönlich haftenden Gesellschaftern erfolgt, geht das Gesetz auch insoweit von einer Bilanz nach Gewinnverteilung aus.

Diese Ansicht hat der Gesetzgeber in seiner Begründung zur Neufassung des PublG[5] bestätigt, nach der er sogar die großen Personengesellschaften, die dem PublG unterfallen, von einer Ausweisung eines ganz oder teilweise unverteilten Gewinnes freistellen wollte.[6] Das bedeutet, daß die Bilanz nach Gewinnverteilung für alle Personengesellschaften als GoB-gemäß angesehen werden kann.

b) Möglichkeit des Ausweises vor Gewinnverwendung

Aufgrund der Vertragsfreiheit können sich Personengesellschaften die Gewinnverteilung auch im Gesellschaftsvertrag vorbehalten. Dann bedarf es wie bei den Kapitalgesellschaften jeweils eines Gesellschafterbeschlusses nach Gewinnermittlung. Die Gewinnermittlung selbst kann aber erst mit Feststellung des Jahresabschlusses erfolgen. Die Gesellschafter wären mithin, wenn sie nicht einen sofortigen Gewinnverwendungsbeschluß ergehen lassen können oder wollen, gezwungen, einen Bilanzausweis vor Gewinnverwendung als "Gewinnvortrag" oder "Bilanzgewinn" vorzunehmen. Fraglich ist daher, ob

---

[4] Näheres dazu unten, Ausf. unter C.III.4, S. 153 ff.

[5] BT-Drucks. V/4416, S. 4

[6] Ebenso: Goerdeler in FS Kaufmann, S. 169 (181)

ein solcher Ausweis vor Gewinnverwendung den GoB für Personengesellschaften entspricht.

Die Beachtung der GoB gem. § 238 Abs.1 S. 1 HGB als Element der öffentlich-rechtlichen Buchführungspflicht ist zwingend vorgeschrieben. Die Regelung des § 120 HGB demgegenüber ist nach § 109 HGB abdingbar. Die sofortige Gewinnzuschreibung auf den Kapitalanteil gem. § 120 Abs. 2 HGB kann deshalb insoweit nicht Bestandteil der GoB sein, als nur eine Bilanz nach Gewinnzuschreibung den GoB für Personengesellschaften entspricht.

aa) Berücksichtigung der Regelungen für Kapitalgesellschaften

Gem. § 268 Abs. 1 S. 1 HGB dürfen Kapitalgesellschaften ihre Bilanzen sowohl vor Gewinnverwendung als auch unter Berücksichtigung der vollständigen oder teilweisen Gewinnverwendung aufstellen. Für sie sind beide Bilanzen nach dem Willen des Gesetzgebers mit den GoB vereinbar. Nun gelten generell für Kapitalgesellschaften aufgrund des vorrangigen Gläubigerschutzes strengere Ausweisvorschriften als für die Personengesellschaften. Im Umkehrschluß läßt sich damit aber allgemein feststellen, daß das, was den Kapitalgesellschaften im Hinblick auf die GoB erlaubt ist, den Personengesellschaften nicht verboten sein kann. Für Personengesellschaften dürften damit ebenfalls beide Bilanzierungsformen GoB-gemäß sein. Dieses Ergebnis muß sich aber anhand der Jahresabschlußzwecke bestätigen lassen.

bb) Der Jahresabschluß als Grundlage der Gewinnfeststellung

Der Jahresabschluß hat nach den oben getroffenen Feststellungen[7] auch die Aufgabe, Einblick in die Rentabilität eines Unternehmens zu gewähren. Dazu ist der Ausweis des erwirtschafteten bilanzmäßigen Gewinnes erforderlich. Gerade dieser Gewinn wird in der Bilanz vor Gewinnverwendung unverteilt ausgewiesen und so dem Bilanzleser vor Augen geführt. Unter diesem Gesichtspunkt ist also der unverteilte Gewinnausweis auch bei Personengesellschaften unbedenklich. Dem Erfordernis des Gewinnausweises wird in der Bilanz nach Gewinnverwendung dadurch Rechnung getragen, daß regelmäßig die Gewinn- und Verlustrechnung den bilanzmäßig erwirtschafteten Gewinn wiedergibt.

---

[7] S. o., Ausf. unter B.II.3.a, dd, S. 88 ff.

Der Ausweis des unverteilten Gewinnes könnte allerdings, mit der Wirklichkeit verglichen, zu einem zu hohen Ausweis des Eigenkapitals führen, wenn eine Ausschüttung, z. B. durch demnächstige Verbuchung auf Forderungskonten der Gesellschafter, möglich ist. Dann könnte man an eine notwendige Klarstellung in einer Erläuterung denken nach dem Grundsatz der Wahrheit: weil die Gesellschaftereinlagen erst bei Auflösung der Gesellschaft rückzahlbar sind, §§ 122 Abs. 2, 155 Abs. 1 HGB, stellen das Eigenkapital im wesentlichen die Mittel dar, die im Unternehmen gebunden sind, ihm dauerhaft zur Verfügung stehen.

Allerdings ist dabei zu berücksichtigen, daß beim beweglichen Kapitalanteil gem. § 122 Abs. 1 HGB der Gesellschafter grundsätzlich seinen gesamten Gewinn entnehmen kann, ohne daß dies in der Bilanz klargestellt werden müßte. Der Grundsatz der Wahrheit ist insoweit nicht beeinträchtigt, als dem Bilanzleser aufgrund des gesonderten Ausweises vor Augen geführt wird, daß die Gewinnverteilung noch aussteht. Ein schutzwertes Vertrauen der Gläubiger darauf, daß die Gewinne dem Unternehmen zur Verfügung stehen, wird ebenfalls wegen der gleichgearteten Entnahmemöglichkeit nach dem Gesetz nicht begründet. Auch in der Bilanz vor Gewinnverwendung braucht eine Klarstellung, wie der Gewinn voraussichtlich zu verteilen ist, nicht zu erfolgen.

Zwischenergebnis: Wie die Kapitalgesellschaften können auch die Personengesellschaften ihre Bilanz vor und nach Gewinnverteilung aufstellen. Wird sie entsprechend der Konzeption des Gesetzgebers nach Gewinnverteilung aufgestellt, so muß sich allerdings der ermittelte Gewinn in der Gewinn- und Verlustrechnung zeigen.[8] Die Bilanzierung eines Gewinnvortrags/Verlustvortrags und eines Jahresüberschusses/Jahresfehlbetrages entfällt in diesem Fall.[9] Im Jahresabschluß vor Gewinnverwendung sind diese Posten entsprechend den Regelungen für Kapitalgesellschaften gesondert unter der Position Eigenkapital auszuweisen.[10]

---

[8] Im Erg. ebenso: Sarx in Beck Bil-Komm., § 247 Rn. 341

[9] Reinhard in Küting/Weber, § 247 Rn. 104

[10] Im Erg. ebenso: Göllert/Ringling, Teil I, 6.3.1; Stehle/ Stehle, Tabelle 2 unter A.V., S. 66

2. Getrennter Ausweis der Rücklagen

Zu den Eigenkapitalposten in § 266 Abs. 3 (A.) HGB gehören auch die Rücklagen, getrennt nach Kapital- und Gewinnrücklagen. Sinn der Rücklagenbildung bei Kapitalgesellschaften ist es, im Interesse des Gläubigerschutzes das Kapital als Haftungsmasse zu erhalten und zu verstärken. Da die Personengesellschaft durch die persönliche und unbeschränkbare Haftung mindestens eines Gesellschafters gekennzeichnet ist, kommt hier dem Gläubigerschutz in Form der Kapitalerhaltung und Ausschüttungssperre eine wesentlich geringere Bedeutung zu.[1]

Ausgehend vom Einzelkaufmann ist bei diesem die Bildung einer Rücklage als ausschüttungsgesperrtes Haftkapital sinnlos, da er sie als Alleinunternehmer jederzeit wieder auflösen kann. Auch Personengesellschaften führen nicht in bar ausgeschüttete Gewinne nach der Konstruktion des Gesetzgebers den veränderlichen Kapitalkonten zu.[2] Das Gesetz sieht insoweit den gesamten Bilanzgewinn als Gewinnverteilungsbasis vor.[3]

Personengesellschaften können allerdings im Rahmen ihrer Vertragsfreiheit kraft Gesellschaftsvertrages zur finanziellen Stärkung des Unternehmens eine Rücklagenbildung vorsehen.[4] Eine solche Rücklage kann entsprechend § 150 AktG für einen bestimmten Zweck oder als allgemeine Gewinnrücklage gebildet werden.[5] Sie hat den Sinn, daß keiner der Gesellschafter insoweit über seinen Kapitalanteil verfügen kann. Über die so gebildete Rücklage können nur alle Gesellschafter gemeinschaftlich verfügen. Buchungstechnisch können die Vorgänge auf einem gemeinsamen oder mehreren für jeden Gesellschafter zu bildenden Rücklagekonten dokumentiert werden.[6]

Dennoch wird auch eine Rücklagenbildung bei Personengesellschaften zum Teil als wenig sinnvoll angesehen, da durch die Rücklage kein Gesellschaftsvermögen gebildet wird, sondern diese lediglich den Gesellschaftern gemeinschaftlich zur Verfügung steht.[7] Dem ist jedoch entgegenzuhalten, daß das Gesellschaftsvermögen jedenfalls insoweit berührt ist, als die von der

---

[1] Heinhold, S. 114

[2] Vgl. auch Reinhard in Küting/Weber, § 247 Rn. 104 m. w. N.

[3] Münzinger, B.II.2.c, S. 41

[4] Unstr., vgl. nur: BGH, BB 1976, 948 (949); WM 1978, 1150; Woltmann, WPg. 1985, 275 (276 f.)

[5] Weickert, D.4, S. 190; Westermann in FS v. Caemmerer, S. 657 (658); Thiel, 2.3.4.2.1.2, S. 43

[6] Heinemann in Felix, Rn. 476; Huber, ZGR 1988, 1 (95)

[7] Weickert, D.4, S. 190: er fordert deswegen eine direkte Buchung auf dem Kapitalkonto.

Ausschüttung gesperrten Beträge nicht entnommen werden können. Dadurch bleiben der Gesellschaft Aktivwerte wie beispielsweise Barmittel erhalten.

Folglich sind dann, wenn der Gesellschaftsvertrag eine Rücklagenbildung vorsieht, in der Gesellschaftsbilanz diese Rücklagen getrennt von den anderen Kapitalkonten der Gesellschafter auszuweisen. Dagegen ist eine Kennzeichnung als "satzungsmäßige" oder "gesellschaftsvertragliche" Rücklage nicht erforderlich[8], da ein Ausweis von Rücklagen überhaupt nur möglich ist, wenn sie auf gesellschaftsvertraglicher Grundlage gebildet worden sind.

Haben die Gesellschafter feste Kapitalanteile vereinbart, gilt das gleiche.[9] Eine weitere Aufteilung der Rücklagen wie bei Kapitalgesellschaften ist auch hier nicht erforderlich, da die Personengesellschaften nach § 238 Abs. 1 S. 1 HGB nur zur Darstellung der Vermögenslage verpflichtet sind und nicht gem. § 264 Abs. 2 S. 1 HGB "ein den tatsächlichen Verhältnissen entsprechendes Bild der Vermögens-, Finanz- und Ertragslage" wiedergeben müssen.

3. Die Bilanzierung ausstehender, eingeforderter und nicht eingeforderter Einlagen

Befolgt die Personengesellschaft das gesetzliche System des variablen Kapitalanteils, so werden die zu erbringenden Einlagen des jeweiligen Gesellschafters mit der Einbringung seinem Kapitalanteil zugeschrieben, § 121 Abs. 2 HGB. Die persönlich haftenden Gesellschafter haben insoweit kein "gezeichnetes Kapital", auf das nach der gesetzlichen Definition in § 272 Abs. 1 S. 1 HGB die Haftung der Gesellschafter für die Verbindlichkeiten der Gesellschaft den Gläubigern gegenüber beschränkt wäre. Daher gibt es in der Buchführung und Bilanzierung auch keine ausstehenden Einlagen auf ein solches Kapital im Sinne von § 272 Abs. 1 S. 2 HGB.[1] Für die Gliederung des Eigenkapitals in der Bilanz bedeutet das, daß die in § 266 Abs. 3 (A. I.) HGB vorgesehene Gliederungsposition "Gezeichnetes Kapital" entfällt.

Auch bei der Vereinbarung fester Kapitalanteile ist die Haftung der Gesellschafter nicht auf ihren summenmäßig feststehenden Betrag des Kapitalanteils begrenzt. Der Ausweis eines Postens "Gezeichnetes Kapital" im Sinne

---

[8] So aber: Reinhard in Küting/Weber, § 247 Rn. 104

[9] Im Gegensatz zum variablen Kapitalkonto sind hier neben den Gewinnrücklagen auch Kapitalrücklagen denkbar, wenn eine weitergehende Einlagepflicht besteht, vgl. dazu Rückle/Klatte in Handwörterbuch, S. 113 (128)

[1] Ebenso: Reinhard in Küting/Weber, § 247 Rn. 102; Heyd, 5.2, S. 481

von § 272 Abs. 1 S. 1 HGB auf der Passivseite der Bilanz kommt nicht in Betracht.

Anders als beim variablen Kapitalanteil wird aber für jeden Gesellschafter allein der summenmäßig feststehende Betrag des Kapitalanteils auf dem Kapitalkonto I gebucht, auch wenn er die Einlagen in entsprechender Höhe noch nicht erbracht hat. Die Praxis verfährt so, daß auf dem Kapitalkonto I die volle Gutschrift erfolgt und auf einem Kapitalkonto II die Gegenbuchung im Debet.[2] Damit wird ausgedrückt, daß die Leistung noch aussteht. Spätere Leistungen auf die Einlage werden auf dem Kapitalkonto II dann ins Haben gebucht.[3] Solange die Einlagen aber noch nicht vollständig erbracht sind, könnte man nun fragen, ob der Bilanzleser nicht nach den Grundsätzen der Wahrheit und des Gläubigerschutzes aufgeklärt werden muß, inwieweit ein entsprechender Vermögenswert der Gesellschaft schon oder noch nicht zugeflossen ist.

a) Die Regelung bei den Kapitalgesellschaften und Genossenschaften

Die Bilanzierung ausstehender Einlagen ist für Kapitalgesellschaften in § 272 Abs. 1 HGB geregelt. Danach besteht eine Wahlmöglichkeit: sie können gem. § 272 Abs. 1 S. 2 HGB die "ausstehenden Einlagen auf das gezeichnete Kapital" in der Bilanz in voller Höhe aktivieren; dann hat ein zusätzlicher Vermerk zu erfolgen, in welcher Höhe diese Einlagen bereits eingefordert sind.

Andererseits können die noch nicht eingeforderten Einlagen gem. § 272 Abs. 1 S. 3 HGB auch auf der Passivseite der Bilanz von dem gezeichneten Kapital (in der Vorspalte) offen abgesetzt werden, so daß in der Hauptspalte nur die Höhe des "eingeforderten Kapitals" erscheint; auf der Aktivseite hat dann nur eine Bilanzierung des eingeforderten, noch nicht eingezahlten Kapitals unter den Forderungen zu erfolgen.[4] Das führt im Vergleich zur ersten Alternative zur Herabsetzung der Bilanzsumme.[5]

Festzuhalten bleibt damit jedenfalls die Tatsache, daß die Kapitalgesellschaften zwischen eingeforderten und nicht eingeforderten Einlagen zu unterscheiden haben und eine Aktivierung der bereits eingeforderten, aber

---

[2] Knobbe-Keuk, § 11a III.2.a, cc, S. 381 f.; Mellwig, BB 1979, 1409 (1413)

[3] Huber, ZGR 1988, 1 (49)

[4] Sarx in Beck Bil-Komm., § 247 Rn. 345

[5] Anschaulich das Beispiel bei Küting/Weber, C.2.l.c, S. 80

noch nicht geleisteten Einlagen immer erfolgen muß. Diese gesetzliche Wertung wird bei den Genossenschaften fortgeführt, indem nur die Bilanzierung "rückständiger fälliger Einzahlungen auf Geschäftsanteile" geregelt ist: gem. § 337 Abs. 1 S. 3 HGB haben sie die Wahlmöglichkeit, die "Geschäftsguthaben der Genossen" vollständig auszuweisen und auf der Aktivseite die Position "Rückständige fällige Einzahlungen auf Geschäftsanteile" zu führen oder von der Bilanzierung gänzlich abzusehen; in letzterem Fall ist gem. § 337 Abs. 1 S. 4 HGB die Höhe der rückständigen, fälligen Einzahlungen bei der Position "Geschäftsguthaben" zu vermerken.

b) Die Bilanzierung ausstehender Einlagen als Inhalt der GoB

Mit der Vereinbarung fester Kapitalanteile zur Bestimmung der Gesellschafterrechte haben die Personengesellschaften sich den Kapitalgesellschaften angenähert. Für die Buchführung und deren Abschluß in der Bilanz bedeutet das, daß der Kapitalanteil des jeweiligen Gesellschafters von vornherein in der festgelegten Höhe gebucht und ausgewiesen werden muß. Haben die Gesellschafter die dafür zu erbringenden Einlagen noch nicht geleistet, so muß in der Bilanz ein Korrekturposten erfolgen.

Denkbar wäre auch eine offene Absetzung sämtlicher nicht geleisteter Einlagen auf der Passivseite. Deswegen ist zu überlegen, warum der Gesetzgeber diese Möglichkeit für Kapitalgesellschaften in § 272 Abs. 1 HGB gerade nicht vorgesehen hat und inwieweit daraus Rückschlüsse auf die GoB zu ziehen sind. Anzusetzen ist bei der Differenzierung zwischen eingeforderten und nicht eingeforderten Einlagen.

aa) Der Anspruch auf Geldleistungen

Hat die Personengesellschaft bzw. haben die Gesellschafter in ihrer gesamthänderischen Verbundenheit die Erbringung einer Geldleistung als Einlage eingefordert, so können sie diese Forderung gegen den betreffenden Gesellschafter geltend machen. Die Forderungen auf Entrichtung der Gesellschaftsbeiträge gehören zum Gesellschaftsvermögen.[6] Folglich hat auch die Personengesellschaft ausstehende Einlagen in Form einer Geldleistung,

---

[6] Ganz h. M. seit RGZ 76, 276 (278 ff.); 111, 77 (83); Schlegelberger/Geßler, § 105 Anm. 31

soweit sie eingefordert sind, in der Bilanz unter den Forderungen (gegenüber Gesellschaftern) zu aktivieren. Dies kann als GoB-gemäß angesehen werden. Die Möglichkeit der Genossenschaft, von einer Bilanzierung gänzlich abzusehen, entfällt hier aufgrund der Einbeziehung in den festen Kapitalanteil.

Auch nicht eingeforderte Einlagen stellen zum Gesellschaftsvermögen gehörende Forderungen dar, weil die gesellschaftsvertragliche Verpflichtung zur Leistung der Einlage, wenn auch nur künftig oder bedingt, besteht. Die Bilanz, als Momentaufnahme zu einem bestimmten Stichtag errichtet, ist der Abschluß der Buchführung. Gegenstand der Buchführung sind grundsätzlich nur Geschäftsvorfälle, § 238 Abs. 1 S. 2 HGB, nicht offene Ansprüche.[7] Für die Bilanz steht also die Gegenwärtigkeit von Forderungen und Schulden, ein wirtschaftlicher Gesichtspunkt, im Vordergrund. Aus diesem Grund ist es verständlich, daß das Gesetz auch für Kapitalgesellschaften keine Pflicht zur Aktivierung von künftigen Einlageforderungen vorsieht.

Die Möglichkeit einer Aktivierung von künftigen und bedingten Einlageforderungen ergibt sich aus dem rechtlichen Gesichtspunkt, daß es sich hierbei bereits um Forderungen handelt, die zum Gesellschaftsvermögen gehören. Sie unterliegen damit schon der Pfändbarkeit, §§ 829, 844 ZPO. Insoweit sind den Personengesellschaften die gleichen Wahlmöglichkeiten wie den Kapitalgesellschaften zuzugestehen. Erfolgt aber eine Aktivierung unter der Bilanzposition "Ausstehende Einlagen", so müssen auch Personengesellschaften nach dem Grundsatz der Wahrheit klarstellen, daß die Forderungen wirtschaftlich noch nicht zum gegenwärtigen Gesellschaftsvermögen gehören. Die nicht eingeforderten Einlagen haben also eine Doppelnatur, sie sind einerseits künftige oder bedingte Forderungen und stellen andererseits bei ihrer Aktivierung bis zu ihrer Einforderung nur einen Kapitalkorrekturposten dar[8].

---

[7] Huber, ZGR 1988, 1 (48)

[8] Hantke 4.5.6.1, S. 219; Glade, § 253 Rn. 76; Reinhard in Küting/Weber, § 247 Rn. 102, fordert eine Bilanzierungsfähigkeit von nicht eingeforderten Einlagen überhaupt nur dann, wenn es sich um unbedingte Ansprüche handelt. Doch handelt es sich bei allen nicht eingeforderten Einlagen insoweit um bedingte Ansprüche, als ihre künftige Einforderung vom Fortbestand der Gesellschaft abhängig ist. Deswegen ist die Bezeichnung nicht besonders glücklich, wenn unter "bedingt" wohl nur solche Einlageforderungen verstanden werden, deren Einforderung von der Zustimmung aller Gesellschafter, also auch des Verpflichteten, abhängt.

bb) Der Anspruch auf Nutzungsüberlassung und Erbringung von Dienstleistungen

Das im Wege der Einlage eingebrachte Gebrauchs- oder Nutzungsrecht ist bereits selbst ein aktivierungsfähiger Vermögensgegenstand.[9] Nach dem Vollständigkeitsgrundsatz, § 246 Abs. 1 HGB, führt die Aktivierungsfähigkeit auch zur Aktivierungspflicht. Das Nutzungsrecht ist unter den immateriellen Vermögensgegenständen als "ähnliches Recht" im Sinne von § 266 Abs. 2 (A. I. 1.) HGB auszuweisen. Der Begründung einer Position "Ausstehende Einlagen" bedarf es insoweit nicht.

Anders dagegen bildet der Anspruch auf zu erbringende Dienstleistungen mangels Verkehrsfähigkeit selbst keinen Vermögensgegenstand.[10] Deshalb ist auch ein Ausweis der künftigen Dienstleistungen als "Ausstehende Einlagen" problematisch. Mit ihrer Erbringung kann die Dienstleistung allerdings Gegenstand einer Einlage sein. Wortlautgemäß wäre dann der Anspruch auf künftige Dienstleistungen eine "ausstehende" Einlage.

Die Fragestellung hat sich darauf zu konzentrieren, ob "Ausstehende Einlagen" immer Vermögensgegenstände sein müssen oder ob der Gesetzgeber mit der Aktivierungsfähigkeit von "Ausstehenden Einlagen" einen Vermögensgegenstand fingiert. In letzterem Fall wäre auch der Anspruch auf künftige Dienstleistungen aktivierbar.

§ 272 Abs. 1 S. 2 HGB fordert bei Kapitalgesellschaften einen "gesonderten" Ausweis der "ausstehenden Einlagen auf das gezeichnete Kapital" auf der Aktivseite der Bilanz vor dem Anlagevermögen. Aus dem Inhalt des § 247 Abs. 1 HGB sowie insbesondere der Gliederungsvorschrift des § 266 Abs. 2 HGB ergibt sich aber, daß die Auflistung der Vermögensgegenstände mit dem Anlagevermögen beginnt. Das spricht zunächst dafür, daß es sich bei den "Ausstehenden Einlagen" nicht eigentlich um einen Vermögensgegenstand handelt, sondern um einen Korrekturposten.

Werden auf der Aktivseite der Bilanz gem. § 272 Abs. 1 S. 3 HGB nur die eingeforderten Einlagen aktiviert, so sind sie unter den "Forderungen", einem echten Vermögensgegenstand, gesondert auszuweisen. Die Position "Ausstehende Einlagen" entfällt dann. Das entspricht der Auslegung, daß ausstehende Einlagen bis zu ihrer Einforderung auch den Charakter eines Kapitalkorrekturpostens haben[11]. Für die Aktivierungsfähigkeit von "Ausstehenden Einlagen" verlangt der Gesetzgeber folglich nicht das Vorhandensein eines

---

[9] S. o., Ausf. unter A.II.4.a, bb, S. 54 f.

[10] S. o., Ausf. unter A.II.4.a, cc, (4), S. 59

[11] So: Hantke, 4.5.1, S. 183; Glade, § 253 Rn. 76

Vermögensgegenstandes. Er läßt insoweit die Aktivierung als Kapitalkorrekturposten zu, und zwar am Anfang der Aktivseite.

Das bedeutet für die Personengesellschaften, daß auch im Wege der Einlage künftig zu erbringende Dienstleistungen als ausstehende Einlagen aktiviert werden können.[12] Durch die Stellung der "Ausstehenden Einlagen" an den Beginn der Aktivseite der Bilanz wird dem Bilanzleser vor Augen geführt, daß es sich in erster Linie um einen Kapitalkorrekturposten handelt.

4. Ausweis der noch zu zahlenden Steuern

Das gesetzliche Entnahmerecht der Gesellschafter einer Personengesellschaft ist abdingbar, § 109 HGB. Der Gesellschaftsvertrag kann eine wesentlich höhere Entnahme als die gesetzlich bestimmte vorsehen. Ein solches Entnahmerecht wird in der Praxis meist zur Begleichung der Steuerschulden gewährt.[1] Die Einkommensteuer kommt bei der Personengesellschaft mit Gewinnentstehung zur Hebung, also unabhängig davon, ob der Gewinn ausgezahlt wird oder nicht.[2]

Bedeutung gewinnen die Steuerschulden, weil sie häufig, insbesondere bei Kleinbetrieben, den größten Schuldposten der Gesellschafter darstellen, wenn nicht sogar das Kapitalkonto übersteigen.[3] Werden die Steuern fällig, so besteht aufgrund des Entnahmerechts die Gefahr, daß die Kapitalkonten der Gesellschafter und damit das Eigenkapital aufgezehrt werden. Besonders die nicht geschäftsführenden Gesellschafter neigen dazu, die Entnahmebefugnis voll auszuschöpfen.[4] Aus diesem Grunde wird der Bilanzleser ein Interesse daran haben zu wissen, wieviel des Eigenkapitals im Unternehmen gebunden ist.

Insbesondere zeigt sich das Interesse hinsichtlich eines Entnahmerechts für Steuern bei Gläubigern und (potentiellen) Kreditgebern. So fragen Banken in Gemäßheit ihrer Pflicht, sich nach § 18 S. 1 KWG die "wirtschaftlichen

---

[12] Für die Aktivierungsfähigkeit auch schon Sudhoff, NJW 1964, 1249 (1251)

[1] Oldenburg in Münchener Vertragshandbuch, II.4, § 12 Abs. 1 S. 2; Hengeler in Beck'sches Formularbuch, VIII.B.2, § 8; Feddersen in Bandasch, § 122 Rn. 4

[2] Oldenburg in Münchener Vertragshandbuch, II.4, Anm. 10; Sudhoff, Familienunternehmen, § 44, b, S. 157

[3] Stürzenhofecker, S. 45

[4] Hengeler in Beck'sches Formularbuch, VIII.C.1, Anm. 35

Verhältnisse ... offenlegen zu lassen", vor Kreditvergabe grundsätzlich nach einem festen Entnahmerecht für Steuern.

Diskutiert wird der Ausweis der von den Gesellschaftern zu zahlenden Einkommensteuern auch zwecks Vergleichbarkeit mit den Jahresabschlüssen der Kapitalgesellschaften.[5] In diesem Sinne sah § 257 Abs. 1 S. 2 E-HGB für Unternehmen, die nicht der Körperschaftssteuer unterliegen, für Zwecke der Veröffentlichung die Möglichkeit vor, im Interesse der Vergleichbarkeit mit Kapitalgesellschaften das Jahresergebnis nach Steuern ausweisen zu dürfen. Zweck dieser Regelung sollte es sein, nicht einen Jahresabschluß ausweisen zu müssen, der wegen der Steuerbelastung der Gesellschafter den tatsächlichen Verhältnissen widerspricht.[6]

Es soll daher untersucht werden, ob die Personengesellschaften nach nunmehr geltendem Recht verpflichtet sind, die von den Gesellschaftern zu zahlenden Steuern in ihrem Jahresabschluß offenzulegen.

a) Der "Sonderposten mit Rücklageanteil"

Nach § 247 Abs. 3 S. 1 und 2 HGB können als "Sonderposten mit Rücklageanteil" Passivposten ausgewiesen werden, "die für Zwecke der Steuern vom Einkommen und vom Ertrag zulässig sind". Das sind also Posten, die nach Maßgabe des Steuerrechts gebildet werden dürfen[7] und aufgrund steuerrechtlicher Vorschriften erst bei ihrer Auflösung zu versteuern sind, § 247 Abs. 3 S. 2, 2. Halbs.[8] Nicht hierher gehören dagegen die Einkommensteuerschulden der einzelnen Gesellschafter, da sie für die Gesellschafter Verbindlichkeiten gegenüber dem Fiskus darstellen.

---

[5] So zumindest für publizitätspflichtige Unternehmen: Bundesverband der Deutschen Industrie, IKR, Anm. 7, S. 79; für die GmbH & Co. ebenso: Biener, GmbH-Rdsch. 1975, 30 (32) mit dem Argument, daß die Bilanz vor Steuern eine relativ zu günstige Beurteilung zeigt.

[6] BT-Drucks. 10/317, S. 86; IDW, WPg. 1980, 501 (509 f.)

[7] Im wesentlichen sind das die Rücklage gem. § 6b EStG, die Rücklage für Ersatzbeschaffung nach Abschn. 35 EStR 1975 und die Rücklage gem. § 3 Auslands-Investitionsgesetz: Küting/Weber, C.2.m, S. 87; ausführlich auch WP-Hdbuch 1981, S. 752 ff.

[8] Es handelt sich hier also um eine Ausnahme von dem in § 5 Abs. 1 EStG verankerten Grundsatz der "Maßgeblichkeit der Handelsbilanz für die Steuerbilanz", da hier steuerrechtliche Ansatzwahlrechte in die Handelsbilanz Beachtung finden; vgl. zum Maßgeblichkeitsgrundsatz ausführlich: Sielaff in Küting/Weber, II Rn. 15 ff.

b) Steuerschulden der Gesellschafter in Form von Rückstellungen

Nach § 249 Abs. 1 S. 1 HGB sind Rückstellungen zu bilden für "ungewisse Verbindlichkeiten und für drohende Verluste aus schwebenden Geschäften". Hier besteht ein Passivierungszwang. "Ungewisse Verbindlichkeiten" sind jedenfalls solche, die im abgelaufenen Geschäftsjahr dem Grunde nach entstanden sind, deren Höhe und Fälligkeit aber zum Zeitpunkt der Bilanzaufstellung noch ungewiß ist.[9] Steuern sind damit, soweit noch keine Veranlagung erfolgt ist, ungewisse Verbindlichkeiten und folglich insoweit rückstellungsfähig im Sinne des § 249 HGB.

Das Erfordernis der "ungewissen Verbindlichkeit" setzt aber weiter voraus, daß bei späterer Festsetzung und Veranlagung eine bestimmte Verbindlichkeit entsteht. Soweit es die Veranlagung zur Einkommensteuer betrifft, handelt es sich jedoch um eine Verbindlichkeit des jeweiligen Gesellschafters, nicht der Gesellschaft als solcher, §§ 1 Abs. 1, 5 Abs. 1, 15 Abs. 1 Ziff. 2 EStG. Deswegen muß der Frage nach der Rückstellungspflicht gem. § 249 Abs. 1 S. 1 HGB im Hinblick auf die Einkommensteuer der Gesellschafter von Personengesellschaften näher nachgegangen werden.

aa) Vergleich mit der Bilanzierung bei Kapitalgesellschaften

Kapitalgesellschaften bilanzieren ihre zu zahlenden Steuern entweder als Verbindlichkeiten, soweit sie schon summenmäßig feststehen und erhoben sind, oder als Rückstellungen. Die Kapitalgesellschaft ist juristische Person, d. h. selbst Träger von Rechten und Pflichten. Sie ist damit auch selbst steuerpflichtig.

Bei der Personengesellschaft dagegen unterliegen der Einkommensteuer als dem wichtigsten Steuerposten die einzelnen Gesellschafter, nicht die Gesellschaft. Sie gehört zum Privatbereich der Gesellschafter und nicht zu den betrieblichen Verbindlichkeiten und Aufwendungen. Deshalb kommt auch eine Subsumtion unter § 110 Abs. 1 HGB nicht in Betracht, weil die Zahlung der Einkommensteuer keine "in den Gesellschaftsangelegenheiten" gemachte Aufwendung ist.[10] Die Einkommensteuer stellt also keine Gesamt-

---

[9] Heinen, S. 249; Hantke, 3.2.4.3, S. 117; Biener/Berneke, Erl. 2 b zu § 249; ausführlich dazu auch: Tiedtke, § 15 II.5.b, bb, S. 261 f.; weitergehend noch nach dem Grundsatz der Vorsicht: Mayer/Wegelin in Küting/Weber, § 249 Rn. 33; Glade, § 249 Rn. 57

[10] Ebenso: Düringer/Hachenburg/Flechtheim, § 120 Anm. 4 a mit Darstellung der Gegenansicht

handsverbindlichkeit dar. Insoweit greift das Bilanzierungsverbot des § 249 Abs. 3 S. 1 HGB ein.

bb) Bilanzierung der privaten Verhältnisse der Gesellschafter?

Anders als die für Kapitalgesellschaften maßgebende Körperschaftssteuer stellen die Einkommensteuern der Gesellschafter von Personengesellschaften keine Steuerverbindlichkeiten der Gesellschaft dar. Sie fallen in ihre Privatsphäre. Damit ist jedoch noch nicht festgestellt, daß die Privatsphäre keinen Eingang finden kann in die Bilanz der Personengesellschaft. Denn bei der Kapitalgesellschaft gibt es von vornherein nur eine betriebliche Sphäre, eine Privatsphäre ist bei ihr begrifflich schon ausgeschlossen.

Die Rückstellungsfähigkeit kann sich dann ergeben, wenn die Gesellschafter einer Personengesellschaft ihr Privatvermögen und damit auch ihre Verbindlichkeiten in der Handelsbilanz zu verzeichnen haben. Angesichts der persönlichen Haftung könnte eine vollständige Darstellung der Haftungsmasse nach den Grundsätzen der Vollständigkeit, der Vorsicht und des Gläubigerschutzes geboten sein. Für den Einzelkaufmann ist die Bilanzierungspflicht des Privatvermögens bisweilen befürwortet worden[11], auch wenn die Praxis seit jeher anders verfahren ist[12].

§ 238 Abs. 1 S. 1 HGB fordert die Darstellung der Lage des "Vermögens" und nicht nur des Geschäftsvermögens. Allerdings ist der "Kaufmann" zur Buchführung und zur Darstellung "seines" Vermögens verpflichtet. Das Gesetz sieht in § 6 Abs. 1 HGB die Personengesellschaft selbst als Kaufmann an. Sie ist buchführungspflichtig und hat ihr Vermögen, das ist zunächst das gesamthänderisch gebundene Gesellschaftervermögen gem. §§ 718, 719 BGB, ersichtlich zu machen.[13] Nur an diesem Sondervermögen sind die Gesellschafter zur gesamten Hand berechtigt, nicht an dem Privatvermögen Einzelner. So gehören gem. § 247 Abs. 2 HGB zum bilanziell auszuweisenden Anlagevermögen auch nur die Gegenstände, die dem Geschäftsbetrieb zu dienen bestimmt sind.

Auch nach dem PublG hat "ein Unternehmen" in der Rechtsform der Personenhandelsgesellschaft selbst Rechnung zu legen, §§ 1 Abs. 1, 3 Abs. 1

---

[11] RGSt 41, 41 (45); Maul, DB 1974, 697 (698); Heymann/Kötter, § 39 Anm. 3; Schlegelberger/Hildebrandt, § 39 Anm. 3

[12] Kostka, S. 124; Großfeld, § 9 III.1, S. 55; Knobbe-Keuk, § 4 II, S. 50

[13] Im Erg. ebenso: BFH v. 23.7.1975, BStBl. 1976 II, 73; Döllerer in FS Flume, S. 43 (44)

Ziff. 1 PublG. Dementsprechend bestimmt § 5 Abs. 4 PublG, daß "das sonstige Vermögen des Einzelkaufmanns oder der Gesellschafter (Privatvermögen) nicht in die Bilanz und die Aufwendungen und Erträge nicht in die Gewinn- und Verlustrechnung aufgenommen werden" dürfen.[14] Deshalb ist auch der systematisch nachfolgende § 5 Abs. 5 S. 2 PublG, der den möglichen Ausweis von Steuern betrifft, auf die privaten Einkommensteuerschulden der Gesellschafter nicht anwendbar. Die Personengesellschaft ist insoweit nicht "Steuerschuldner".

Ist der Jahresabschluß ein Abschluß der laufenden Buchführung[15], so können in den Abschluß keine Werte von außen aufgenommen werden, die in der Buchführung keine Grundlage finden.[16] Der Jahresabschlußzweck der Rechenschaftslegung kann auch nur erfüllt werden, wenn allein Rechenschaft über das Wirtschaften des Unternehmens abgelegt wird. Dort ist für eine Einbeziehung der privaten Vermögensverhältnisse und Schulden der Gesellschafter kein Raum.

Eine Einbeziehung der privaten Vermögensverhältnisse und Schulden würde vielmehr gegen den Grundsatz der Wahrheit verstoßen. Es würde auch dem Selbstinformationsinteresse der Gesellschafter und der Zahlungsbemessungsfunktion des Jahresabschlusses widersprechen.[17] Eine Passivierung der Steuern vom Einkommen und Ertrag unter den Rückstellungen ist in der Gesellschaftsbilanz unter handelsrechtlichen Gesichtspunkten nicht möglich. Ob und inwieweit daneben die einzelnen Gesellschafter selbst Kaufmann und infolgedessen auch selbst buchführungs- und bilanzierungspflichtig sind[18], ist in diesem Zusammenhang bedeutungslos.

---

[14] Fraglich kann allein sein, ob sich aus § 5 Abs. 4 PublG im Umkehrschluß eine Verpflichtung außerhalb des Rahmens des PublG ergibt, in der Handelsbilanz auch das Privatvermögen zu bilanzieren. Entsprechend den bisherigen Überlegungen könnte § 5 Abs. 4 PublG ebenso gut lediglich klarstellende Funktion haben. Der Gesetzgeber hat in BT-Drucks. V/3197, S. 20, die Einführung des § 5 Abs. 3 PublG begründet mit dem Zweck, der "Wahrung der Privatsphäre des Einzelkaufmanns und der Gesellschafter der Personenhandelsgesellschaften" zu dienen. Die Begründung tendiert zwar in Richtung auf die vom PublG verfolgte Offenlegung, es kommt jedoch auch in ihr der in § 238 Abs. 1 S. 1 HGB verankerte Rechtssatz zum Ausdruck, daß buchführungspflichtig der Kaufmann ist, und das ist hier die Personengesellschaft.

[15] S. o., Ausf. unter B.II.3.a, aa, S. 83

[16] Thiel, 5.1.1 in Fußn. 6, S. 119; Brüggemann in Großkomm.HGB, § 38 Anm. 13

[17] Heyd, 4.2.2.1, S. 374

[18] Nach h. M. sind die persönlich haftenden Gesellschafter selbst Kaufleute, die Kommanditisten dagegen nicht: BGHZ 45, 282 (284 f.); Schlegelberger/Hildebrandt, § 1 Rn. 22 m. w. N.; Brüggemann in Großkomm.HGB, § 1 Anm. 18; Bordewin, BB 1976, 967 zum Steitstand;
a. A.: Baumbach/Duden/Hopt, § 105, Anm. 1 J

Unberührt davon bleibt der Fall, daß die Personengesellschaft im Rahmen der Vertragsfreiheit die Einkommensteuerschulden der Gesellschafter als Gesamthandsschuld im Wege der Schuldübernahme gem. § 415 Abs. 1 S. 1 BGB übernimmt.[19] Dann entsteht tatsächlich eine ungewisse Verbindlichkeit der Gesellschaft. Diese ergibt sich, solange der Fiskus als Gläubiger die Genehmigung nicht erteilt hat, aus § 415 Abs. 3 S. 1 BGB. Für diesen Fall wäre also eine Bilanzierung unter den "Rückstellungen" gem. § 249 Abs. 1 S.1 HGB geboten. Sind die Steuerschulden schon beglichen, so würde das dann eine den Gewinn mindernde Ausweisung als Aufwand in der Gewinn- und Verlustrechnung bedeuten.

cc) Besteuerung allein der Mitunternehmer der Personengesellschaft

Für die Besteuerung der Personengesellschaften ist lange Zeit auf die Bilanzbündeltheorie abgestellt worden. Danach stellte sich die Bilanz der Gesellschaft als Bündel der einzelnen Bilanzen der Gesellschafter dar.[20] In diesen Einzelbilanzen wäre die Einkommensteuer des jeweiligen Gesellschafters zu berücksichtigen. Damit wäre auch im Bilanzbündel eine Ausweisung nach "Aufaddierung" erforderlich.

Allerdings gelten im Steuerrecht nach § 5 Abs. 1 EStG die "handelsrechtlichen Grundsätze ordnungsmäßiger Buchführung", sogenannte Maßgeblichkeit der Handelsbilanz für die Steuerbilanz[21]. Für das Handelsrecht ist bereits die Selbständigkeit der Personengesellschaft in Buchführung und Bilanzierung festgestellt worden.[22] Deshalb ist auch dem Versuch im Steuerrecht nicht zu folgen, die handelsrechtliche Einheit der Personengesellschaft aufzulösen, indem alle Betriebsvorgänge auf die Person des einzelnen Gesellschafters wie eines Einzelunternehmers bezogen werden[23].

Dementsprechend wird heute steuerrechtlich für die Auslegung des § 15 Abs. 1 Nr. 2 EStG die bilanzielle Selbständigkeit der Personengesellschaft nach der sogenannten Einheits- oder Ganzheitstheorie anerkannt.[24] Sie ist

---

[19] Näheres dazu bei Biener, GmbH-Rdsch. 1975, 30 (32)

[20] RFH v. 10.1.1940, RStBl. 1940, 134; BFH v. 11.12.1969, BStBl. 1970 II, 618 (619)

[21] Dazu schon oben unter A.II.4.a, bb, (2), S. 50 in Fußn. 46)

[22] S. o., Ausf. unter B.III.4.b, bb, S. 111 ff.

[23] Ausführlich dazu: Maiberg, Rn. 130

[24] BFH v. 8.1.1975, BB 1975, 546; v. 23.7.1975, BB 1976, 168 = DB 1976, 272; BFH, GS v. 25.6.1984, BStBl. II, 751 (761 f. zur Selbständigkeit); ausführlich dazu Maiberg, Rn. 130 m. w. N.; Döllerer in FS Flume, S. 43 (46 ff.)

durch die einheitliche und gesonderte Gewinnermittlung gekennzeichnet: unter den "Gewinnanteilen" des § 15 Abs. 1 Ziff. 2 EStG ist der verteilte einheitliche Gewinn der Personengesellschaft zu erfassen; im Anschluß daran werden dann für jeden Gesellschafter getrennt seine sonstigen "Vergütungen" im Sinne des § 15 Abs. 1 Ziff. 2 EStG ermittelt. Für die einheitliche Gewinnfeststellung gilt gem. § 5 Abs. 1 EStG allein der Grundsatz der Maßgeblichkeit der Handelsbilanz, so daß es beim Verbot der Bilanzierung der privaten Verhältnisse in der Gesellschaftsbilanz bleibt.

dd) Notwendigkeit einer Erläuterung in einem "Anhang" zur Bilanz

Die persönlichen Steuern der Gesellschafter können nicht bilanziert werden. Dennoch ist im Interesse eines möglichst sicheren Einblicks in die Vermögens-und Finanzlage dafür plädiert worden, diejenigen Eigenkapitalteile, die diesen Steuerschulden der Gesellschafter entsprechen und für die ein entsprechendes Entnahmerecht besteht, in der Bilanz kenntlich zu machen.[25] Gerade weil diese Ansicht vom Institut der Wirtschaftsprüfer geteilt wird, deren Stellungnahmen bei der Ermittlung der GoB zu berücksichtigen sind[26], soll die Kenntlichmachung in einer Erläuterung oder einem "Anhang" zur Bilanz unter dem Gesichtspunkt der GoB untersucht werden.

Die Personengesellschaften sind nach der gesetzgeberischen Wertung in § 242 Abs. 3 HGB im Gegensatz zu den Kapitalgesellschaften nicht zur Aufstellung eines "Anhangs" (§§ 284 ff. HGB), eines ähnlichen Erläuterungsberichts oder eines Lageberichts (§ 289 HGB) verpflichtet.[27] Der Systematik des Gesetzes zufolge sollten die Einzelkaufleute und Personengesellschaften von dieser zusätzlichen Pflicht freigestellt werden. Sie müssen gem. § 238 Abs. 1 S. 1 HGB nur die "Lage ihres Vermögens" sichtbar machen und nicht "ein den tatsächlichen Verhältnissen entsprechendes Bild der Vermögens-, Finanz- und Ertragslage" im Sinne von § 264 Abs. 2 S. 1 HGB wiedergeben.

Die Begründung des Gesetzgebers zu § 257 E-HGB sah allerdings den Vermerk der zu zahlenden Steuern vor, soweit nicht bereits ein Ausweis in der Bilanz erfolgte.[28] Doch war dort der Ausgangspunkt insofern ein anderer,

---

[25] IDW, WPg. 1976, 114 (116); Goerdeler in FS Kaufmann, S. 169 (176 f.) (für publizitätspflichtige Unternehmen); Biener, GmbH-Rdsch. 1975, 30 (32)

[26] S. o., Ausf. unter A.II.4.b, bb, S. 66

[27] So auch BT-Drucks. 10/4268, S. 97, wonach der Jahresabschluß des Kaufmanns nach § 242 Abs. 3 HGB "insbesondere nicht aus einem Anhang" besteht.

[28] BT-Drucks. 10/317, S. 86

als zu Veröffentlichungszwecken auch die Bildung von Rückstellungen für die persönlichen Steuern der Gesellschafter möglich war. Wurde dieses Passivierungswahlrecht nicht wahrgenommen, so war schon aus Gründen der Klarstellung ein Vermerk unter der Bilanz nötig. Nach geltendem Recht ist dagegen schon die Passivierung der Steuern vom Einkommen und Ertrag nicht möglich, so daß es insoweit auch keiner weiteren Klarstellung bedarf.

Ansatzpunkt für einen Vermerk ist das Interesse der Gläubiger, insbesondere der Banken nach § 18 KWG, zu wissen, wieviel der ausgewiesenen Eigenmittel in der Gesellschaft gebunden sind, also nicht für Steuerzwecke entnommen werden können. Das Gesetz geht von einem variablen Kapitalanteil der persönlich haftenden Gesellschafter einer Personengesellschaft aus. Der Bilanzleser kann also nicht davon ausgehen, daß der unter dem Eigenkapital ausgewiesene Kapitalanteil dem Unternehmen dauerhaft zur Verfügung steht. Ist trotzdem keine Vorschrift bezüglich eines Vermerks vorhanden, so ist dies als beredtes Schweigen des Gesetzgebers auszulegen, daß insoweit dem Gläubigerschutz keine Bedeutung zukommt.

Andererseits bietet aber die gesetzliche Regelung des Kapitalanteils für den Bilanzleser eine Kalkulationsgrundlage. Er kann sich anhand der Gewinn- und Verlustrechnung das "Höchstentnahmerecht" des Gesellschafters ausrechnen. Daher stellt sich die Frage, ob wenigstens dann ein Vermerk erforderlich ist, wenn im Gesellschaftsvertrag vom Gesetz abweichende Entnahmevereinbarungen getroffen werden.

Der Grundsatz der Wahrheit oder Richtigkeit ist nicht betroffen, weil das ausgewiesene Eigenkapital im Zeitpunkt der Bilanzfeststellung dem Unternehmen bilanziell gesehen auch zur Verfügung steht. Dies braucht nicht auf Dauer zu sein. Das beweisen die Posten "Gewinnvortrag" und "Jahresüberschuß", die in der Bilanz der Kapitalgesellschaften auch unter der Position "Eigenkapital" auszuweisen sind.

In Rede stehen kann nur der Gesichtspunkt des Gläubigerschutzes, weil im Gegensatz zu den Kapitalgesellschaften die Höhe der gebundenen eigenen Mittel nicht erkennbar ist. Diesen Gesichtspunkt hat der Gesetzgeber jedoch mit der Regelung des variablen Kapitalanteils zurückgedrängt. Der Grund ist sicherlich darin zu sehen, daß der Gläubigerschutz wegen der persönlichen und unbeschränkbaren Haftung mindestens eines Gesellschafters geringere Bedeutung hat.

Zum gleichen Ergebnis gelangt man bei einem Vergleich mit dem Einzelkaufmann, der von dem "Eigenkapital" soviel entnehmen kann, wie er will. Besteht hier kein Gläubigerschutz, so muß Entsprechendes gelten für die vom Gesetz gleichbehandelten Personengesellschaften. Die vereinbarte Höhe des Entnahmerechts im Gesellschaftsvertrag kann nicht ausschlaggebend sein.

Zwischenergebnis: Gem. §§ 6 Abs. 1, 238 Abs. 1 S. 1 HGB hat die Personengesellschaft als Kaufmann eine eigenständige Bilanz aufzustellen. Solange der Gesellschaftsvertrag nicht die Schuldübernahme bestimmt, bedeuten die persönlichen Steuern der Gesellschafter für die Vermögenslage der Gesellschaft keine Gesamthandsverbindlichkeiten. Sie dürfen deshalb im Jahresabschluß der Gesellschaft weder als Passivposten in der Bilanz wegen § 249 Abs. 3 S. 1 HGB noch als Aufwand in der Gewinn- und Verlustrechnung berücksichtigt werden.

Auch die Pflicht zu einem Vermerk kann nicht mit Hilfe der GoB begründet werden. In § 242 Abs. 3 HGB hat der Gesetzgeber ausdrücklich bestimmt, daß der Jahresabschluß der Einzelkaufleute und Personengesellschaften nur aus der Bilanz und der Gewinn- und Verlustrechnung besteht. Einen Erläuterungsbericht oder "Anhang" müssen sie deshalb nicht erstellen, weil sie gem. § 238 Abs. 1 S. 1 HGB nur "die Lage ihres Vermögens" ersichtlich zu machen haben und nicht nach § 264 Abs. 2 HGB "ein den tatsächlichen Verhältnissen entsprechendes Bild der Vermögens-, Finanz- und Ertragslage" wiedergeben müssen.

Für die Pflicht zu einem Vermerk kann deshalb auch nicht ausschlaggebend sein, ob das Privatvermögen in größerem Maße überschuldet ist.[29] Andererseits ist aber durch die fehlende Pflicht nicht die Möglichkeit ausgeschlossen, die Einkommensteuerschulden zu vermerken.[30]

5. Das Erfordernis eines "Kapitalspiegels"

Der Kapitalspiegel soll Auskunft geben über die Höhe der Gewinne und Verluste, Einlagen und Entnahmen im Geschäftsjahr. Bei den Kapitalgesellschaften wird diese Funktion heute vom Lagebericht übernommen, der gem. § 289 Abs. 1 HGB über den Geschäftsverlauf und die Lage der Gesellschaft informieren soll. Dazu gehört auch die Entwicklung des Eigenkapitals.

Für Personengesellschaften hat der Gesetzgeber von einer entsprechenden Pflicht abgesehen. Sie haben nur einen Jahresabschluß aufzustellen, der aus der Bilanz und der Gewinn- und Verlustrechnung besteht, § 242 Abs. 3 HGB.

---

[29] So aber: Stürzenhofecker, S. 44 f.

[30] Ebenso: IDW, WPg. 1976, 114 (116); Döllerer WPg. 1977, 81 ff.; für die Möglichkeit der Bildung einer "Steuerrücklage" für Einkommensteuerschulden sogar: Döllerer in FS Flume, S. 43 (44), begründet mit dem Hinweis auf § 5 Abs. 4 und 5 PublG, wonach die Gesellschafter ihre Einkommensteuerschulden nicht ausweisen dürfen, "was nicht ausschließt, sie zu vermerken oder für sie eine "Steuerrücklage" zu bilden".

Trotzdem muß es nicht ausgeschlossen sein, die Aufstellung eines Kapitalspiegels als GoB zu betrachten. Man überlege nur, daß auch der Einzelkaufmann gem. § 247 Abs. 1 HGB sein Eigenkapital "hinreichend aufzugliedern" hat. Wie soll das aber aussehen bei der Führung eines variablen Kapitalkontos, bei der zusätzlich eine Rücklagenbildung auch nicht in Betracht kommt[1]?

Es besteht insoweit die Möglichkeit, in einer Vorspalte die Entwicklung der einzelnen Eigenkapitalbestandteile darzustellen.[2] Eine so weitgehende Auffächerung bei der gleichzubehandelnden Personengesellschaft würde allerdings die Klarheit und Übersichtlichkeit der Bilanz beeinträchtigen. Deshalb scheint die Darstellung in einem zusätzlichen Kapitalspiegel angebracht.

Zu den GoB kann die Aufstellung eines Kapitalspiegels nur dann gehören, wenn die Jahresabschlußzwecke einen solchen gerade auch für Personengesellschaften erfordern. Über die Höhe der Gewinne und Verluste gibt bereits die Gewinn- und Verlustrechnung Auskunft, allerdings nur saldiert für alle Gesellschafter gemeinsam. Soweit es die Selbstinformation der Gesellschafter angeht, ergibt sich die Höhe der auf sie entfallenden Gewinne und Verluste aus dem Kapitalverteilungsschlüssel. Für sie bedarf es diesbezüglich daher keines besonderen "Kapitalspiegels". Über die Höhe der im Geschäftsjahr getätigten Einlagen und Entnahmen können sich die Gesellschafter zumindest im Jahresabschluß durch Einsicht der Bücher und Papiere informieren, §§ 118 Abs. 1, 166 Abs. 1 HGB.

Ein Interesse an der Kapitalentwicklung könnten jedoch die außenstehenden Informationsadressaten entwickeln, um zu sehen, wieviel Mittel die Gesellschafter in der Gesellschaft stehen gelassen haben. Das kann nämlich indiziell andeuten, wieviel Vertrauen die Gesellschafter selbst noch in das Bestehen der Gesellschaft besitzen. Doch auch in diesem Fall dürfte auf die gesetzgeberische Entscheidung zugunsten des variablen Kapitalanteils zurückzugreifen sein, wonach eine sofortige Saldierung aller Einlagen und Entnahmen auf dem Kapitalkonto erfolgt. Verlangt der Gesetzgeber dann im Jahresabschluß nur den Ausweis und eine hinreichende Gliederung des Eigenkapitals, so sieht er den außenstehenden Informationsadressaten diesbezüglich nicht als schutzwürdig an.

Zwischenergebnis: Der Gesetzgeber hat sich für eine systematische Trennnung zwischen einem allgemeinen und einem besonderen Teil des dritten Buches des HGB entschieden. Das führt dazu, daß der Jahresabschluß der Personengesellschaften nur aus der Bilanz und der Gewinn- und

---

[1] S. o., Ausf. unter B.III.2, S. 102

[2] IDW, WPg. 1976, 114 (118); anschaulich dazu Sarx in Beck Bil-Komm., § 247 Rn. 344

Verlustrechnung besteht und weitere Angaben nicht zu erfolgen haben. Will ein außenstehender Informationsinteressent Auskunft über die Kapitalentwicklung haben, so muß er nach der Entscheidung des Gesetzgebers auf frühere Jahresabschlüsse zurückgreifen.

IV. Der Eigenkapitalausweis bei der Kommanditgesellschaft

1. Getrennter Ausweis von Komplementär- und Kommanditkapital

§ 248 Abs. 1 und 2 E-HGB hielt noch einen einheitlichen Eigenkapitalausweis als "Einlagen und gezeichnetes Kapital" für möglich. In der Literatur dagegen wird schon seit langem für einen getrennten Ausweis von Komplementär- und Kommanditkapital wegen der unterschiedlichen haftungsrechtlichen Bedeutung plädiert.[1] Der Gesetzgeber hat von der Übernahme einer dem § 248 E-HGB entsprechenden Vorschrift abgesehen.

Vielmehr ist auf § 247 Abs. 1 HGB mit der Pflicht zu einer hinreichenden Aufgliederung des Eigenkapitals zurückzugreifen. Haben danach schon die einzelnen Gesellschafter einer OHG ihre Kapitalanteile in der Bilanz zu verzeichnen, so erfordert die Aufgliederung zumindest auch eine Aufteilung von Komplementär- und Kommanditkapital. Diesem Erfordernis entspricht auch das gerade bei der KG vorhandene Informationsinteresse daran, in welcher Höhe das Eigenkapital aus Kommanditkapital besteht, das den Gläubigern als Haftungsmasse zur Verfügung steht.[2]

Bezüglich des Ausweises des Komplementärkapitals ergibt sich kein Unterschied gegenüber dem Ausweis bei der OHG.[3] Auch für die Kommanditisten dürften im Regelfall wegen desselben Selbstinformationsbedürfnisses als Gesellschafter ihre Kapitalanteile einzeln auszuweisen sein. Speziell die Zahlungsbemessungsfunktion behält ihre Bedeutung, solange das Kapitalkonto des Kommanditisten noch veränderlich ist. Das ist der Fall, wenn er seine

---

[1] Mit dieser Begründung: Rückle/Klatte in Handwörterbuch, S. 113 (130); Klußmann, DB 1967, 389 (390); Reinhard in Küting/Weber, § 247 Rn. 102; Kupsch in Hofbauer/Kupsch, § 247 Rn. 25;
im Erg. ebenso: IDW, WPg. 1976, 114 (117); WP-Hdbuch 1985/86 II, S. 132;
a. A.: Glade, § 266 Rn. 564, für den Fall, daß auch Komplementäre ein Festkapital führen.

[2] Hinsichtlich möglicher Einschränkungen zu dieser Aussage s. u., Ausf. unter C.IV.3, S. 120 ff.

[3] S. o., Ausf. unter B.II.3.b, S. 91 ff.

Einlage noch nicht vollständig geleistet hat oder der Betrag der bedungenen Einlage durch Verluste gemindert ist (§ 169 Abs. 1 S. 2 HGB).

Dennoch könnte speziell für die Kommanditisten auch eine summenmäßige Zusammenfassung des Kommanditkapitals genügen. Soll das Kommanditkapital regelmäßig summenmäßig beschränktes Haftkapital darstellen, so liegt eine entsprechende Heranziehung des § 272 Abs. 1 S. 1 HGB nahe. Die Haftung der Kommanditisten für Verbindlichkeiten der Gesellschaft ist auf die Höhe ihrer Einlagen beschränkt, § 171 Abs. 1 HGB. Folglich wäre eine Ausweisung als "gezeichnetes Kapital" in einer Summe wie bei Kapitalgesellschaften möglich[4], jedenfalls für den Fall, daß Haft- und Pflichteinlage übereinstimmen.[5] So hat auch der Gesetzgeber in § 248 Abs. 2 E-HGB die Summe der Kommanditeinlagen selbst als "gezeichnetes Kapital" bezeichnet.

Wenn auch § 272 Abs.1 S. 1 HGB unmittelbar nur für Kapitalgesellschaften gilt, so kommt in ihm unter anderem allgemein eine Konkretisierung des § 243 Abs. 2 HGB zum Ausdruck. Dann nämlich, wenn das Kapital - wie es in der Regel bei Aktiengesellschaften der Fall ist - durch zahlreiche Einlagen aufgebracht wird, verhindert schon die Pflicht zu einem klaren und übersichtlichen Jahresabschluß, § 243 Abs. 2 HGB, den Ausweis einzelner Kapitalanteile.

Für die Kommanditgesellschaft als Personengesellschaft ergibt sich damit folgendes Bild: grundsätzlich ist an dem Ausweis der einzelnen Kapitalanteile sowohl bei Komplementären als auch Kommanditisten festzuhalten. Auch den Kommanditisten dient der Jahresabschluß zur Selbstinformation, insbesondere dann, wenn sie ihre Einlagen noch nicht vollständig geleistet haben und so das Kapitalkonto noch veränderlich ist. Bei dem Ausweis der Kapitalanteile hat eine gruppenmäßige Trennung zu erfolgen, um das Komplementärkapital von dem Kommanditkapital unterscheiden zu können.

Die Kapitalanteile werden dagegen zusammengefaßt nach den Gruppen "Persönlich haftende Gesellschafter" bzw. "Kapitalanteile der Kommanditisten" auszuweisen sein, wenn angesichts der Vielzahl der Gesellschafter eine Ausweisung der einzelnen Kapitalanteile zur Unübersichtlichkeit der Bilanz führt.[6] Dies wird insbesondere bei Kommanditisten vorkommen.

---

[4] Dafür ausdrücklich: Küting/Weber, C.2.1.b, S. 78

[5] Näheres dazu unten, Ausf. unter B.IV.3.a, S. 121 f.

[6] Sarx in Beck Bil-Komm., § 247 Rn. 343;
generell für den zusammengefaßten, gruppenmäßigen Ausweis: IDW, WPg. 1976, 114 (115); Kupsch in Hofbauer/Kupsch, § 247 Rn. 25; Pochmann, WPg. 1965, 414 (415); WP-Hdbuch 1985/86 II, S. 132;
generell für den getrennten Ausweis aller Konten: Jakob, WPg. 1965, 229 (230)

2. Die Bilanzierung ausstehender Einlagen

Bezüglich der Bilanzierung ausstehender Einlagen ergibt sich kein Unterschied gegenüber der Bilanzierung bei persönlich haftenden Gesellschaftern, für die ein fester Kapitalanteil gebildet ist.[7] Das auf eine bestimmte Haftsumme begrenzte Kommanditkapital erfüllt eine ähnliche Aufgabe wie das "gezeichnete Kapital" der Kapitalgesellschaften im Sinne von § 272 Abs. 1 S. 1 HGB. Daher sind die in § 272 Abs. 1 S. 2 und 3 HGB vorgesehenen Ausweismöglichkeiten für "ausstehende Einlagen" als GoB-gemäß für die Kommanditisten der KG zu qualifizieren.[8]

Das gilt auch für zukünftige, im Wege der Einlage zu erbringende Dienstleistungen. Die Position "Ausstehende Einlagen" kann den Charakter eines Kapitalkorrekturpostens haben[9]. Gläubigerschutzinteressen werden nicht berührt, weil der Kommanditist gem. § 171 Abs. 1, 2. Halbs. HGB von seiner Haftung nur frei wird, soweit er die Einlage geleistet hat. Maßgeblich ist der objektive Wert.[10]

3. Der Ausweis des Haftkapitals

Beim Kommanditisten unterscheidet man regelmäßig zwischen der Haft- und der Pflichteinlage.[11] Die Hafteinlage ist die auf einen bestimmten Betrag lautende Einlage, mit der der Kommanditist sich den Gläubigern gegenüber zur Haftung bereit erklärt und die ins Handelsregister gem. § 172 Abs. 1 HGB einzutragen ist. Die Pflichteinlage dagegen ist die Einlage, zu deren Leistung sich der Kommanditist im Innenverhältnis den anderen Gesellschaftern gegenüber verpflichtet. Sie ist folglich für die Bestimmung der Gesellschafterrechte maßgeblich und identisch mit der "bedungenen Einlage" im Sinne der §§ 167 Abs. 2, 169 Abs. 1 S. 2 HGB.

Grundsätzlich decken sich Haft- und Pflichteinlage. Dann ergibt sich hinsichtlich Buchführung und Bilanzierung kein Problem. Die Frage, welche Einlage Gegenstand von Buchführung und Bilanzierung ist, ergibt sich aber

---

[7] S. o., Ausf. unter B.III.3, S. 103 ff.

[8] Sarx in Beck Bil-Komm., § 247 Rn. 316; Pochmann, WPg. 1965, 414 (415)

[9] S. o., Ausf. unter B.III.3.b, bb, S. 107 f.

[10] S. o., Ausf. unter A.II.4.a, bb, (3), S. 54

[11] Glade, § 266 Rn. 563; Westermann in Westermann u. a., I Rn. 799 m. w. N.; Sudhoff, Rechte und Pflichten, § 2 II.1 und 2; Hofbauer, WPg. 1964, 654 (655) m. w. N.

dann, wenn die Einlagen unterschiedlicher Art sind oder in ihrer Höhe voneinander abweichen. Für diesen Fall wird in der Literatur ebenso der Bilanzausweis der Hafteinlage vorgeschlagen[12] wie der Ausweis der Pflichteinlage[13].

a) Die gesetzgeberische Entscheidung im E-HGB

§ 248 Abs. 1 E-HGB sah für das Eigenkapital der KG den einheitlichen Ausweis von "Einlagen und gezeichnetem Kapital" vor. Während die "Einlagen" die Komplementäre betrafen, wurde das Kommanditkapital unter der Bezeichnung "gezeichnetes Kapital" geführt. § 248 Abs. 2 S. 1 E-HGB definierte dann das "gezeichnete Kapital" als "das Kapital, auf das die Haftung der Gesellschafter oder Mitglieder für die Verbindlichkeiten des Unternehmens gegenüber den Gläubigern beschränkt ist, soweit dieGesellschafter oder Mitglieder sich zu dessen Aufbringung verpflichtet haben". Danach ist also grundsätzlich das Haftkapital auszuweisen, aber nur, soweit die Kommanditisten sich im Innenverhältnis zur Aufbringung verpflichtet haben.

In diesem Sinne wird auch für das geltende Recht vertreten, daß das "gezeichnete Kapital" die Pflichteinlagen der Kommanditisten "in dem Umfange bilden, als sie dem Betrag der Haftsumme entsprechen".[14] Allerdings führt das geltende HGB weder für die KG einen Eigenkapitalposten "gezeichnetes Kapital", noch stellt es bei der Definition des "gezeichneten Kapitals" auf die Verpflichtung zur Aufbringung im Innenverhältnis ab. Nach § 272 Abs. 1 S. 1 HGB ist "gezeichnetes Kapital" das Kapital, "auf das die Haftung der Gesellschafter für die Verbindlichkeiten der Kapitalgesellschaft gegenüber beschränkt ist", also das Haftkapital.

Wegen der unterschiedlichen Definitionen des "gezeichneten Kapitals" kann im Ergebnis nicht ohne weiteres davon ausgegangen werden, daß der Gesetzgeber den im E-HGB geäußerten Willen in das geltende HGB übernommen hat. Es kann nur festgestellt werden, daß das Kapital der Kommanditisten jedenfalls dann als "gezeichnetes Kapital" betrachtet und bezeichnet werden kann, wenn Haft-und Pflichteinlage in ihrer Höhe übereinstimmen. Im

---

[12] Heinen, S. 283; Coenenberg, S. 202; Glade, § 253 Rn. 620

[13] Klußmann, DB 1967, 389 (390); Sarx in Beck Bil-Komm., § 247 Rn. 315; Mellwig, BB 1979, 1409 (1412); Reinhard in Küting/Weber, § 247 Rn. 103; Buchwald/Tiefenbacher/Dernbach, § 51 IV, S. 250; IDW, WPg. 1976, 114 (117); Hofbauer, WPg. 1964, 654 (656)

[14] Rückle/Klatte in Handwörterbuch, S. 113 (130); im Erg. ebenso: Glade, § 266 Rn. 565; Reinhard in Küting/Weber, § 247 Rn. 103

übrigen sind die für Kapitalgesellschaften und Genossenschaften nunmehr geltenden Bestimmungen vergleichend heranzuziehen.

b) Die Ausweisvorschriften für Kapitalgesellschaften und Genossenschaften

Die Kapitalgesellschaften bilden ein "gezeichnetes Kapital". Es setzt sich gem. § 272 Abs. 1 S. 1 HGB zusammen aus den Einlagen der Gesellschafter, die die Haftungsmasse der Kapitalgesellschaft bilden. Im Ergebnis weisen damit Kapitalgesellschaften die Summe der Einlagen in Höhe der "Hafteinlagen" aus. Dabei muß aber berücksichtigt werden, daß im Interesse des Gläubigerschutzes die Pflichteinlage die Hafteinlage niemals unterschreiten darf: gem. §§ 8 Abs. 1 S. 1, 9 AktG muß die Ausgabe der Aktien mindestens zu dem Mindestnennbetrag erfolgen; für Sacheinlagen gilt die Schutzbestimmung des § 27 Abs. 1, 2 AktG und die Pflicht zur objektiven Wertfestsetzung, § 36a Abs. 2 S. 3 AktG.

Im Vergleich zu den Kapitalgesellschaften haben die Genossenschaften an Stelle des "gezeichneten Kapitals" den Betrag der effektiv erbrachten oder noch zu erbringenden Geschäftsguthaben auszuweisen, §§ 337 Abs. 1 S. 1 und 3 HGB, 19 Abs. 1 S. 2 GenG. Das bedeutet einen Ausweis der Pflichteinlagen und nicht der Hafteinlagen. Die Hafteinlagen sind lediglich in dem von der Genossenschaft zu bildenden Anhang zusammengefaßt als Haftsumme aufzuführen, § 338 Abs. 1 S. 2, 2. Halbs. HGB.

c) Auswertung der Ergebnisse für die KG

Weil bei der Kapitalgesellschaft den Gläubigern zunächst nur das Haftkapital zur Verfügung steht, fordern §§ 266 Abs. 3 (A.), 272 Abs. 1 S. 1 HGB den Ausweis des Haftkapitals als "gezeichnetes Kapital" in der Bilanz. Die weniger auf Kapital als auf Zusammenarbeit der Genossen ausgerichtete Genossenschaft hat dagegen lediglich die Geschäftsguthaben der Genossen unter dem bilanziellen Eigenkapital auszuweisen, die Haftsumme nur im Anhang zum Jahresabschluß.

Verfolgt man diese Tendenz weiter, so könnte sich für die KG als Personengesellschaft allein die Ausweispflicht der Pflichteinlagen ergeben, zumal die Personengesellschaft von der Erstellung eines Anhangs befreit ist. Die Richtigkeit dieses Ergebnisses soll anhand der in Betracht kommenden Einzelfälle überprüft werden.

aa) Die Pflichteinlage ist größer als die Hafteinlage

Verbucht werden gem. § 238 Abs. 1 S. 2 HGB Geschäftsvorfälle. Geschäftsvorfall in der Personengesellschaft ist allein die Pflichteinlage, zu deren Aufbringung der Kommanditist sich den anderen Gesellschaftern gegenüber verpflichtet. Eine Buchung von Haftungsverhältnissen gegenüber Gesellschaftsgläubigern findet nicht statt.[15]

Die Bilanz als Abschluß der Buchführung ist die Aufstellung der Vermögensverhältnisse der Gesellschaft. Sie dient zugleich der Abrechnung der Gesellschafter untereinander. Soweit sich dann auch der Gewinnanteil nach dem Kapitalanteil bzw. seinem festen Teil richtet, ist allein die Pflichteinlage und nicht die Hafteinlage maßgebend.

Der Ausweis der Kommanditeinlage, auf die die Haftung des Kommanditisten beschränkt ist, dient dagegen auch dem Gläubigerschutz. Einerseits wünscht der Gläubiger zu wissen, in welcher Höhe das Kommanditkapital als Haftkapital zur Verfügung steht, andererseits, ob und wie weit die Kommanditisten wegen nicht eingezahlter Einlagen noch persönlich haften.[16]

Nun ergibt sich die Hafteinlage schon aus dem Handelsregister, § 162 Abs. 1 HGB. Soweit aber keine besonderen Umstände dargetan oder dem Gesellschaftsgläubiger bekannt sind, geht er von dem Regelfall aus, daß die Hafteinlage der Pflichteinlage entspricht. In der Bilanz würde sich dann die Pflichteinlage bei einem vollständigen Ausweis als Kommanditeinlage als ein zu hohes "Haftkapital" herausstellen. Deshalb muß der Bilanzleser durch eine Aufteilung der Pflichteinlage auf den besonderen Umstand hingewiesen werden.

Aufgrund der vergleichbaren Interessenlage mit dem "gezeichneten Kapital" in § 272 Abs. 1 S. 1 HGB ist zur Lösung § 272 Abs. 2 Ziff. 4 HGB sinngemäß anzuwenden. Die geleisteten, die Hafteinlage übersteigenden Beträge der Pflichteinlage sind als Kapitalrücklage zu behandeln[17] und auszuweisen[18]. Soweit die Pflichteinlage noch nicht geleistet ist, erfolgt ein zusätzlicher Ausweis als "ausstehende Pflichteinlagen".[19] Für ausstehende, nicht einge-

---

[15] Ebenso für die Bilanzierung: Hofbauer, WPg. 1964, 654 (656)

[16] Heyd, 2.4.3, S. 85

[17] Rückle/Klatte in Handwörterbuch, S. 113 (130); Reinhard in Küting/Weber, § 247 Rn. 103; für eine entsprechende Trennung auch: Klauss/Mittelbach, Rn. 218

[18] Werden solche Kapitalrücklagen gebildet, so ist auch bei Personengesellschaften entgegen der unter B.III.2, S. 103, vertretenen Auffassung zwischen der Kapital- und der Gewinnrücklage zu differenzieren und im Bilanzausweis zu trennen.

[19] Wie Fußn. 17

forderte Einlagen besteht wiederum das Wahlrecht des § 272 Abs. 1 S. 2 und 3 HGB.

Ein darüberhinausgehender Vermerk der Haftsumme in der Bilanz ist nicht erforderlich, weil die Position des "gezeichneten Kapitals" oder Kommanditkapitals mit der Haftsumme übereinstimmt.[20] Der Vermerk der Haftsumme könnte sogar irreführend sein.[21]

bb) Die Hafteinlage ist größer als die Pflichteinlage

Weil nur die Pflichteinlagen Gegenstand der Buchung und maßgeblich für die Gesellschafterrechte sind, können unter dem "gezeichneten Kapital" oder dem Kommanditkapital auch nur diese bilanziert werden.[22] Ist die Haftsumme höher als der Betrag der Pflichteinlage, so kann insoweit nur noch der Vermerk des höheren Haftungsbetrages in Betracht kommen.

In Höhe des noch nicht auf die Haftsumme geleisteten Betrages ist der Kommanditist den Gläubigern gegenüber gem. § 171 Abs. 1 HGB grundsätzlich noch verpflichtet. Diese Tatsache spricht zunächst für einen Vermerk.[23] Andererseits hat der Gesetzgeber Einzelkaufleute und Personengesellschaften aufgrund der systematischen Trennung im Dritten Buch des HGB ausdrücklich von der Pflicht zur Erstellung eines Anhangs mit weiteren Pflichtangaben nach § 285 HGB freigestellt. Auch die Angabe von "Haftungsverhältnissen" hat der Gesetzgeber abschließend in § 251 S. 1 HGB geregelt.

Die Pflicht zu einem Vermerk der Haftsumme kann sich nur über die GoB ergeben. Damit stellt sich gleichzeitig die Frage, welchem Jahresabschlußziel der zusätzliche Vermerk dienen soll. Dem Grundsatz der Klarheit ist bereits entsprochen, weil nur die Pflichteinlagen Gegenstand der bilanziellen Erfassung sind. Vielmehr würde ein Vermerk eher der Klarheit widersprechen, wie folgender Beispielsfall[24] zeigt: der Kommanditist hat seine Einlage sogar in Höhe der Haftsumme geleistet, sein Kapitalanteil ist aber inzwischen infolge

---

[20] A. A.: Klußmann, DB 1967, 389 (390); Hofbauer, WPg. 1964, 654 (656)

[21] Vgl. Sarx in Beck Bil-Komm., § 247 Rn. 347 und IDW, WPg. 1976, 114 (117), jeweils mit Beispielen

[22] Buchwald/Tiefenbacher/Dernbach, § 51 IV, S. 250;
bringt der Kommanditist in zulässiger Weise den überschießenden Teil der Haftsumme ein, so ist dieser auf einem Sonderkonto gutzuschreiben, das den Charakter eines zweiten Kapitalkontos hat, vgl. ausführlich: Huber, ZGR 1988, 1 (21)

[23] Rückle/Klatte in Handwörterbuch, S. 113 (131)

[24] S. Rückle/Klatte in Handwörterbuch, S. 113 (131)

der Belastung mit anteiligen Verlusten geschrumpft; der Vermerk der Haftsumme sagt dann über die tatsächliche Haftung des Kommanditisten nichts mehr aus.

Ein Verstoß gegen den Grundsatz der Wahrheit ist ebenfalls nicht zu erblicken, weil dem Unternehmen nur Mittel in Höhe der Pflichteinlagen und nicht der Hafteinlagen zugeflossen sind oder zufließen sollen. Daher kommen nur Gläubigerschutzgesichtspunkte in Betracht. Der Gläubiger kann zunächst die Haftsumme dem Handelsregister entnehmen. Erhält er danach eine höhere Haftsumme, als der Betrag der Pflichteinlage in der Bilanz ausweist, so wird der Gläubiger als Bilanzleser von den Informationen der Bilanz nicht enttäuscht. Er kann die höhere, nicht vermerkte Haftsumme einklagen. Ein zusätzlicher Vermerk der Haftsumme in der Bilanz ist also nicht geboten.

4. Negatives Kapitalkonto und getrennter Ausweis von Entnahmen und Verlusten

Ebenso wie beim persönlich haftenden Gesellschafter kann auch beim Kommanditisten ein negatives Kapitalkonto enstehen. Dies ist immer dann der Fall, wenn die Einlage des Kommanditisten durch Verlustbelastungen und/oder Entnahmen mehr als aufgebraucht ist.[25] Die scheinbar widersprechende Vorschrift des § 167 Abs. 3 HGB ist so auszulegen, daß der Kommanditist nur bei der Auseinandersetzung, beim Ausscheiden aus der Gesellschaft oder deren Beendigung, mit einem negativen Kapitalanteil nicht zum Nachschuß verpflichtet ist.[26]

In der laufenden Gesellschaft hat der negative Kapitalanteil Bedeutung für die Behandlung späterer Gewinne. Spätere Gewinnanteile werden zunächst zur Deckung des negativen Kapitalanteils verwandt und können erst wieder entnommen werden, wenn der Betrag der geleisteten Einlage erreicht ist, § 169 Abs. 1 S. 2, 2. Halbs. HGB.

Gibt das Kapitalkonto den Kapitalanteil des Gesellschafters wieder, so besteht insoweit kein Unterschied zwischen dem Kapitalkonto des persönlich haftenden Gesellschafters und dem des Kommanditisten. Das gilt dann auch für das negative Kapitalkonto.[27] Insbesondere beinhaltet auch das negative

---

[25] Sarx in Beck Bil-Komm., § 247 Rn. 319

[26] Heute h. M: BGHZ 86, 122 (126); Baumbach/Duden/Hopt, § 167 Anm. 3; Schilling in Großkomm.HGB, § 167 Anm. 14; Schlegelberger[5]/Martens, § 167 Anm. 13 m. w. N.; a. A.: Buchwald/Tiefenbacher/Dernbach, § 51 IV. 3, S. 252

[27] Unstr., vgl. statt aller: Westermann in Westermann u. a., I Rn. 855

Kapitalkonto des Kommanditisten keine Verbindlichkeit gegenüber der Gesellschaft. Soweit mangels abweichender gesellschaftsvertraglicher Regelung Entnahmen bei negativem Kapitalkonto getätigt sind, sind diese gem. § 169 Abs. 1 HGB unzulässig. Sie lösen einen Rückzahlungsanspruch der Gesellschaft aus und könne deshalb als Forderung auf dem Kapitalkonto des Kommanditisten nicht berücksichtigt werden.[28]

Etwas anderes gilt, wenn der Gesellschaftsvertrag den Kommanditisten in Anlehnung an § 122 Abs. 1 HGB auch bei negativem Kapitalkonto zu Entnahmen ermächtigt. Dann sind diese Entnahmen auf dem Kapitalkonto zu buchen. Weil die Entnahmen aber im Gegensatz zu Verlusten gem. § 172 Abs. 4 S. 2, S. 1 HGB als Rückzahlung der Einlage anzusehen sind, könnte in diesem Fall eine Aufteilung des negativen Kapitalkontos erforderlich sein. Dazu wird eine Aufteilung in die Konten "Ausstehende Einlage" und "Verlustvortrag" vorgeschlagen.[29] Die Gesellschaftsgläubiger als Informationsadressaten haben ein Interesse zu wissen, welcher Teil des negativen Kapitalkontos die Hafteinlage mindert.

Eine Aufteilung des Kapitalkontos wird zunächst von der gesetzlichen Regelung in § 167 Abs. 1 nicht gefordert. Danach sind gem. § 120 Abs. 2 HGB vom Kapitalanteil sowohl Entnahmen als auch Verluste abzuschreiben. Darüberhinaus ist bereits festgestellt worden, daß die Hafteinlage überhaupt nicht Gegenstand der Buchführung ist, sondern die Pflichteinlage. Soweit Entnahmen auf dem Kapitalkonto zu buchen sind, bilden sie einen negativen Gegenposten allein zu der verbuchten Pflichteinlage. § 172 Abs. 4 S. 1 HGB dagegen ist lediglich eine Haftungsvorschrift zum Schutz der Gesellschaftsgläubiger. Haftungsverhältnisse werden aber gerade nicht bilanziert. Grund dafür ist nach wie vor derjenige, daß bei der Personengesellschaft im Gegensatz zu Kapitalgesellschaften zumindest noch ein persönlich und unbeschränkbar haftender Gesellschafter vorhanden ist.

Eine Aufteilung des negativen Kapitalkontos ist damit nicht erforderlich. Selbst wenn man eine Bilanzierung zulässiger Entnahmen gesondert unter der Position "Ausstehende Einlagen" befürworten würde, so bezögen sich diese "Ausstehenden Einlagen" auch nur auf die Pflichteinlage, die durchaus von der Hafteinlage abweichen kann.

Für den bilanziellen Ausweis ergibt sich folglich kein Unterschied gegenüber dem Ausweis bei persönlich haftenden Gesellschaftern. Das negative Kapitalkonto ist grundsätzlich auf der Aktivseite der Bilanz aufzuführen.

---

[28] A. A.: Sarx in Beck Bil-Komm., § 247 Rn. 320

[29] Mellwig, BB 1979, 1409 (1413)

Rechtlich besagt das negative Kapitalkonto des Kommanditisten damit folgendes: bei sofortiger Liquidation zu den Bilanzansätzen würde der Kommanditist nichts erhalten. Er hätte aber wegen seiner beschränkten Haftung, § 167 Abs. 3 HGB, auch nichts zu bezahlen. Sein "negativer Anteil" verbleibt bei den persönlich haftenden Gesellschaftern: diese erhalten den Betrag ihrer Kapitalkonten nach Abzug des jeweiligen Anteils am negativen Kapitalkonto des Kommanditisten.[30]

Zwischenergebnis: Die Pflicht zur Aufgliederung des Eigenkapitals nach § 247 Abs. 1 HGB stellt für die KG folgende Mindestanforderungen:

Aktiva		Passiva		
Ausstehende (Pflicht-) Einlagen[a]		I. Eigenkapital		
		1. Komplementärkapital		
1. Komplementärkapital	-,- DM	Kapitalkonto A -,- DM		
2. Kommanditkapital	-,- DM	Kapitalkonto B -,- DM		
			-,- DM	
Übrige Aktiva	-,- DM	2. Kommanditkapital[b]	-,- DM	
		3. Rücklagen[a]	-,- DM	
				-,- DM
		II./III. Übrige Passiva		-,- DM
	-,- DM			-,- DM

a) Nur, wenn nach dem Gesellschaftsvertrag vorgesehen

b) Eine Untergliederung in die einzelnen Kapitalkonten ist nur bei geringer Anzahl von Kommanditisten (maximal 3) erforderlich.

[30] Vgl. ausführlich: Mühlbauer, S. 53

V. Der Ausweis des Eigenkapitals nach dem PublG

1. Aufstellung der Bilanz

Für die Personengesellschaften, die nach § 1 Abs. 1 PublG offenlegungspflichtig sind, gelten grundsätzlich die Vorschriften zum Eigenkapital der Kapitalgesellschaften sinngemäß, § 5 Abs. 1 S. 2 PublG. Aufgrund der unbeschränkbaren Haftung der persönlich haftenden Gesellschafter scheidet jedoch für diese der Ausweis eines "gezeichneten Kapitals" im Sinne von § 272 Abs. 1 S.1 HGB aus. An dessen Stelle treten die Einlagen der Gesellschafter[1], die bei einer größeren Anzahl von Gesellschaftern beispielsweise als "Kapitalanteile" oder "Einlagen" im System fester Kapitalanteile zusammengefaßt ausgewiesen werden dürfen.

Soweit Haft- und Pflichteinlage übereinstimmen, haben Kommanditisten bei entsprechend zahlreicher Vertretung ihr Kommanditkapital als "gezeichnetes Kapital" im Sinne von § 272 Abs. 1 S. 1 HGB auszuweisen.[2] Für den Ausweis ausstehender Einlagen besteht sowohl bei Komplementären als auch bei Kommanditisten das in § 272 Abs. 1 S. 2 und 3 HGB verankerte Wahlrecht.[3]

2. Die offenzulegende Bilanz

Wie sich aus dem Wortlaut und der systematischen Stellung innerhalb des PublG ergibt[4], genießen Einzelkaufleute und Personengesellschaften Erleichterungen bei der Ausweisung des Eigenkapitals lediglich für die offenzulegende Bilanz. Damit sollen dem Betriebs- und Geschäftsgeheimnis sowie der Wahrung der Privatsphäre der Unternehmen gedient werden, soweit man davon bei Einzelkaufleuten und Personengesellschaften sprechen kann.

---

[1] Rückle/Klatte in Handwörterbuch, S. 113 (128)

[2] S. o., Ausf. unter B.IV.3.a, S. 121 f.

[3] Vgl. dazu auch oben, Ausf. unter B.IV.2, S. 120

[4] Vgl. dazu schon oben, Ausf. unter B.II.2, S. 81 ff.

Inhaltlich bedeutet das zunächst, daß auf die Offenlegung der Ergebnisverwendung verzichtet wird, § 9 Abs. 2 PublG. Aus den gleichen Gründen kann auch das Eigenkapital in einer Summe ausgewiesen werden, § 9 Abs. 3 PublG. Negative Kapitalanteile einiger Gesellschafter können also verdeckt mit den positiven Kapitalanteilen anderer Gesellschafter saldiert werden.[5] Erst wenn das saldierte Eigenkapital negativ ist, ist es nach § 5 Abs. 1 S. 2 PublG i. V. m. § 268 Abs. 3 HGB als "Nicht durch Eigenkapital gedeckter Fehlbetrag" auszuweisen.[6] Für die KG bedeutet die Zusammenfassung des Eigenkapitals in einer Summe nach § 9 Abs.3 PublG darüberhinaus den saldierten Ausweis von Komplementär- und Kommanditkapital.

[5] Zur Einbeziehung ausstehender Einlagen in den Gesamtposten "Eigenkapital": Rückle/Klatte in Handwörterbuch, S. 113 (128); IDW, WPg. 1976, 114 (117)

[6] Rückle/Klatte in Handwörterbuch, S. 113 (128); Sarx in Beck Bil-Komm., § 247 Rn. 348

C. Die Berechnung des Kapitalanteils für die Bilanz

Mit Einführung des Bilanzrichtlinien-Gesetzes sind nunmehr alle Kaufleute gem. § 247 Abs. 1 HGB verpflichtet, das Eigenkapital gesondert auszuweisen. Bei Personengesellschaften wird eine alleinige Aufreihung der Gesellschafterkonten in der Bilanz in Zukunft nicht mehr genügen. Vielmehr muß eine Zuordnung der Gesellschafterkonten zum Eigen- oder Fremdkapital entsprechend ihrem materiellen Charakter erfolgen.

Nun ist allerdings der materiellrechtliche Charakter der geführten Gesellschafterkonten aus den in der Einleitung angeführten Gründen nicht immer eindeutig. Ob eines der Konten bzw. die dort verbuchten Posten Kapital- oder Darlehenscharakter haben, ist entscheidend für den Ausweis in der Jahresbilanz und kann bei zu hohem Eigenkapitalausweis bis hin zur Gläubigertäuschung führen.

Die Bezeichnung eines Kontos hat zunächst Indizwirkung, abgeleitet aus den Grundsätzen der Kontenklarheit und Kontenwahrheit.[1] Der Rechtscharakter des Kontos wird aber maßgeblich durch die dort gebuchten Posten bestimmt.

Allerdings darf die Kontenbezeichnung nicht unterschätzt werden, da die Rechtsprechung unter gewissen Voraussetzungen aus der Bezeichnung des Kontos Rückschlüsse auf den Rechtscharakter der dort verbuchten Posten zieht[2]. Im Zweifel müssen die Gesellschafter Bezeichnungen in der Bilanz gegen sich gelten lassen.[3] Der Gesellschaft wird dann häufig nicht der Beweis gelingen, daß der Gesellschafter gar keinen Anspruch auf Rückzahlung des zu seinen Gunsten ausgewiesenen Betrages haben sollte, sondern daß es sich um einen Teil seines Gesellschaftskapitals handle.[4]

Aus diesen Gründen soll im folgenden versucht werden, Kriterien für die Einordnung der Gesellschafterkonten zu entwickeln. Beträge, die auf ein und demselben Konto verbucht werden, können nämlich grundsätzlich nicht

---

[1] BFH v. 3.2.1988, DB 1988, 1199 (1201)

[2] BGH, BB 1978, 630 (631); BFH v. 17.12.1980, BStBl. 1981 II, 325 (326)

[3] BGH, BB 1978, 630 (631); Morck, S. 131; vgl. auch BFH v. 3.2.1988, DB 1988, 1199 (1201), wonach die allgemeine Vermutung besteht, daß Konten "im Zweifel" klar und wahr sind.

[4] Klauss/Birle, Rn. 140; Klauss/Mittelbach, Rn. 224

rechtlich unterschiedlich eingeordnet werden.[5] Die Gesellschafterkonten nehmen die Rechtsbeziehungen zwischen Gesellschafter und Gesellschaft auf. Dazu gehören im wesentlichen folgende Gruppen[6]:

- Ansprüche der Gesellschaft gegenüber den Gesellschaftern auf gesellschaftsrechtlicher Basis wie die auf Leistung der Beiträge, aus unbefugter Geschäftsführung, wegen unbefugter Entnahmen;

- Ansprüche der Gesellschafter gegenüber der Gesellschaft auf gesellschaftsrechtlicher Basis wie die auf Auszahlung des Gewinnanteils, auf Aufwendungsersatz, auf vereinbarte Sondervergütungen;

- Ansprüche der Gesellschaft gegenüber Gesellschaftern gleichsam als fremden Dritten auf schuldrechtlicher Ebene wie die aus Vermietung, Darlehen, Dienstvertrag;

- Ansprüche der Gesellschafter gegenüber der Gesellschaft als fremdem Dritten auf schuldrechtlicher Ebene wie die aus Geschäftsbesorgung, Lieferungen und Dienstleistungen für den Geschäftsbetrieb.

I. Die grundsätzliche Rechtsnatur der Guthaben auf den Gesellschafterkonten

Gem. § 238 Abs. 1 S. 1 HGB ist der Kaufmann zur Buchführung verpflichtet. Die Buchführung soll die Geschäftsvorfälle in der Gesellschaft wiedergeben, § 238 Abs. 1 S. 2 und 3 HGB. Das geschieht durch Bewegungen auf den geführten Konten. Für die Gesellschafter von Personengesellschaften ergibt sich damit bei Abfassung des Gesellschaftsvertrages die Frage, welche Konten für sie eingerichtet werden und welche Posten darauf verbucht werden sollen.

---

[5] BGH, WM 1978, 300; BB 1978, 630 (631); Baumbach/Duden/Hopt, § 120 Anm. 3 D

[6] Zusammengestellt nach Woltmann, WPg. 1985, 245 (247)

1. Die Führung eines Kapitalkontos

a) Das Kapitalkonto des persönlich haftenden Gesellschafters

Gem. § 120 Abs. 2 HGB ist der Kapitalanteil eine veränderliche Größe, wenn ihm der Gewinnanteil des Gesellschafters zuzuschreiben ist, Verlustanteil sowie Entnahmen abzuschreiben sind. Der variable Kapitalanteil ist der Saldo aus den bisherigen Einlagen und Gewinnen abzüglich der Verluste und Entnahmen des jeweiligen Gesellschafters.

Um die Veränderungen des Kapitalanteils aufzeichnen zu können, gehört zu der Buchführungspflicht gem. § 238 Abs. 1 S. 1 HGB die Führung eines Kapitalkontos. Hier sind, nach Soll und Haben gegliedert, auf der Habenseite die Einlagen und Gewinne des Gesellschafters, auf der Sollseite die auf ihn entfallenden Verluste und Entnahmen einzustellen. Der am Schluß des Geschäftsjahres zu ziehende Saldo ist dann mit dem Kapitalanteil des Gesellschafters identisch. Die Vorzüge einer solchen laufenden Abrechnung zeigen sich darin, daß das Kapitalkonto sowohl der Abrechnung zwischen Gesellschafter und Gesellschaft als auch der Abrechnung der Gesellschafter in ihrem Verhältnis untereinander dient.[1]

So einfach diese Kontenführung auf den ersten Blick erscheinen mag, so viele Probleme ergeben sich bei näherer juristischer Betrachtung. Hält man im Gesellschaftsvertrag an der gesetzlichen Regelung fest, so ist für jeden Gesellschafter nur ein Kapitalkonto zu führen. Alle anderen Geschäftsvorfälle, wie beispielsweise die Darlehensgewährung durch einen Gesellschafter an die Gesellschaft, sind über besondere Konten zu buchen. Hier entsteht insbesondere das Problem der Abgrenzung der Einlage vom Gesellschafterdarlehen. Man denke allein an den Fall, daß der geschäftsführende Gesellschafter Vergütungen für seine Tätigkeit erhält und diese in der Gesellschaft stehen läßt.[2]

---

[1] Huber, § 8, 1.c, S. 178

[2] Dazu näheres unten, Ausf. unter C.IV, S. 164 ff.

b) Das Kapitalkonto des Kommanditisten

Auch der Kommanditist besitzt gem. §§ 167 Abs. 1, 120 Abs. 2 HGB einen veränderlichen Kapitalanteil. Im Gegensatz zu den persönlich haftenden Gesellschaftern ist allerdings der Kapitalanteil des Kommanditisten der Höhe nach begrenzt, § 167 Abs. 2 HGB. Hat demnach der Kapitalanteil, der Habensaldo auf dem Kapitalkonto, den Betrag der Pflichteinlage durch Leistung der Einlage oder stehengelassene Gewinne[3] erreicht, können weitere Gewinne auf dem Kapitalkonto nicht mehr verbucht werden. Für sie muß ein zweites Konto eingerichtet werden.

Ein Entnahmerecht besteht nur in Höhe der auf dem zweiten Konto verbuchten Gewinnanteile, § 169 Abs. 1 S. 2 HGB. Folglich sind auch die Entnahmen dem Kommanditisten auf dem zweiten Konto zu belasten, sofern für die Entnahmen nicht speziell ein drittes Konto geführt wird. Dagegen gilt die Entnahmebeschränkung des § 122 Abs. 1 HGB kraft gesetzlicher Regelung in § 169 Abs. 1 S. 1 HGB nicht. Deshalb ist auch auf diese Gewinnanteile der hinter § 122 Abs. 1, Abs. 2 HGB stehende Gedanke der gesellschaftlichen Treuepflicht nicht anwendbar.[4]

Guthaben auf dem zweiten Konto berühren also den Kapitalanteil des Kommanditisten nicht. Sie können dann konsequenterweise nur eine gewöhnliche schuldrechtliche Forderung des Gesellschafters gegen die Gesellschaft darstellen.[5] In der Bilanz ist das zweite Konto deswegen unter den Verbindlichkeiten der Gesellschaft auszuweisen.[6]

Wegen des Forderungscharakters des zweiten Kontos können andererseits Verlustanteile des Kommanditisten nur auf dem Kapitalkonto gebucht werden. Das gilt auch bei einem Guthaben auf dem zweiten Konto aus früheren Gewinnjahren, weil diese Gewinne im Sinne von § 169 Abs. 2 HGB mit der Kontogutschrift "bezogen" sind.[7]

---

[3] Die Möglichkeit dieser "Einlageleistung" ist unstr., vgl. nur: Sudhoff, Gesellschaftsvertrag, II.C.3.a, S. 130; Ganssmüller, DB 1970, 285 (286); Schlegelberger[5]/Schmidt, §§ 171, 172 Anm. 56 m. w. N.

[4] Huber, ZGR 1988, 1 (8, 35 f.) m. w. N.;
a. A.: Sudhoff, Familienunternehmen, § 89, S. 300

[5] So schon die Denkschrift zum HGB, S. 114

[6] Glade, § 266 Rn. 566

[7] Sudhoff, Gesellschaftsvertrag, II.N.3, S. 302; Huber, ZGR 1988, 1 (8)

2. Die Kontenwahl im System fester Kapitalanteile

In der Praxis findet sich häufig das System fester Kapitalanteile. Das Vorliegen eines festen, in seinem Bestand unveränderlichen "Kapitalanteils" erfordert parallel auch die Führung eines Kapitalkontos als Dauerkonto, auf dem weitere Buchungen nicht vorgenommen werden dürfen. Die Praxis ist dann immer auf die Einführung mindestens eines zweiten Kontos angewiesen, um darauf Gewinne, Verluste und Entnahmen buchen zu können.

Dieses zweite Konto kann die unterschiedlichsten Bezeichnungen tragen: Kapitalkonto II, Darlehenskonto, Privatkonto, um nur einige zu nennen. Schließen sich aber "Kapital" und "Darlehen" gegenseitig aus, so stellt sich schon aus der Bezeichnung allein die Frage, wie dieses Konto und die darauf verbuchten Beträge rechtlich einzuordnen sind. Der Gesellschaftsvertrag schweigt dazu meistens. Werden über das zweite Konto nur Gewinne, Verluste und Entnahmen gebucht, so scheint eine Lösung noch möglich. Was aber soll gelten, wenn daneben - was in der Praxis nicht selten vorkommt[8] - auf dem gleichen Konto auch andere Vorgänge verbucht werden, die von vornherein schuldrechtlichen Charakter haben wie die Gesellschafterdarlehen?

a) Das "Kapitalkonto II"

Daß das Kapitalkonto[9], auf dem als Dauerkonto der vereinbarte feste Kapitalanteil verbucht wird, die gleichnamige Bezeichnung tragen darf, bedarf keiner weiteren Erörterung. Die Bezeichnung eines "Kapitalkonto II" resultiert nun aus der notwendigen Teilung des einheitlichen Kapitalkontos im System variabler Kapitalanteile.

Gleichzeitig liegt der Gedanke nahe, daß die Gesellschafter hier allein gesellschaftsrechtliche Vorgänge verbucht wissen wollen, wie das beim variablen Kapitalanteil gem. § 120 Abs. 2 HGB für Gewinne, Verluste und Entnahmen zutrifft. Für andere Geschäftsvorfälle wie Gesellschafterdarlehen ist in jedem Fall ein zusätzliches Konto erforderlich, dessen Saldo in der Bilanz den Verbindlichkeiten zuzuordnen ist. Andernfalls wird dort ein falsches Bild über die Eigenkapitalbasis hervorgerufen.

---

[8] Nach der Auswertung von Morck, S. 127, führt die Mehrzahl der Gesellschaften mit festen Kapitalanteilen der Gesellschafter nur noch ein weiteres Gesellschafterkonto; vgl. auch Düringer/Hachenburg/Flechtheim, § 120 Anm. 6

[9] Oft auch Kapitalkonto I genannt

Wenn darauf hingewiesen wird, daß das "Kapitalkonto II" lediglich Korrekturposten des "Kapitalkonto I" sei[10], so muß es den gleichen materiellrechtlichen Charakter haben wie das feste Konto. Der Forderungscharakter wäre damit nicht vereinbar.[11] Welchen Charakter das "Kapitalkonto II" oder ein gleichbedeutendes Konto mit anderer Bezeichnung tatsächlich hat, wird unter dem Gliederungspunkt III. zu untersuchen sein.[12]

b) Das "Rücklagen-" oder "Reservekonto"

Die Bezeichnung "Rücklage" deutet auf die gesetzliche Regelung bei Kapitalgesellschaften hin, nach der als Teil des Eigenkapitals "Rücklagen" zu bilden sind[13]. In gleicher Weise erinnert das "Reservekonto" an den Begriff der "stillen Reserven". Darunter sind Eigenkapitalteile zu verstehen, die durch Unterbewertung der Aktiva oder Überbewertung der Passiva nicht aus der Bilanz ersichtlich sind.[14] Auch hier liegt also der Gedanke nahe, daß die Gesellschafter Eigenkapitalteile verbucht wissen wollen.

Um Mißverständnisse zu vermeiden, sollte dieses Konto in Anlehnung an die Kapitalgesellschaften nur für bestimmte Teile des Gewinns gebildet werden, die auf Dauer in der Gesellschaft als "Reserve" belassen werden sollen und nicht entnehmbar sind.[15] Die Bezeichnung eignet sich dagegen nicht für die Erfassung von Gesellschafterdarlehen.

c) Das "Separat-" oder "Sonderkonto"

Die Bezeichnungen "Separat-" oder "Sonderkonto" resultieren allein aus der Tatsache, daß die Gesellschafter neben dem festen Kapitalkonto ein "besonderes" Konto für Gewinne, Verluste und Entnahmen führen müssen.

---

[10] Weickert, D.2.c, S. 186

[11] Anders aber: Weickert, D.2.c, S. 186

[12] S. u., S. 147 ff.

[13] Vgl. § 266 Abs. 3 HGB (A.) sowie § 150 AktG

[14] Leffson, S. 84; Wöhe, S. 584 f.; Heinen, S. 323; Westermann in FS v. Caemmerer, S. 657 (658)

[15] Westermann in Westermann u. a., I Rn. 299; Sudhoff, Gesellschaftsvertrag, II. M. 2; Morck, S. 130

Für die materiellrechtliche Qualität dieser Buchungsposten gibt die Kontenbezeichnung keinen Anhaltspunkt.

d) Das "Darlehenskonto"

Werden Gesellschafterkonten als "Darlehenskonten" bezeichnet, so sollten in Abgrenzung zu den Kapitalkonten hier auch nur Darlehensforderungen und Darlehensverbindlichkeiten verbucht werden. Es können Guthaben, die nach dem Gesetz den Charakter einer jederzeit fälligen Forderung haben[16], durch Buchung auf dem "Darlehenskonto" den Charakter eines erst nach Kündigung auszahlbaren Darlehens erhalten. Dazu ist gem. § 607 Abs. 2 BGB eine konkludente oder mindestens stillschweigende Vereinbarung erforderlich. An diese werden aber keine hohen Anforderungen gestellt, insbesondere sollen die Bezeichnung als "Darlehenskonto" und die Bestimmung einer festen Verzinsung genügen.[17]

e) Das "Privatkonto"

Nahezu die Hälfte aller Personengesellschaften führen das zweite Gesellschafterkonto unter der Bezeichnung "Privatkonto".[18] Der Charakter eines solchen "Privatkontos" wird in Betriebswirtschaft und Jurisprudenz unterschiedlich beurteilt. Die Betriebswirtschaft sieht darin ein Konto mit Kapitalcharakter.[19] Ausgangspunkt ist dabei die Handhabung als Vorkonto, das in der Bilanz über das Kapitalkonto abgebucht wird. Die juristische Betrachtungsweise sieht das "Privatkonto" gerade im Gegensatz zum Kapitalkonto als Forderungs- und Schuldenkonto entsprechend den Kundenkonten.[20]

---

[16] So z. B. die Gewinnanteile des Kommanditisten nach Leistung seiner Einlage

[17] MK/Westermann, § 607 Rn. 37

[18] Morck, S. 128 mit Nachweisen

[19] Sudhoff, Familienunternehmen, § 46, d, S. 170, und Gesellschaftsvertrag, II.M.6, S. 284 f. sowie ausführlich in NJW 1968, 2086 (2089 ff.); Heinen, S. 246; Hantke, 3.1.5.2, S. 76; Falterbaum/Beckmann, 5.2.4.1, S. 106; Weickert, D.2.b; Coenenberg, S. 202

[20] Maiberg, Rn. 96; A. Hueck, § 16 V.3, S. 239; Plassmann, BB 1978, 413 (415); Schlegelberger/Geßler, § 120 Anm. 15; Fischer in Großkomm.HGB, § 120 Anm. 26; Potthoff/Zintzen/Halft, S. 228; Klauss/Mittelbach, Rn. 222; ebenso: BFH v. 21.5.1987, DB 1987, 1816 (1817) eindeutig für den Fall, daß daneben ein festes Kapitalkonto und ein variables

Da das "Privatkonto" nicht gesetzlich geregelt ist, sondern aufgrund der Vertragsfreiheit geschaffen wird, ist der Rechtscharakter dieses Kontos durch Auslegung zu ermitteln. Auslegungskriterien sind insbesondere der Wortlaut, die Entstehungsgeschichte und die systematische Stellung des Privatkontos in der Gesellschaft.

aa) Der Wortlaut

Das Kapitalkonto nimmt gesellschaftsrechtliche Vorgänge auf. Das Privatkonto des Gesellschafters dagegen ist ein Konto für ihn "privat". "Privat" bedeutet für den Gesellschafter, daß er nicht in seiner Eigenschaft als Gesellschafter angesprochen wird. Dem Wortlaut nach gehören auf das Privatkonto also Vorgänge, die den Gesellschafter "privat" und nicht in seiner gesellschaftsrechtlichen, beteiligungsrelevanten Sphäre betreffen.[21] Dementsprechend müßte das Konto Forderungen und Verbindlichkeiten des Gesellschafters gegenüber der Gesellschaft ausweisen, wie wenn ein Dritter Forderungen bzw. Verbindlichkeiten gegenüber der Gesellschaft hätte.

bb) Entstehungsgeschichte des Privatkontos

Die Bezeichnung "Privatkonto" hat sich beim Einzelkaufmann entwickelt und durchgesetzt.[22] Hierüber wurden und werden die Privatentnahmen gebucht, deren Höhe im freien Belieben des Einzelkaufmanns steht. Sein "Privatkonto" kann kein Konto über Forderungen und Schulden sein, da er nicht sein eigener Gläubiger und Schuldner sein kann. In gleicher Weise soll das Privatkonto bei Personengesellschaften allein gesellschaftsrechtlichen Bezug zum Kapital haben.[23]

Kapitalsonderkonto geführt werden;
zu den unterschiedlichen Möglichkeiten auch: Heinemann in Felix, Rn. 479

[21] Ebenso: Klauss/Birle, Rn. 135; A. Hueck, § 16 V.3, S. 239; Klauss/Mittelbach, Rn. 212; eine andere Auslegung findet sich bei Falterbaum/Beckmann, 5.2.4.1, S. 105: wie das GuV-Konto für die betrieblichen, so ist das Privatkonto das Kapitalunterkonto für alle privat verursachten Kapitaländerungen wie Entnahmen und Einlagen.

[22] Huber, § 11, 1.b, S. 241

[23] Sudhoff, Gesellschaftsvertrag, II.M.6, S. 286

Ein solcher Vergleich läßt sich nun nicht einfach unter dem Gesichtspunkt aufstellen, daß die Personengesellschaft sich vom Einzelkaufmann allein durch die Zusammenfassung mehrerer Personen unterscheidet. Die Gesamtheit der mehreren Personen bildet ein Sondervermögen, das Gesamthandsvermögen. Aufgrund der Selbständigkeit dieses Sondervermögens ist es möglich, daß der Gesellschafter wegen der Beteiligung am Gesamthandsvermögen gleichzeitig Gläubiger- und Schuldnerstellung hat.

Darüberhinaus ist die Höhe der Entnahmen gem. § 122 HGB zur Erhaltung des Eigenkapitals mangels abweichender gesellschaftsvertraglicher Regelung beschränkt. Im Gegensatz zum Einzelkaufmann ist bei Entnahmebeschränkungen wegen der gesamthänderischen Gebundenheit der Gesellschafter zwischen berechtigten und unberechtigten Entnahmen zu differenzieren. Dementsprechend bezieht sich § 111 Abs. 1 HGB auch nur auf unberechtigte Entnahmen.

Aus den genannten Gründen kann das Privatkonto des Gesellschafters einer Personengesellschaft durchaus etwas anderes beinhalten als das des Einzelkaufmanns. Rückschlüsse von der Behandlung beim Einzelkaufmann sind daher nicht zwingend.

cc) Systematische Stellung des Privatkontos in der Gesellschaft

Einen Kernpunkt der gesellschaftsvertraglichen Auslegung bildet die Feststellung, welche anderen Konten geführt werden[24] und welche Behandlung das Privatkonto in der Bilanz der Gesellschaft erfährt. Das Privatkonto kann selbstverständlich als Vorkonto geführt werden, das in der Bilanz über das Kapitalkonto des jeweiligen Gesellschafters abgeschlossen wird. Läßt sich diese Handhabung in der laufenden Gesellschaft verfolgen, dann hat die Gesellschaft sich der betriebswirtschaftlichen Betrachtungsweise angeschlossen.

Ebenso gut ist eine Regelung möglich, das Privatkonto eigenständig neben einem festen Kapitalkonto und einem veränderlichen Kapitalkonto zu führen. In diesem Fall ist im Zweifel davon auszugehen, daß nach dem Gesellschaftsvertrag die zwei Kapitalkonten abschließend als Konten mit Kapitalcharakter eingerichtet werden sollten.[25] Das Privatkonto weist dann Forderungen und Verbindlichkeiten zwischen Gesellschaft und Gesellschafter aus.

---

[24] So auch FG Hamburg, WPg. 1985, 634

[25] BFH v. 21.5.1987, DB 1987, 1816 (1817) m. w. N.

Diese Auslegung kann auf das gesetzliche System des variablen Kapitalanteils übertragen werden, wenn alle kapitalverändernden Posten über das Kapitalkonto gebucht werden. Wird dagegen im System fester Kapitalanteile allein das Privatkonto neben dem festen Kapitalkonto geführt, so erhielte es einen ganz anderen Inhalt durch Aufnahme der Gewinne, Verluste und Entnahmen.

Das Privatkonto kann damit eine unterschiedliche rechtliche Bedeutung erhalten, je nachdem, ob der Gesellschaftsvertrag vom System veränderlicher oder fester Kapitalanteile ausgeht. Nach der gesetzlichen Regelung hat das zweite Konto des Kommanditisten jedenfalls, wird es als "Privatkonto" geführt, Forderungscharakter.[26] Festzuhalten bleibt damit nur, daß die Bezeichnung "Privatkonto" zunächst allein eine Frage der Terminologie ist.[27]

dd) Vorrang der juristischen Betrachtungsweise

Die angeführten Gesichtspunkte haben gezeigt, daß der Rechtscharakter des Privatkontos wie der eines jeden Kontos durch die dort verbuchten Geschäftsvorfälle bestimmt wird. Lassen sich diese Geschäftsvorfälle rechtlich nicht eindeutig einordnen, kann die Bezeichnung des maßgebenden Kontos als Auslegungskriterium herangezogen werden. Die betriebswirtschaftliche Auffassung neigt wohl dazu, im Zweifel immer aus der Bezeichnung als "Privatkonto" auf dessen Kapitalcharakter zu schließen.[28]

Aus den oben genannten Gründen läßt sich diese Betrachtungsweise jedenfalls nicht aus der Handhabung beim Einzelkaufmann herleiten. Es wird weiterhin darauf verwiesen, daß bei der Kontenführung allgemein juristische Gesichtspunkte hinter den buchhalterischen Erfordernissen zurücktreten.[29] Das zeige sich insbesondere beim Auseinanderfallen von juristischen und buchhalterischen "Vorgängen": die Buchhaltung registriert nicht bereits den

---

[26] S. o., Ausf. unter C.I.1.b, S. 133

[27] Ebenso: Fischer in Großkomm.HGB, § 120 Anm. 26

[28] Sudhoff, NJW 1968, 2086 (2090 f.), verkennt natürlich auch nicht, daß alle anderen Umstände bei der Auslegung mitzuberücksichtigen sind. Bereits bei der Auslegung ist schon zu berücksichtigen, ob die auf Privatkonto gutgeschriebenen Beträge als Forderungen pfändbar sein sollen und ob für die auf dem Privatkonto gutgeschriebenen Gewinnanteile die Entnahmebeschränkung des § 122 Abs. 1 HGB nicht mehr gelten soll.

[29] Sudhoff, NJW 1968, 2086 (2087)

Kaufabschluß, eine Buchung erfolgt erst auf Vorlage des Buchungsbeleges, regelmäßig in Gestalt der Rechnung.[30]

Daß durch den Abschluß eines Kaufvertrages entstehende Forderungen und Verbindlichkeiten von der Buchhaltung nicht sofort erfaßt werden, ist richtig. Das liegt aber schon daran, daß der Gewinn am Jahresende durch Vermögensvergleich zu ermitteln ist. Der Vermögensvergleich setzt voraus, daß in der Buchführung die Vermögensänderungen erfaßt werden. Bis zur Erfüllung des Vertrages stehen sich aber nur die Ansprüche auf Leistung und Gegenleistung gegenüber, ohne daß ein Gewinn realisiert wird.[31]

Soweit die Bezeichnung als Privatkonto in Frage steht, geht es generell um die Frage des Rechtscharakters. Die Auslegung von Rechtsverhältnissen ist Aufgabe der Rechtswissenschaft. Für die Gesellschafter ergeben sich Konsequenzen nur bei Rechtsstreitigkeiten wegen der Behandlung des Kontos. Die Gerichte befolgen aber allgemein die juristische Betrachtungsweise. Deshalb soll ihr auch hier im Zweifelsfall der Vorrang eingeräumt werden.[32]

ee) Das Privatkonto im Lichte der GoB

Angesichts der Schwierigkeiten, die mit der Behandlung des Privatkontos ohne eindeutige gesellschaftsvertragliche Regelung verbunden sind, stellt sich die Frage nach dessen Vereinbarkeit mit den GoB. Dabei darf natürlich nicht übersehen werden, daß die Gesellschafter aufgrund der Vertragsfreiheit grundsätzlich die Terminologie ihrer Konten frei bestimmen können.

Gem. § 238 Abs. 1 S. 1 HGB gelten die GoB für die gesamte Buchführung. Das bedeutet zunächst nach § 239 Abs. 2 HGB eine vollständige, richtige, zeitgerechte und geordnete Eintragung in die Bücher. Nur so kann einem sachverständigen Dritten entsprechend § 238 Abs. 1 S. 2 HGB der erforderliche Überblick über die Geschäftsvorfälle gegeben werden. Die Buchführung muß aufgrund eines Kontenplans so gestaltet sein, daß sie die Ableitung des Jahresabschlusses ohne Schwierigkeiten erlaubt.[33] Die Klarheit der Buchfüh-

---

[30] Sudhoff, NJW 1968, 2086 (2087)

[31] Körner, BB 1986, 1950 (1951);
dementsprechend weist auch Sudhoff in NJW 1968, 2086 (2087), darauf hin, daß ein Kaufvertrag nach dem Grundsatz der Vorsicht schon vor seiner Ausführung in der Buchführung erfaßt wird, wenn aus ihm Verluste zu erwarten sind.

[32] Wie hier auch: Klauss/Mittelbach, Rn. 214

[33] Leffson, S. 162

rung setzt somit eine eindeutige und sachgerechte Kontierung voraus.[34] Daran könnte man zweifeln, wenn das Privatkonto im System veränderlicher Kapitalanteile im Regelfall einen ganz anderen Inhalt hat als im System fester Kapitalanteile.[35]

Andererseits ist in den Kontenrahmen der Praxis überall das Privatkonto vorgesehen.[36] Sind mit der Buchhaltung heute vornehmlich die Steuerberater und Finanzgerichte beschäftigt, so werden die GoB steuerrechtlich ausgerichtet.[37] Für die steuerrechtliche Gewinnermittlung nach § 15 Abs. 1 Ziff. 2 EStG ist es aber unerheblich, ob auf Privatkonto gebuchte Gewinne und Sondervergütungen Kapital- oder Darlehenscharakter haben. Insoweit tritt kein Widerspruch mit dem Grundsatz der Kontenklarheit auf.

Ergibt sich aus dem Gesellschaftsvertrag oder einer entsprechenden ständigen Behandlung des Privatkontos, daß auf ihm nur Gewinne, Entnahmen und Verluste gebucht werden, so kann ein sachverständiger Dritter die Geschäftsvorfälle dem Privatkonto ohne weiteres entnehmen. Dem Grundsatz der Kontenklarheit ist dann Genüge getan. Welchen materiellrechtlichen Charakter die dort verbuchten Posten haben, ist allenfalls eine Frage nach der Kontenwahrheit. Die Bezeichnung als Privatkonto fordert aber nach den getroffenen Feststellungen keine verbindliche Handhabung des Kontos.[38]

Zwischenergebnis: Die Bezeichnung als "Privatkonto" ist eine Frage der Terminologie im Rahmen der freien Vertragsgestaltung. Über den Rechtscharakter des Kontos und der auf ihm verbuchten Posten ist damit noch nichts ausgesagt. Der Rechtscharakter bestimmt sich nach den allgemeinen Auslegungskriterien. Lediglich im Zweifel ist das Privatkonto nach der juristischen Betrachtungsweise als Forderungs- und Schuldenkonto anzusehen. Vorrangig wird aber der systematischen Stellung des Kontos neben den anderen Gesellschafterkonten Bedeutung zukommen. Soweit im folgenden das Privatkonto behandelt wird, wird es als Forderungs- und Schuldenkonto verstanden.

---

[34] Adler/Düring/Schmaltz, § 149 Tz. 142; Körner, DB 1986, 1742 (1745); Leffson, S. 169

[35] Vgl. dazu oben, C.I.2.e, cc, S. 139

[36] Vgl. statt aller den IKR, abgedruckt bei Falterbaum/Beckmann, 10.4.4, S. 238 ff, sowie Bundesverband der Deutschen Industrie, IKR, S. 37

[37] Leffson, S. 121, S. 140 f. m. w. N.

[38] Zweifelnd Weickert, D.2.b, S. 185, der den Ausweis des Privatkontos in der Bilanz als "unüblich, wenn nicht unzulässig" bezeichnet.

II. Materiellrechtliche Wirkung von Buchungsvorgängen

Um die nach § 242 Abs. 1 S. 1 HGB vorgeschriebene Jahresbilanz erstellen zu können, müssen die einzelnen Gesellschafterkonten zuvor abgeschlossen und einer Bilanzposition zugeführt werden. Dabei ist festzustellen, ob die auf den Gesellschafterkonten verbuchten Posten bzw. der jeweilige Saldo Eigenkapitalcharakter haben oder eine Verbindlichkeit zwischen Gesellschaft und Gesellschafter darstellen.

Maßgebend für die Abgrenzung ist zunächst der Gesellschaftsvertrag. Finden sich hier keine konkreten Bestimmungen, so liegt eine Vertragsauslegung nahe, daß eine Zuweisung entsprechend der jeweiligen Kontenbezeichnung erfolgen soll. Der positive Saldo auf dem "Darlehenskonto" wäre dann unter der Bilanzposition "Verbindlichkeiten (gegenüber Gesellschaftern)" auszuweisen, der Saldo des "Kapitalkontos I, II" unter der Bilanzposition "Eigenkapital" oder "Kapitalanteil des Gesellschafters A".

Nicht nur im Fall des Privatkontos können sich aber erhebliche Probleme ergeben, wenn die Konten mit der falschen Bezeichnung ausgewiesen sind oder Fehlbuchungen erhalten. Daher bedarf es zunächst einer Untersuchung, welche Bedeutung der Buchung in der laufenden Buchhaltung zukommen kann.

1. Die Rechtswirkungen einer Buchung

Buchung bedeutet zunächst nur die statistische Erfassung von Geschäftsvorfällen, die - deklaratorische - Wiedergabe von rechtlichen Vorgängen[1]. Die unrichtige Buchung eines Postens ändert daher grundsätzlich an dessen Rechtsnatur nichts.[2] Für die Abgrenzung zwischen Kapital- und Darlehenscharakter der verbuchten Posten bleibt insoweit allein der Gesellschaftsvertrag maßgeblich.

---

[1] Plassmann, BB 1978, 413 (414); Ganssmüller, DB 1967, 2103 (2103)

[2] Schlegelberger/Geßler, § 120 Anm. 16; A. Hueck, § 16 V.3, S. 240

Aufgrund der Vertragsfreiheit ist jedoch eine jederzeitige Änderung des Gesellschaftsvertrages möglich. Wird demnach eine bestimmte Buchung bewußt mit Zustimmung aller Gesellschafter vorgenommen, so ist darin eine stillschweigende Vereinbarung über die materiellrechtliche Behandlung des Postens zu sehen.[3] Damit ist zugleich aber die Frage aufgeworfen, wann und wie weit Buchungsvorgängen eine vertragsändernde Wirkung auf der Grundlage einer stillschweigenden Vereinbarung der Gesellschafter beigemessen werden kann.

Die Rechtsprechung hat beispielsweise in der Tatsache, daß der Gesellschaftsvertrag einen bestimmten Gewinnverteilungsschlüssel enthält, in Wirklichkeit aber jahrelang Gewinngutschriften nach einem ganz anderen Schlüssel vorgenommen werden, eine tatsächliche Vermutung für eine entsprechende Änderung des Gesellschaftsvertrages gesehen.[4] Überzeugend ist auch die Begründung hierfür: es sei "schlechthin ungewöhnlich, würden die Gesellschafter einer OHG mehr als zwanzig Jahre einen dem Vertrag widersprechenden Verteilungsschlüssel vorbehaltlos anwenden, ohne dem früher oder später (!) Verbindlichkeit zumessen zu wollen"[5].

Als nächste Frage ergibt sich dann, ob nicht auch ein alleiniges "Buchenlassen" auf einem bestimmten Konto eine Willenserklärung darstellen und zu einem Gesellschafterbeschluß führen kann. So sollen wohl Buchungsvorgänge rechtsbegründende und rechtsvernichtende Wirkung haben, wenn sie über längere Zeit in gleicher Weise erfolgen: wird beispielsweise der Gewinnanteil eines Gesellschafters auf dessen Privatkonto gutgeschrieben, dann soll sich regelmäßig daraus der Schluß ergeben, daß er diesen Betrag entnehmen darf[6]. Dieses Ergebnis erscheint zumindest für den Fall richtig, daß das Privatkonto in dem hier gebrauchten Sinne verstanden wird.

Allerdings wirkt es konstruiert, in einem einfachen "Buchenlassen" über längere Zeit ohne gesellschaftsvertragliche Regelung eine entsprechende Willenserklärung zu sehen. Und soll diese nach einem oder zehn oder erst zwanzig Jahren als abgegeben gelten? Es wird vielmehr versucht, ein tatsächliches Handeln einer rechtsgeschäftlichen Willensäußerung zuzuführen. Das erinnert an die "ständige oder betriebliche Übung" im Arbeitsrecht, in der heute lediglich ein Vertrauenstatbestand gesehen und das Vorliegen einer

---

[3] Buchwald, JR 1948, 65 (68); Heymann/Kötter, § 120 Anm. 4; Westermann in Westermann u. a., I Rn. 290 mit Beispiel

[4] BGH, WM 1966, 159; 1978, 300 (301); Wiedemann, § 3 II.2.b, S. 171; nach Klußmann, DB 1967, 389, handelt es sich nicht um eine stillschweigende Vermutung, sondern um eine konkludente Einigung der Gesellschafter über entsprechende Rechtsfolgen.

[5] BGH, WM 1966, 159

[6] Klauss/Birle, Rn. 137

stillschweigenden rechtsgeschäftlichen Vereinbarung ausdrücklich abgelehnt wird[7].[8] Die Buchung kann insoweit keine Rechtswirkungen entfalten.

2. Die Rechtswirkungen der Unterzeichnung der Handelsbilanz

Die Rechtsprechung knüpft häufiger auch an die "vorbehalt- und widerspruchslose Hinnahme" von Buchungen an.[9] Möglicherweise ist hier der Ansatzpunkt für tatsächlich vorhandene Willenserklärungen zu finden. Die "vorbehalt- und widerspruchslose Hinnahme" wird kundgetan mit Unterzeichnung der Handelsbilanz, § 245 S. 2 HGB.[10] Die Gesellschafter wirken hier im Gegensatz zum einfachen Buchenlassen mit ihrer Unterschrift aktiv mit.

Mit der Unterzeichnung kommt der Kaufmann zunächst seiner öffentlich-rechtlichen Pflicht nach, die Bilanz als seine gesetzliche Handelsbilanz anzuerkennen.[11] "Gesetzlich" ist seine Handelsbilanz nach den privatrechtlichen Vorschriften nur, wenn sie gem. § 243 Abs. 1 HGB nach den GoB aufgestellt ist. Zu diesen GoB gehört insbesondere der Grundsatz der Wahrheit.[12]

Die persönlich haftenden Gesellschafter dokumentieren also mit ihrer Unterschrift gleichzeitig in zivilrechtlicher Sicht, daß sie ihre Handelsbilanz für richtig und verbindlich anerkennen. Die Feststellung der Bilanz seitens der Gesellschafter, dokumentiert durch deren Unterschrift, ist ein Schuldanerkenntnis hinsichtlich der sich aus der Bilanz den Mitgesellschaftern und der Gesellschaft gegenüber ergebenden Verbindlichkeiten.[13] Strittig ist bei diesem mit den Mitgesellschaftern und/oder der Gesellschaft geschlossenen Vertrag lediglich, ob es sich um ein konstitutives Schuldanerkenntnis gem. §§

---

[7] St. Rspr. seit BAG, NJW 1971, 1422 (1423)

[8] So ist es nicht erstaunlich, daß Canaris, § 31 II.2, S. 384 f., auch bei Änderungen des Gewinnverteilungsschlüssels in der langjährigen Handhabung einen Vertrauenstatbestand sieht: die Gesellschafter hätten sich dann auf einen bestimmten Lebensstandard eingerichtet."

[9] BGH, WM 1966, 159; 1978, 300 (301); vgl. auch Wiedemann, § 3 II.2.b, S. 171 f.

[10] Dies gilt nur für die persönlich haftenden Gesellschafter einer Personengesellschaft, da die Kommanditisten die Bilanz nicht unterzeichnen, §§ 245 S. 2, 166 Abs. 1 HGB

[11] Moxter, § 7, 3, S. 19

[12] S. o., Ausf. unter A.II.4.b, cc, S. 69

[13] Moxter, § 7, 3, S. 20

305, 781 S. 1, 782 BGB handelt[14] oder um ein nur kausales oder deklaratorisches Schuldanerkenntnis bzw. einen sachlich damit übereinstimmenden Feststellungsvertrag[15].

Die Gewinnansprüche betreffend liegt kein wirklicher Unterschied vor. Geht man davon aus, daß die Rechte der Gesellschafter auf Gewinnbeteiligung erst aufgrund der Bilanzfeststellung entstehen[16], so ist die Annahme eines konstitutiven Anerkenntnisses gem. §§ 305, 781, 782 BGB konsequent.

Denkbar ist auch eine gesellschaftsvertragliche Auslegung, daß die Ansprüche auf den Gewinnanteil sich auf den Gesellschaftsvertrag gründen[17] und nur inhaltlich in ihrer Höhe aufgrund der Bilanzfeststellung konkretisiert werden[18]. Gründet sich aber der Gewinnanspruch bereits auf den Gesellschaftsvertrag, ist ein Wille der Gesellschafter nicht erkennbar, neben den Sozialverpflichtungen der Gesellschaft für sich noch eine abstrakte Verpflichtung gem. §§ 305, 781, 782 BGB[19] zu schaffen. Insoweit liegt dann nur ein kausales oder deklaratorisches Schuldanerkenntnis vor.

Etwas Neues könnte sich aber daraus ergeben, daß der Saldo des zweiten Gesellschafterkontos nach neuem Recht dem Eigen- oder Fremdkapital zugeführt werden muß. Wurden die Konten bisher mit ihrem Saldo lediglich nacheinander in die Bilanz eingestellt, so konnte die Bilanzfeststellung schon ein Saldoanerkenntnis beinhalten.[20] Nunmehr erkennen die Gesellschafter

---

[14] So die h. M.: BGH, WM 1960, 187 (188); BB 1966, 474; Schlegelberger/Geßler, § 120 Anm. 3; Fischer in Großkomm.HGB, § 120 Anm. 11; Baumbach/Duden/Hopt, § 242 Anm. 1 C; Heymann/Kötter, § 120 Anm. 2; A. Hueck, § 17 I.4; Crezelius in Peter/Crezelius, Rn. 262; im Grundsatz auch Westermann in Westermann u. a., I Rn. 302

[15] Ulmer in FS Hefermehl, S. 207 (215); MK/Hüffer, § 781 Rn. 22 ff.; Muth, DB 1986, 1761 (1764 in Fußn. 45)

[16] So: A. Hueck, § 17 I.4; BGH, WM 1960, 187 (188); Düringer/Hachenburg/Flechtheim, § 122 Anm. 5, 7; Ganssmüller, DB 1967, 2105 (2106)

[17] Vgl. besonders § 717 BGB: S. 1 spricht von der Unübertragbarkeit von "Ansprüchen aus dem Gesellschaftsverhältnis, wovon in S. 2 einzelne Ansprüche wie auch diejenigen auf den Gewinnanteil ausgenommen werden;
so auch: Schlegelberger[5]/Martens, § 167 Anm. 10

[18] MK/Hüffer, § 781 Rn. 22; Ulmer in FS Hefermehl, S. 207 (215); RGZ 60, 126 (130); vgl. aber Ganssmüller, DB 1967, 2103 (2105), nach dem der Anspruch auf den Gewinnanteil nur auf Herbeiführung der Maßnahmen zielt,....; ebenso wohl auch Schlegelberger/Geßler, § 120 Anm. 11;
gegen die Existenz eines Gewinnstammrechts, aus dem die einzelnen Ansprüche fließen: Baumbach/ Duden/Hopt, § 121 Anm. 2 B; Renkl in Glanegger u. a., § 122 Rn. 4 m. w. N.

[19] Vgl. § 346 Abs. 2 BGB, nach dem das abstrakte Schuldanerkenntnis "erfüllungshalber" vereinbart wird; das setzt eine bereits bestehende Forderung voraus.

[20] Vgl. dazu BGH, DB 1979, 1792 (1793)

bzw. die Gesellschaft, vertreten durch die bilanzfeststellenden Gesellschafter, die Salden der Konten als zum Eigen- oder Fremdkapital zugehörig an.

Die Gesellschaft bzw. die Gesellschafter wollen zwar insoweit kein neues Rechtsverhältnis aufgrund eines konstitutiven Anerkenntnisses begründen. Sie haben im allgemeinen bei Abschluß des Gesellschaftsvertrages aber eine bestimmte Vorstellung von der Behandlung des Privatkontos oder eines sonstigen Gesellschafterkontos. Akzeptieren nun Gesellschafter und Gesellschaft die Zuführung zum Eigen- oder Fremdkapital, so dokumentieren sie die materielle Ordnungsmäßigkeit. Die Konten werden einem möglichen Streit über den materiellrechtlichen Charakter entzogen.

Die Bilanz bezweckt unter anderem, die Ansprüche und Verbindlichkeiten der Gesellschafter gegenüber der Gesellschaft festzulegen.[21] Dann hat das Anerkenntnis hier die Wirkung, alle Einwendungen tatsächlicher und rechtlicher Natur auszuschließen, die Gesellschafter und Gesellschaft bei ihrem wechselseitigen Anerkenntnis kannten oder mit denen sie zumindest rechneten. Einwendungen im Zusammenhang mit der Zuordnung der Konten und damit bezüglich ihres Rechtscharakters sind folglich ausgeschlossen. Es handelt sich hier um ein deklaratorisches Anerkenntnis.[22]

Ein solches deklaratorisches Schuldanerkenntnis kann mangels Selbständigkeit nicht gem. §§ 812 ff. BGB zurückgefordert werden.[23] Im Gegensatz zum alten Recht sind deshalb nunmehr Irrtümer bezüglich des materiellrechtlichen Charakters eines Kontos weitgehend unbeachtlich geworden. Die Gesellschafter müssen sich deshalb schon bei Abschluß des Gesellschaftsvertrages genau überlegen, welchen Charakter ein Konto haben soll.

Etwas anderes kann sich allerdings beim Kommanditisten ergeben, der an der Bilanzaufstellung nicht beteiligt ist und auch die Bilanz nicht unterzeichnet. Das ergibt sich im Umkehrschluß aus §§ 245 S. 2, 166 Abs. 1 HGB. Die Bilanzfeststellung ist demgegenüber ein Grundlagengeschäft.[24] Deshalb muß

---

[21] MK/Hüffer, § 781 Rn. 22

[22] Zum deklaratorischen oder kausalen Anerkenntnis: BGHZ 66, 250 (253 f.); BGH, WM 1974, 410 (411); NJW 1980, 1158; KG, NJW 1971, 1219; 1975, 1326 (1327); Palandt/Thomas, § 781 Anm. 2 a; Larenz, Schuldrecht, § 65 II, S. 488 f.

[23] Zur Rückgängigmachung von Schuldanerkenntnissen allgemein: MK/Hüffer, § 781 Rn. 6 m. w. N.

[24] BGH, WM 1980, 526 (527)

die Bilanzfeststellung auch eine Billigung durch den Kommanditisten erfahren.[25]

Soweit Kommanditisten von der Bilanzfeststellung kraft Gesellschaftsvertrages ausgeschlossen sind, müssen sie die Bilanz trotzdem gegen sich gelten lassen.[26] Ein Schuldanerkenntnis kann hier allerdings lediglich die Mitteilung der Bilanz von seiten der feststellenden Gesellschafter an die übrigen Gesellschafter beinhalten. Die alleinige widerspruchslose Kenntnisnahme des Kommanditisten genügt für ein Anerkenntnis nicht, er verliert dadurch nicht den Anspruch auf richtige Bilanzierung.[27]

Für den von der Bilanzfeststellung ausgeschlossenen Gesellschafter kann die Bilanz als allgemeines Auslegungskriterium neben anderen Kriterien herangezogen werden.[28] Die Bilanzfeststellung durch die anderen Gesellschafter demgegenüber beinhaltet ein deklaratorisches Anerkenntnis bezüglich des materiellrechtlichen Charakters ihrer Gesellschafterkonten. Dieses Anerkenntnis wird in der Zukunft als entscheidendes Auslegungskriterium zu werten sein, weil der Gesellschafter sich im Regelfall von ihm nicht wieder lösen kann.

III. Der Einfluß stehengebliebener Gewinne auf den Kapitalanteil

Gem. § 122 Abs. 1 HGB ist der Gesellschafter einer Personengesellschaft ein Jahr lang zur Entnahme seiner Gewinnanteile berechtigt, aber nicht verpflichtet. Er kann sie in der Gesellschaft stehenlassen. Statt auf freiwilliger Basis kann auch der Gesellschaftsvertrag die Verpflichtung zu einer "Rücklage" in Höhe eines bestimmten Vomhundertsatzes des Gewinns vorsehen. Eine solche Verpflichtung hat die Bedeutung einer Beschränkung des Entnahmerechts. Die Gewinne sollen nicht erst nach einem Jahr gebunden sein, sondern von vornherein. § 122 HGB ist natürlich nicht entsprechend anwendbar.

Rechtliche Probleme ergeben sich vornehmlich im System fester Kapitalanteile. Regelmäßig finden auch nur hier entsprechende Klauseln Eingang in

[25] Ebenso: MK/Hüffer, § 781 Rn. 23; Riegger in Münchener Vertragshandbuch, III.1, § 4, Anm. 16; Schlegelberger[5]/Martens, § 167 Anm. 6, mit Darstellung des Streitstandes in Anm. 5;
a. A.: Westermann in Westermann u. a., I Rn. 870

[26] Sudhoff, Rechte und Pflichten, § 7 I.3.d

[27] Huber, § 14, 4.e, S. 342

[28] Insoweit ist es verständlich, wenn auf eine langjährige Handhabung abgestellt wird.

den Gesellschaftsvertrag. Ist der Kapitalanteil auf einen bestimmten Betrag festgelegt, so stellt sich die Frage nach dem materiellrechtlichen Charakter stehengebliebener Gewinne. Diese werden üblicherweise zusammen mit Verlusten und Entnahmen auf dem "Privatkonto" oder einem ähnlichen Konto mit anderer Bezeichnung verbucht.

Früher wurde dieses zweite Konto als Forderungskonto angesehen.[1] In der neueren Literatur ist die Ansicht im Vordringen, daß auch das zweite Konto Kapitalcharakter hat.[2] Die dort verbuchten Gewinnanteile behielten dann ebenfalls ihren Kapitalcharakter.

Wenn diese Gewinnanteile rechtlich eine Erhöhung des Eigenkapitals darstellen, so nehmen sie auch an den Verlusten teil. Sind sie demgegenüber Gesellschafterdarlehen, so sind sie als Forderungen des betreffenden Gesellschafters gegen die Gesellschaft pfändbar und nehmen im Konkurs der Gesellschaft wie Gläubigerforderungen an der Konkursmasse teil.

Was das bedeutet, mag ein Beispiel verdeutlichen: im Gesellschaftsvertrag sind feste Kapitalanteile in Höhe von DM 10.000,-vereinbart, zwecks Selbstfinanzierung des Unternehmens haben sich aber auf dem zusätzlichen Konto inzwischen Beträge in Höhe des Fünf- oder Zehnfachen angesammelt. Bei einem Bilanzausweis als Gesellschafterdarlehen würde nun die Konkursmasse zu Lasten der "echten" Gesellschaftsgläubiger erheblich geschmälert.[3]

Andererseits wiederum kann die Bilanz für den Fall, daß es sich tatsächlich um Darlehensforderungen handelt, durch einen erheblich zu hohen Eigenkapitalausweis gekennzeichnet sein. Dieser kann im genannten Beispielsfall bereits zur Gläubigertäuschung geeignet sein.

---

[1] Schlegelberger/Geßler, § 120 Anm. 16; Fischer in Großkomm.HGB, § 120 Anm. 27; Baumbach/Duden/Hopt, § 120 Anm. 3 D; A. Hueck, § 16 V.4; Westermann in Westermann u. a., I Rn. 299; Großfeld, § 14 II.2.a, S. 144; Maiberg, Rn. 96; Klußmann, DB 1967, 389; Klauss/Mittelbach, Rn. 216; RFH v. 11.3.1925, JW 1925, 2033 (2034)

[2] Schopp, BB 1987, 581 (583); Plassmann, BB 1978, 413 (418); Huber, § 11, 2.d; Schneider, BB 1952, 564 (565); Oldenburg in Münchener Vertragshandbuch, II.3, Anm. 20 b; ebenso Sudhoff, Gesellschaftsvertrag, II.C.3.a, S. 131, Crezelius in Peter/Crezelius, Rn. 267, und BFH v. 17.12.1980, BStBl. 1981 II, 325 (326), für den Fall, daß auf dem zweiten Konto entsprechend § 120 Abs. 2 HGB Gewinne, Verluste und Entnahmen gebucht werden.

[3] Ebenso: Schneider, BB 1954, 246 (247); allerdings dürfte die praktische Bedeutung nicht allzu groß sein, da der persönlich haftende Gesellschafter auch mit seiner "Gläubigerforderung" persönlich haftet: es entsteht dann höchstens das erneute Prozeßrisiko und die Gefahr der sofortigen Verschleuderung. Der Konkursverwalter könnte der Anmeldung zur Tabelle auch den Arglisteinwand des "dolo facit, qui petit, quod statim redditurus est" entgegenhalten, gegenüber dem Kommanditisten ergibt sich das aus § 171 Abs. 2 HGB, vgl. Huber, ZGR 1988, 1 (36)

1. Allgemeine Auslegung von Gesellschaftsverträgen

Im Aufbau und System des BGB ist der Gesellschaftsvertrag ein schuldrechtlicher Vertrag der Gesellschafter untereinander.[4] Ihre Mitgliedschaft in der Personengesellschaft ist auf die Person zugeschnitten.[5] Aufgrund der engen persönlichen und kapitalmäßigen Bindung ist der Gesellschafterkreis grundsätzlich geschlossen.[6]

Deshalb sind die subjektiven Vorstellungen der Gesellschafter für die Auslegung des Vertrages maßgeblich, ebenso wie es bei sonstigen Verträgen die subjektiven Vorstellungen der Vertragspartner sind.[7] Es gelten für Gesellschaftsverträge als Individualverträge die allgemeinen rechtsgeschäftlichen Auslegungsregeln der §§ 133, 157 BGB.[8]

Bei der Vorlage schriftlicher Gesellschaftsverträge erhebt sich dann die Frage, ob der für die Auslegung formbedürftiger Rechtsgeschäfte entwickelte Andeutungsgrundsatz gilt. Dieser besagt, daß bei unterschiedlichen Auslegungsmöglichkeiten zu prüfen ist, ob die von einer Partei behauptete Bedeutung im Urkundentext einen Anhalt findet.[9] Dies gründet sich darauf, daß "der in einer Urkunde niedergelegte Vertrag die Vermutung der Vollständigkeit und Richtigkeit für sich hat"[10].

Wer schon die Form beachtet hat, hat sich regelmäßig auch um eine klare und vollständige Niederschrift der Vereinbarung bemüht. Damit läßt sich die aufgestellte Vermutung der Vollständigkeit und Richtigkeit rechtfertigen. Sie hat dann aber nicht nur beim (gewillkürten) Formzwang zu gelten, sondern auch in dem Fall, daß die Niederschrift ohne besondere Vereinbarung, etwa nur zu Beweiszwecken, erfolgt.

---

[4] §§ 705 bis 740 BGB bilden den 14. Titel des 2. Buches, siebenter Abschnitt: "Einzelne Schuldverhältnisse"

[5] Buchwald/Tiefenbacher/Dernbach, § 2 I.2

[6] Kübler, § 10 I.c, aa, S. 114; Sudhoff, Gesellschaftsvertrag, I.A.1.a, S. 4

[7] Anders die Satzung des vom Mitgliederbestand unabhängigen Vereins: nach BGHZ 47, 172 (179 f.) löst sich die Satzung mit Entstehung des Vereins von den Vorstellungen ihrer Urheber und "erlangt ein unabhängiges rechtliches Eigenleben"; zu den unterschiedlichen verfahrensrechtlichen Konsequenzen: Kübler, § 10 I.c, aa

[8] BGH, WM 1974, 1025 (1026); 1975, 662; Westermann in Westermann u. a., I Rn. 78; Baumbach/Duden/Hopt, § 105 Anm. 2 K; Fischer in Großkomm.HGB, § 105 Anm. 59; Wiedemann, § 3 II.2, S. 166;
ausführlich zur Auslegung nach §§ 133, 157 BGB: Larenz, Methodenlehre, S. 285 f.

[9] Der Wille muß in der formbedürftigen Erklärung irgendwie, wenn auch unvollständig, zum Ausdruck gekommen sein: RGZ 154, 41 (45); 160, 109 (111); BGH, WM 1957, 1222; 1964, 94 (95); BGH, JZ 1968, 795

[10] RGZ 85, 322 (326); BGH, BB 1967, 1187

Nur ist die Aufstellung einer solchen tatsächlichen Vermutung nicht ein Teil der Auslegung des Gesellschaftsvertrages, sie beinhaltet vielmehr eine Darlegungs- und Beweislastregelung. Die Frage ist die, wie zu entscheiden ist, wenn eine Partei keine Tatsachen dafür vortragen und beweisen kann, daß die Vertragsschließenden dem Erklärten einen anderen Sinn beigemessen haben.[11] Die Auslegung hat grundsätzlich mit der Darlegungs- und Beweislastregelung nichts zu tun, sie geht letzterer voraus. Es bleibt bei der Geltung der allgemeinen Auslegungsregeln für Rechtsgeschäfte.

Haben die Parteien einen bestimmten Punkt im Vertrag nicht geregelt, der nach der gesamten Vertragsanlage regelungsbedürftig erscheint, so ist diese Lücke im Wege ergänzender Vertragsauslegung zu schließen. Im Gesellschaftsvertrag können die Gesellschafter ihre Rechtsbeziehungen frei gestalten, §§ 109, 163 HGB. Bei dieser Gestaltung weichen sie heute überwiegend vom dispositiven Recht ab.[12] Die ergänzende Vertragsauslegung geht dem dispositiven Recht vor, weil es sich um ein Weiterdenken der gesellschaftsvertraglichen Regelung handelt.[13] Auf diese Weise soll der Gesellschafterwille gefunden werden.

Es soll auch im folgenden, soweit dies möglich ist, von der ergänzenden Vertragsauslegung ausgegangen werden. Im Einzelfall lassen sich aufgrund der spezifischen Vertragsstruktur durchaus unterschiedliche Ergebnisse erzielen. Ohne Vorlage näherer Vertragskonstruktionen hat sich die Auslegung allerdings im wesentlichen darauf zu beschränken, die getroffenen gesellschaftsvertraglichen Vereinbarungen mit der gesetzlichen Regelung zu vergleichen. So ist diese Arbeit auch für Gesellschaftsverträge konzipiert, in denen es an hinreichend klaren Regelungen fehlt.

2. Allgemeine Abgrenzung der Beteiligung vom Darlehen

Für die Frage, ob stehengebliebene Gewinne Kapital- oder Darlehenscharakter haben, ist bei Fehlen ausdrücklicher gesellschaftsvertraglicher Regelungen der Wille der Gesellschafter im Wege der Auslegung gem. §§ 133, 157 BGB zu ermitteln. Für die generell auf Konten gebuchten Beträge sind dabei die Entstehung, die wirtschaftliche Bedeutung und die bisherige

---

[11] Vgl. BGH, BB 1967, 1187

[12] MK/Ulmer, § 705 Rn. 147

[13] So auch die h. M.: BGH, NJW 1979, 1705 (1706); 1982, 2816 (2817); 1985, 192 (193); Fischer in Großkomm.HGB, § 105 Anm. 59; MK/Ulmer, § 705 Rn. 147; Baumbach/Duden/Hopt, § 105 Anm. 2 K; Wiedemann, § 3 II.2.b, S. 171, mit Darstellung der Gegenansicht

Behandlung dieser Konten von besonderer Wichtigkeit.[14] Letzteres Auslegungskriterium findet seine Grundlage in der Anerkennung der Bilanz.[15]

In einer grundlegenden Entscheidung hat der Bundesgerichtshof die Abgrenzung zwischen Beteiligungs- und Darlehenskonten nach typisierten Merkmalen vorgenommen.[16] Ein Darlehen soll danach bei einem festen Forderungsbetrag statt einer lediglich fiktiven Ziffer, bei einer festen Verzinsung, einer Entnahme- und Kündigungsmöglichkeit und bei Fehlen besonderer gesellschaftsrechtlicher Befugnisse vorliegen. Besondere gesellschaftsrechtliche Befugnisse sollen demgegenüber das Vorliegen einer Beteiligung kennzeichnen, ebenso wie die Teilnahme an Gewinn und Verlust und an den (stillen) Reserven. Entscheidend sei dabei das äußere Gesamtbild.[17]

In Übereinstimmung mit den landläufigen Vorstellungen über Beteiligung und Darlehen sind so der Praxis konkrete Kriterien an die Hand gegeben, mit deren Hilfe eine Überprüfung und Einordnung im Einzelfall erfolgen kann.

3. Kritik an der typisierten Einordnung

Wendet man die genannten Kriterien auf stehengebliebene Gewinnanteile an, so könnte man zu folgendem Schluß gelangen: diese Gewinnanteile hätten jedenfalls dann die Rechtsnatur einer Darlehensforderung, wenn sie fest verzinst sind und nicht mit Gesellschafterrechten, sondern mit echten Gläubigerrechten verbunden sind.

Was die gesellschaftsrechtlichen Befugnisse angeht, so werden mit der Vereinbarung fester Kapitalanteile das Gewinnbezugsrecht und meist auch das Stimmrecht unveränderlich festgelegt[18]. Stehengebliebene Gewinne können folglich insoweit von vornherein keine gesellschaftsrechtlichen Befugnisse verleihen. Daß ein Gewinnbezugsrecht andererseits nicht nur aus einer Beteiligung hergeleitet werden kann, zeigen die partiarischen Darlehen.[19] Das sind echte Darlehen im Sinne des § 607 BGB, bei denen nur die

---

[14] Schneider, BB 1952, 564

[15] S. o., Ausf. unter C.II.2, S. 144 ff.

[16] BGH, BB 1952, 478

[17] BGH, BB 1952, 478; ebenso: BGH, NJW 1988, 1841 (1843) m. w. N.; Sudhoff, Rechte und Pflichten, § 7 III.4, S. 79, sowie Gesellschaftsvertrag, II.M.1, S. 272 f.

[18] S. o., Ausf. unter A.II.2, S. 30 f.

[19] Sudhoff, NJW 1968, 2086 (2088); Schneider, BB 1952, 564 (565)

Vergütung für die versprochene Leistung nicht in einem festen periodischen Betrag fixiert, sondern erfolgsbezogen ist.[20]

Keine oder nur beschränkte Bedeutung soll auch der Teilnahme an den stillen Reserven zukommen[21], weil der hierfür maßgebliche Gewinnverteilungsschlüssel nach der gesetzlichen Regelung eine Beteiligung nach Köpfen und nicht nach dem Kapitalanteil ist.[22] Hinsichtlich der festen Verzinsung wird herausgestellt, daß häufig auch eine Beteiligung fest verzinst wird - und zwar nicht nur dann, wenn sie ein zusätzlicher Beitrag ist.[23]

Die Beteiligung ist gem. § 122 Abs. 2 i. V. m. § 155 Abs. 1 HGB durch die Unkündbarkeit der Einlage gekennzeichnet: der Gesellschafter ist zur Minderung seines Kapitalanteils nicht befugt, er haftet mit dem Kapitalanteil in der Liquidation für die Schulden der Gesellschaft.[24] Allerdings ist hier auch bei einem Gesellschafterdarlehen der Darlehensgläubiger, anders als ein fremder Dritter, zugleich Gesellschafter. Er ist infolgedessen über die Gesellschaft gleichzeitig Darlehensschuldner. Damit gewinnt der Grundsatz der gesellschaftlichen Treuepflicht besonderen Einfluß. Der Gesellschafter muß den Interessen der Gesellschaft Vorrang einräumen und hat alles zu unterlassen, was den Gesellschaftsinteressen zuwiderläuft.[25] Die freie Kündigungsmöglichkeit von Darlehen kann beschränkt, wenn nicht sogar ganz aufgehoben sein. Die Gelder sind dann in der Gesellschaft gebunden.[26] Dies würde aber nach der Rechtsprechung gerade ein Kriterium für den Einlagecharakter einer Leistung darstellen.[27]

Als echte Abgrenzungskriterien dagegen ergeben sich aus § 120 Abs. 2 HGB die Verlustbeteiligung und die Teilnahme an der Auseinandersetzung: die Einlage kann durch künftige Verluste aufgezehrt werden. Das Darlehen als Spezialfall der Leihe ist demgegenüber durch die unbedingte Rückzahlungspflicht gekennzeichnet, eine Verlustbeteiligung des Gläubigers ist damit

---

[20] MK/Ulmer, Vor § 705 Rn. 74 m. w. N.

[21] So aber: BGH, BB 1952, 478; Salje, DB 1978, 1115

[22] Huber, ZGR 1988, 1 (6)

[23] Huber, § 11, 2.b, S. 247; Salje, DB 1978, 1115; BFH v. 3.2.1988, DB 1988, 1199 (1200); a. A.: BFH v. 22.7.1987, BStBl. II, 823 (826)

[24] Plassmann, BB 1978, 413; Huber, § 11, 2.c, S. 248; Schmidt, Lehrbuch, § 18 II.2.a, S. 382

[25] Die Treuepflicht ist Ausdruck der allgemeinen, in § 705 BGB enthaltenen Pflicht zur Förderung des Gesellschaftszwecks; sie findet ihre Grenze bei der Wahrnehmung eigener berechtigter Interessen des Gesellschafters: BGHZ 34, 80 (83); 64, 253 (258); BGH, DB 1987, 266 (267); Staudinger/Keßler, Vorbem. zu § 705 Rn. 48; Crezelius in Peter/Crezelius, Rn. 74; umfassend zur Treuepflicht: MK/Ulmer, § 705 Rn. 181 ff.

[26] Schneider, BB 1954, 564 (565); BGH, NJW 1988, 1841 (1843)

[27] Vgl. auch Sudhoff, Familienunternehmen, § 46, b, S. 169 zur Aussagekraft dieses Abgrenzungskriteriums

nicht vereinbar.[28] Die Verlustbeteiligung der Einlage gilt auch noch für die Auseinandersetzung, weil die Einlage nicht zurückzahlbar ist, § 122 Abs. 2 HGB. Im Gegensatz zur Darlehensforderung kann sie nicht als Konkursforderung geltend gemacht werden.[29] Es läßt sich somit festhalten, daß jedenfalls die - in der Praxis leicht festzustellende - Verrechnung mit Verlusten ein starkes Indiz für eine gesellschaftsrechtliche Beteiligung bildet.

4. Vergleich von gesetzlicher und gesellschaftsvertraglicher Regelung

Wegen der teilweise berechtigten Zweifel an den Auslegungskriterien der Rechtsprechung soll die Lösung in erster Linie anhand eines Vergleichs von gesetzlicher und gesellschaftsvertraglicher Regelung erarbeitet werden. § 122 HGB, der über § 161 Abs. 2 HGB auch auf die Komplementäre der KG Anwendung findet, kennt nur ein einziges Konto, das Kapitalkonto. Auf diesem sind sämtliche Geschäftsvorfälle zu erfassen, die den Kapitalanteil des jeweiligen Gesellschafters betreffen wie Gewinne, Verluste und Entnahmen. Das System fester Kapitalanteile findet dagegen im Gesetz keine Grundlage.

a) Die Führung eines Vorkontos im System veränderlicher Kapitalanteile

Auch im gesetzlichen System variabler Kapitalanteile können anstelle eines veränderlichen Kontos mehrere Kapitalkonten geführt werden. Auf dem eigentlichen Kapitalkonto wird dann allein der Kapitalanteil des jeweiligen Gesellschafters gebucht, wie er sich in der jährlichen Eröffnungsbilanz der Gesellschaft darstellt. Sämtliche Kapitalbewegungen im Laufe des Jahres werden auf einem Sonderkonto gleichermaßen als Vorkonto erfaßt. Dieses wiederum wird vor Jahresabschluß über das Kapitalkonto abgeschlossen. Trägt das Unterkonto die Bezeichnung "Privatkonto", so deckt sich diese Handhabung mit der betriebswirtschaftlichen Betrachtung des Privatkontos.

Mit Abschluß über das Kapitalkonto werden nun die Gewinnanteile dem Kapitalanteil zugeschrieben und mit Verlusten verrechnet. Sie behalten also Kapitalcharakter, wie wenn nur ein einziges, veränderliches Kapitalkonto geführt würde.

---

[28] Ausführlich dazu: Huber, § 11, 2.c, S. 248; Schopp, BB 1987, 581 (584)

[29] Reinhard in Küting/Weber, § 247 Rn. 101; IDW, WPg. 1976, 114 (115); BFH v. 3.2.1988, DB 1988, 1199 (1200)

Voreilig wäre allerdings der Schluß, daß der Gesellschaftsvertrag mit dem System fester Kapitalanteile genau dasselbe Modell vorsehe. Dieses mag allein der Vergleich zweier aufeinanderfolgender Jahresbilanzen verdeutlichen: im System fester Kapitalanteile wird jedes Jahr der gleiche, in seiner Höhe feststehende Betrag für jeden Gesellschafter ausgewiesen; in dem hier dargestellten Modell wird das Vorkonto jeweils vor Erstellung der Bilanz über das Kapitalkonto abgeschlossen. Der Kapitalanteil bleibt damit veränderlich. Die alleinige Vereinbarung, daß zwei Konten zu führen sind, sagt also für sich genommen noch nichts über den materiellrechtlichen Charakter der Konten aus.[30]

b) Die gesetzliche Regelung bei Kapitalgesellschaften

Es wird häufig betont, daß die Gesellschafter einer Personengesellschaft feste Kapitalanteile in Anlehnung an Kapitalgesellschaften vereinbaren.[31] Die Kapitalgesellschaften sind verpflichtet, ein festes Grund- bzw. Stammkapital (§§ 7 AktG, 5 Abs. 1 S. 1 GmbHG) zu bilden. Ist dieses Gesellschaftskapital von vornherein summenmäßig fixiert[32], so sind auch die Anteile der Gesellschafter auf einen bestimmten Betrag festgelegt. Bei Aktionären beispielsweise ist das der Nennbetrag der Aktien. Die Buchhaltung berücksichtigt das feste Nennkapital mit der Einrichtung und Führung fester Kapitalkonten.

Neben dem Grund-/Stammkapital gehören zum Eigenkapital der Kapitalgesellschaften unter anderem die offenen Rücklagen[33], § 266 Abs. 3 (A. II. und III.) HGB. Man unterscheidet gesetzliche (§ 150 Abs. 1, 2 AktG) und freie Rücklagen (§§ 58 Abs. 1, Abs. 2 AktG, 29 Abs. 2 GmbHG). In der laufenden Buchführung sind diese Bilanzpositionen den Rücklagekonten zuzuführen.

---

[30] BFH v. 3.2.1988, DB 1988, 1199 (1200)

[31] Morck, S. 95, 105; Kübler, § 7 III.4.a; Feddersen in Bandasch, § 120 Rn. 8; Weickert, D.2.a, bb, S. 183;
Schmidt, Lehrbuch, § 47 III.2.d, spricht sogar von unveränderlichen Kapitalanteilen, deren Summe gleichsam das "Grund-" oder "Stammkapital" der Personengesellschaft ergibt.

[32] Kapitalerhöhungen und -herabsetzungen sollen hier unberücksichtigt bleiben.

[33] Im Gegensatz dazu stehen die stillen Rücklagen, die durch Unterbewertung von Vermögenswerten oder durch Überbewertung der Schulden entstehen und daher in der Bilanz nicht in Erscheinung treten.

c) Vergleichende Betrachtung

Enthält der Gesellschaftsvertrag einer Personengesellschaft ausdrücklich die Bestimmung, einen bestimmten Prozentsatz der Gewinne vor Verteilung den "Rücklagen" zuzuführen, so liegt äußerlich eine den Kapitalgesellschaften ähnliche Konstruktion vor. Das legt die Auslegung nahe, daß die "Rücklagen" in diesem Fall Bestandteil des Eigenkapitals sein sollen. Dann behalten auch die dort einzustellenden Gewinnanteile ihren Kapitalcharakter. Sie werden nicht der Gesellschaft nur darlehensweise überlassen.[34]

Die Vereinbarung einer "Rücklagenbildung" im Gesellschaftsvertrag ist schon eine detaillierte Vertragsbestimmung. Meist wird in kleinen Personengesellschaften lediglich allgemein formuliert, daß ein bestimmter Prozentsatz der Gewinne in der Gesellschaft belassen werden soll. Nach der gesetzlichen Regelung des variablen Kapitalanteils würde das lediglich eine Entnahmebeschränkung bedeuten. Sollen dieselben Gewinnanteile hier keinen Kapitalcharakter mehr haben, so müßte folgende Frage bejaht werden: sieht der Gesellschaftsvertrag mit der Vereinbarung fester Kapitalanteile implizit eine Änderung des materiellrechtlichen Charakters von Gewinngutschriften, Verlustbelastungen und Entnahmen vor?

Dies ließe sich einfach damit begründen, daß eben Gewinne, Entnahmen und Verluste hier nicht wie beim gesetzlichen Modell des § 120 Abs. 2 HGB dem Kapitalanteil zu- bzw. abgeschrieben werden können[35]. Allerdings sind die aus Gewinnen zu bildenden Rücklagen der Kapitalgesellschaften zu deren Eigenkapital zu rechnen. Dort behalten also die Gewinne ihren Kapitalcharakter. Die Lösung soll anhand allgemeiner Auslegungsgrundsätze gefunden werden.

aa) Wortlautgemäße Interpretation

Die Gesellschafter haben in ihrem Gesellschaftsvertrag die "Kapitalanteile" festgelegt. Von der Begriffsdefinition her ist es durchaus vertretbar, daß damit die Beteiligung am Gesellschaftsvermögen und das bilanzmäßig zu buchende Gesellschaftskapital als Summe der Kapitalanteile endgültig festgesetzt wird. Damit wäre es verbunden, daß Gewinne, Verluste und

---

[34] Näheres dazu bei der Dreiteilung der Gesellschafterkonten, unten C.III.7, S. 162 f.

[35] So: Baumbach/Duden/Hopt, § 120 Anm. 3 D

Entnahmen nicht mehr als gesellschaftsrechtliche, sondern als schuldrechtliche Beziehungen wie zwischen beliebigen Dritten gebucht werden sollen.[36]

Der Kapitalanteil im Sinne des § 120 Abs. 2 HGB ist eine Rechnungsziffer, die den bilanzmäßigen Wert der wirtschaftlichen Beteiligung des Gesellschafters am Gesellschaftsvermögen wiedergibt.[37] Diese Beteiligung ändert sich stets. Bei Zugrundelegung der gesetzlichen Regelung würde sich vielmehr der "Kapitalanteil" aus einem festen und einem veränderlichen Teil zusammensetzen.[38] Das hieße aber zugleich, daß die Gesellschafter in Wirklichkeit gar keinen "Kapitalanteil" vereinbart hätten.

Der Wortlaut einer Vereinbarung ist jedoch mangels Eindeutigkeit nur ein schwaches Auslegungskriterium[39], auch wenn ihm in der Praxis als Beweismittel große Bedeutung zukommt. Dies hat sich schon bei der Wahl der Kontenbezeichnung gezeigt.

bb) Vergleich mit anderen Gestaltungsformen der vertraglichen Vereinbarung

Der Vergleich mit anderen Gestaltungsmöglichkeiten des Gesellschaftsvertrages zeigt, daß die Gesellschafter hinsichtlich der Abstimmungs- und Gewinnverteilungsverhältnisse ebensogut eine quotenmäßige Beteiligung ($^1/_3$ zu $^2/_3$ etc.) bestimmen können. Die Zusammensetzung des Kapitalanteils wird dann gegenüber der gesetzlichen Regel nicht verändert, ihm werden nur seine Funktionen, zumindest teilweise, entzogen. Deswegen könnte man zu der Auslegung gelangen, daß die Festlegung von Kapitalanteilen in Form fester Beträge einen weitergehenden Zweck haben soll[40].

Fraglich ist jedoch, ob dieser Schluß der Differenzierung zwischen Kapitalanteilen nach Quoten und solchen in Form fester Beträge zwingend ist. Mit festen Beträgen läßt sich leichter rechnen als mit abstrakten Quoten; wird mit Quoten gearbeitet, müßte bei jeder Veränderung der Beteiligungen, wie beispielsweise bei der Neuaufnahme eines Gesellschafters, eine Neubestimmung sämtlicher Quoten erfolgen.[41] Für die Wahl im Gesellschafts-

---

[36] So auch die Auslegung bei Plassmann, BB 1978, 413

[37] S. o., Ausf. unter A.II.3, S. 41 f.

[38] Flume, § 11 II.2, S. 152; Crezelius in Peter/Crezelius, Rn. 267

[39] Larenz, Methodenlehre, S. 329

[40] So im Erg. wohl: Westermann in Westermann u. a., I Rn. 298 f.

[41] Huber, § 11, 1.a, S. 240

vertrag spielen daher auch praktische Erwägungen eine Rolle. Eine strikte Trennung hinsichtlich der materiellrechtlichen Auswirkungen auf Gewinne, Verluste und Entnahmen scheint nicht möglich. Insbesondere kann nicht ausschlaggebend sein, daß die Gewinne ja nur nach dem Stand des ersten Kapitalkontos berechnet und verteilt werden.[42] Auch bei der Beteiligung nach Quoten wollen die Gesellschafter nur den Berechnungsmaßstab für die Gewinnverteilung festlegen.

Naheliegend ist auch ein Vergleich mit der gesetzlichen Konstruktion beim Kommanditisten. Nach § 167 Abs. 2 HGB darf der einem Kommanditisten zukommende Gewinn seinem Kapitalanteil nur solange zugeschrieben werden, wie dieser den Betrag seiner bedungenen Einlage nicht erreicht. Das bedeutet zugleich, daß der Mehrbetrag über die bedungene Einlage hinaus auf einem Sonderkonto oder dem Privatkonto mit Darlehenscharakter zu buchen ist.

Entsprechend könnte die Vereinbarung fester Kapitalanteile in der Weise auszulegen sein, daß alle Mehrbeträge über den festen Anteil hinaus Darlehenscharakter haben. Trotzdem kann § 167 Abs. 2 HGB insoweit nicht zur Auslegung herangezogen werden, als nicht bestimmt wird, was mit den Verlusten geschieht. Von dem Kapitalanteil des Kommanditisten können Verluste jederzeit abgezogen werden, § 167 Abs. 1 i. V. m. § 120 Abs. 2 HGB. Bei festen Kapitalanteilen der persönlich haftenden Gesellschafter ist das dagegen gerade nicht der Fall. Ihre Kapitalanteile müssen in jeder Jahresbilanz in gleicher Höhe ausgewiesen werden.

Einzig denkbare logische Konsequenz wäre nun, daß auch die Verluste wie die Gewinne den Charakter von schuldrechtlichen Forderungen und Verbindlichkeiten erhielten. Das gilt besonders dann, wenn Gewinne und Verluste auf ein und demselben Konto verbucht werden. Soweit die Verluste nicht durch frühere Gewinne kompensiert werden können, bestünde damit eine schuldrechtliche Forderung der Gesellschaft gegen ihre Gesellschafter. Für die Gesellschafter würde das nach bereits erbrachter Beitragsleistung eine Nachschußpflicht bedeuten. Eine entsprechende Auslegung des Gesellschaftsvertrages müßte somit zu einer Abbedingung des § 707 BGB gelangen.

§ 707 BGB formuliert etwas eigentlich Selbstverständliches, um den Schutz der Gesellschafter vor einer unfreiwilligen Vermehrung ihrer Beitragspflichten hervorzuheben.[43] Folglich muß sich die gegenteilige Verpflichtung der

[42] Deswegen aber für den Forderungscharakter des zweiten Kapitalkontos: Schmidt, Einlage und Haftung, D.II.1, S. 82 f.

[43] Einhellige Meinung, vgl. statt aller: MK/Ulmer, § 707 Rn. 1, und Crezelius in Peter/Crezelius, Rn. 98, jeweils m. w. N.

Gesellschafter eindeutig aus dem Gesellschaftsvertrag ergeben.[44] Allein aus der Vertragsbestimmung, daß Gewinne und Verluste auf "Privatkonto" zu buchen sind, läßt sich eine Pflicht zum Verlustausgleich vor Auflösung der Gesellschaft (§ 735 BGB) nicht ableiten.[45] Konsequenterweise kann dann auch in der Vereinbarung fester Kapitalanteile allein keine gesellschaftsvertragliche Abbedingung des § 707 BGB gesehen werden.

cc) Rechtliche Konstruktion

Ausgangspunkt soll die einfachste gesellschaftsvertragliche Regelung sein. Sie legt nur das System fester Kapitalanteile zugrunde und bestimmt, daß Gewinne, Verluste sowie Entnahmen auf Sonderkonto, Privatkonto usw. zu buchen sind. Ist hier von Buchungen die Rede, so ist noch einmal klarzustellen, daß diese keine rechtlichen Wirkungen erzeugen, sondern rechtliche Vorgänge nur deklaratorisch bekunden und wiedergeben.[46]

Die Vereinbarung des Systems fester Kapitalanteile und der damit im Zusammenhang einzurichtenden Konten erfolgt im Gesellschaftsvertrag. hat eine Au Willenserklärungen im Gesellschaftsvertrag können sich rechtssystematisch nur mit etwas gesellschaftsrechtlich Spezifischem befassen. Erstreckt sich der Vertrag auf die Bildung von Kapitalanteilen und damit verbunden auf die Einrichtung bestimmter Konten, so ist das gesellschaftsrechtlich Spezifische, das hier in Rede steht, das Gesellschaftskapital.[47]

Zu einem Darlehen dagegen gehört immer ein Vertrag zwischen Gesellschaft und einzelnem Gesellschafter auf nicht-gesellschaftsrechtlicher Ebene. Ein solcher Austauschvertrag mit einander entgegengerichteten Willenserklärungen kann aber in die gesellschaftsvertragliche Regelung, die grundsätzlich eine Vereinigungsabrede ist[48], nicht ohne weiteres hineingelesen werden.

---

[44] BGH, WM 1957, 209 (213); 1982, 1311 (1312); Baumbach/Duden/Hopt, § 109 Anm. 4 C; Palandt/Thomas, § 707 Anm. 1

[45] BGH, NJW 1983, 164; MK/Ulmer, § 707 Rn. 2; ähnlich: BFH v. 3.2.1988, DB 1988, 1199 (1200)

[46] S. o., Ausf. unter C.II.1, S. 142

[47] Im Erg. ebenso: Schopp, BB 1987, 581 (583) unter Fußn. 9

[48] G. Hueck, § 6 II.1

dd) Bilanzielle Betrachtung

Die bilanzielle Betrachtung zeigt das Eigenkapital, das aus der Summe der Kapitalanteile gebildet wird, als Differenz zwischen Vermögenswerten und Schulden. Eine solche Differenz ist von sich aus veränderlich. Die Bilanz hat mithin gegenüber der vorangegangenen Bilanz auch die Aufgabe, Reinvermögensänderungen anzuzeigen. Im System fester Kapitalanteile ist dies nur möglich, wenn neben dem konstanten Eigenkapitalteil auch noch ein veränderlicher Eigenkapitalteil besteht. Bei Kapitalgesellschaften wären hier die unter § 266 Abs. 3 (A. II. - V.) HGB bezeichneten Posten zu nennen.

Zu überlegen ist nun, worin der veränderliche Eigenkapitalteil im System fester Kapitalanteile besteht. Sieht der Gesellschaftsvertrag die Bildung von Rücklagen vor, so ist eine Gleichstellung mit den Kapitalgesellschaften geboten. Die Rücklagen zeichnen sich dadurch aus, daß sie der Gesellschaft Kapital auf Dauer zur Verfügung stellen. Die Gelder sind in der Gesellschaft gebunden.

Den gleichen Sinn verbindet die alleinige Verpflichtung der Gesellschafter, einen bestimmten Prozentsatz der Gewinne in der Gesellschaft stehenzulassen. Hier handelt es sich wie bei der Rücklagenbildung um einen Gewinnverwendungsbeschluß. Darin wird festgestellt, daß bestimmte Gewinne nicht zur Ausschüttung gelangen.

Als Einwand könnte vorgebracht werden, daß mit dem System fester Kapitalanteile schon für jedes Geschäftsjahr ein Gewinnverwendungsbeschluß vorgesehen sei. Alle Gewinne gelangten zur Auszahlung und würden sofort wieder der Gesellschaft darlehensweise zur Verfügung gestellt.[49] Die darlehensweise Hingabe wäre Inhalt einer Beitragspflicht.

Daß dies so nicht richtig sein kann, zeigt das Beispiel der Verluste, hinsichtlich derer man zu einer Abbedingung des § 707 BGB gelangen müßte.[50] Im übrigen käme es in der Bilanz nie mehr zu einer Verlustausweisung, wenn alle Verluste zu Forderungen der Gesellschaft umfunktioniert würden. Der Zweck der Bilanz, auch Reinvermögensänderungen anzuzeigen, könnte nicht mehr verwirklicht werden. Daher ist eine solche Konstruktion im Grundsatz abzulehnen.

Zwischenergebnis: Das zweite Konto, das im System fester Kapitalanteile zur Aufnahme von Gewinnen, Verlusten und Entnahmen dient, hat grund-

---

[49] So im Erg. wohl Baumbach/Duden/Hopt, § 120 Anm. 3 D

[50] S. o., Ausf. unter C.III.4.c, bb, S. 157 f.

sätzlich Kapitalcharakter. Wegen der Verlustverrechnung steht dem Gesellschafter kein unentziehbarer Anspruch zu.[51] Das bedeutet, daß sich das gesetzliche System des veränderlichen Kapitalanteils und das vertragliche System des festen Kapitalanteils gegenseitig gar nicht ausschließen.

Auch im System des festen Kapitalanteils ist der "Kapitalanteil" im Sinne des Gesetzes eine veränderliche Größe. Lediglich seine Funktionen werden modifiziert durch Festlegung eines unveränderlichen Beteiligungsverhältnisses hinsichtlich der Gesellschafterrechte. Im Ergebnis ergibt sich damit kein Unterschied zur Regelung des Beteiligungsverhältnisses nach Quoten.

Die erzielten Gewinne ändern demnach im System fester Kapitalanteile grundsätzlich ihren materiellrechtlichen Charakter nicht. Sie haben lediglich ihren Einfluß auf das Beteiligungsverhältnis verloren. Sie sind in der Bilanz Teil des veränderlichen Kapitalteils, solange sie in der Gesellschaft stehengelassen werden. Für freiwillig stehengelassene Gewinne gilt deswegen auch im System fester Kapitalanteile der § 122 HGB, soweit der Gesellschaftsvertrag nicht abweichende Entnahmeregelungen vorsieht.[52] Der Kapitalanteil im Sinne des § 122 HGB bemißt sich wie in § 120 Abs. 2 HGB aus der Summen des festen und des veränderlichen Kapitalkontos.

Die Verpflichtung zum Stehenlassen der Gewinnanteile bedeutet rechtlich lediglich eine Entnahmebeschränkung. Diese vollzieht sich als Abbedingung des § 122 Abs. 1 HGB in der Weise, daß der stehengebliebene Gewinn nicht erst nach einem Jahr, sondern von vornherein in der Gesellschaft gebunden ist.

5. Die vertragliche Gestaltung beim Kommanditisten

Im Gegensatz zum System fester Kapitalanteile bei persönlich haftenden Gesellschaftern ist das zweite Konto des Kommanditisten ein Forderungskonto. Hinsichtlich der auf diesem Konto gutgeschriebenen Gewinne hat der Kommanditist die Stellung eines Gesellschaftsgläubigers. Jedoch kann auch

---

51 Im Erg. ebenso: Huber, ZGR 1988, 1 (53); sein weiteres Argument, daß dem Gesellschafter wegen der Entnahmebeschränkung nach einem Jahr, § 122 Abs. 1 HGB, kein fälliger, jederzeit geltend zu machender Anspruch zusteht, ist ein Zirkelschluß: denn die Anwendung des § 122 HGB folgt erst umgekehrt aus dem Vorhandensein von Eigenkapital, sie ist nur Rechtsfolge.

52 Wie hier: Huber, ZGR 1988, 1 (52, 57);
a. A.: Flume, § 11 II.2, S. 152 f.

bei Kommanditisten der Gesellschaftsvertrag Abweichendes bestimmen, § 163 HGB.

Der Forderungscharakter des zweiten Kontos resultiert nicht zuletzt aus der Tatsache, daß eine Verrechnung mit Verlusten nicht stattfindet, § 169 Abs. 2 HGB. Die Gesellschafter von Personengesellschaften haben aber oft das Bedürfnis, ihre Verhältnisse einheitlich zu regeln. Dann sehen sie das System fester Kapitalanteile sowohl für Komplementäre als auch für Kommanditisten vor. Das zweite Konto des Kommanditisten dient dadurch auch zur Aufnahme von Verlusten. Die Auslegung ergibt nun eine Orientierung an § 120 Abs. 2 HGB. Das zweite Konto erhält wie bei den Komplementären Kapitalcharakter.[53]

6. Die Einbeziehung von privatrechtlichen Forderungen und Verbindlichkeiten

Der Gesellschaftsvertrag sollte auf jeden Fall eine Trennung zwischen einem Gesellschafterkonto für gesellschaftsrechtliche Vorgänge und einem Konto für sonstige Forderungen und Verbindlichkeiten vorsehen. Der Gesellschafter kann ja der Gesellschaft wie ein Dritter gegenübertreten. Im System des veränderlichen Kapitalanteils ist diese Trennung selbstverständlich. Das Kapitalkonto kann nur Geschäftsvorfälle aufnehmen, die den Kapitalanteil beeinflussen: Gewinne, Verluste, Einlagen und Entnahmen.

Im System fester Kapitalanteile wird der Kapitalanteil im Sinne des § 120 Abs. 2 HGB in einen festen und einen veränderlichen Teil aufgesplittet. Deshalb kann hier grundsätzlich nichts anderes gelten. Es ist insoweit eine Dreiteilung geboten, als nicht-gesellschaftsrechtliche Vorgänge von vornherein auf einem gesonderten Konto zu verbuchen sind. Wie ist aber nun das zweite Gesellschafterkonto einzuordnen, wenn tatsächlich dort auch jegliche sonstigen Forderungen und Verbindlichkeiten zwischen Gesellschafter und Gesellschaft verbucht sind?

Das Konto ist zunächst einheitlich zu behandeln. Es nimmt in erster Linie Forderungen und Schulden zwischen Gesellschafter und Gesellschaft auf. Dafür spielt es keine Rolle, auf welcher Ebene diese entstanden sind. Es erfolgt aber auch hier eine Verlustzuweisung, die für den Eigenkapitalcharakter eines Kontos spricht. Andererseits können dadurch Forderungen eines

[53] Vgl. auch: Sudhoff, Rechte und Pflichten, § 2 II.4, S. 17 f.; BFH v. 17.12.1980, BStBl. 1981 II, 325 (326); v. 22.7.1987, BStBl. II, 823 (826) m. w. N.

Gesellschafters, der insoweit die gleiche Stellung wie ein gesellschaftsfremder Gläubiger innehat, nicht ohne weiteres Eigenkapitalcharakter erhalten.

Gem. § 122 Abs. 2 HGB kann ein Gesellschafter grundsätzlich nur mit Zustimmung der anderen Gesellschafter seinen Kapitalanteil vermindern. Das gleiche gilt für die Erhöhung seines Kapitalanteils aufgrund einer Einlage außerhalb des Gewinnanteils.[54] Die Höhe der Einlage ist aber durch den festen Kapitalanteil festgelegt. Die Gesellschafter werden das zweite Konto, das durch die Gegenüberstellung von Forderungen und Schulden charakterisiert ist, deshalb in der Bilanz auch unter den Forderungen und Schulden ausweisen.

Das Gesamtbild kann hier nur zu der Auslegung führen, daß Forderungen und Schulden einander gegenüberstehen. Ausnahmsweise führt also der Verlustanteil auch ohne eindeutige Regelung im Gesellschaftsvertrag zu einer Forderung der Gesellschaft gegenüber ihrem Gesellschafter, d. h. zu einer Nachschußpflicht des Gesellschafters.

7. Die Dreiteilung der Gesellschafterkonten im System fester Kapitalanteile

Weil im System fester Kapitalanteile auf dem zweiten, dem veränderlichen Kapitalkonto sowohl entnahmefähige als auch nicht entnahmefähige Gewinne verbucht werden, wird eine Dreiteilung der Gesellschafterkonten vorgeschlagen.[55] Diese Dreiteilung erfolgt in ein festes Kapitalkonto, ein Rücklagekonto und ein Darlehenskonto. Auf dem dritten Konto könnten dann alle sich aus dem Gesellschaftsverhältnis ergebenden Forderungen und Verbindlichkeiten verbucht werden wie Geschäftsführergehälter oder Zinsen.[56]

Das zweite Kontos als Rücklagenkonto dient der Aufnahme von nicht entnahmefähigen Gewinnen. Entsprechend der gesetzlichen Regelung bei Kapitalgesellschaften, § 150 AktG, fordert die Auslegung, daß hier gerade "Rücklagen" für spätere Verluste geschaffen werden sollen. Nach der gesellschaftsvertraglichen Gestaltung findet also auf diesem zweiten Konto die

---

[54] Sudhoff, Familienunternehmen, § 29, c, S. 94; Baumbach/Duden/Hopt, § 109 Anm. 4 E; Giefers/Frost in Bünz/Heinsius, 5 A/46, Rn. 33; Feddersen in Bandasch, § 109 Rn. 13

[55] Hengeler in Beck'sches Formularbuch, VIII.C.1, § 7; Riegger in Münchener Vertragshandbuch, III.1, § 4; Huber, ZGR 1988, 1 (73) m. w. N.; Schmidt, Lehrbuch, § 47 III.2.d, mit Angabe von Gründen

[56] S. dazu sogleich unter C.IV, S. 164 ff.

Verlustverrechnung statt. Das zweite Konto hat damit Kapitalcharakter, ohne daß es auf die Bezeichnung ankommt.

Auf dem dritten Konto sind entnahmefähige Gewinne und sonstige gesellschaftsrechtliche Vorgänge ohne Verrechnung mit Verlustanteilen zu verbuchen. Die Behandlung dieses Kontos folgt insoweit der gesetzlichen Regelung des § 167 Abs. 2 i. V. m. § 169 Abs. 2 HGB für den Kommanditisten.[57] Guthaben bedeuten Forderungen des Gesellschafters gegen die Gesellschaft.

Zwischenergebnis: Das neben dem festen Kapitalkonto geführte Konto, das zur Aufnahme von Gewinnen, Verlusten und Entnahmen dient, hat im Zweifel ebenfalls Kapitalcharakter. Damit könnte der bilanzielle Ausweis des Eigenkapitals[58] in der Bilanz wie folgt erweitert werden:

Aktiva				Passiva
Summe der Aktiva	I. Eigenkapital			
	1. Komplementärkapital			
	Festes Kapitalkonto A	-,- DM		
	Festes Kapitalkonto B	-,- DM		
	Variables Kapitalkonto A	-,- DM		
	Variables Kapitalkonto B	-,- DM		
			-,- DM	
	2. Kommanditkapital		-,- DM	
				-,- DM
	II. Verbindlichkeiten (gegenüber Gesellschaftern)[a]			
	Privat-/Darlehenskonto A	-,- DM		
	Privat-/Darlehenskonto B	-,- DM		
	...	-,- DM		
				-,- DM
	III./IV. Übrige Passiva			-,- DM
-,- DM				-,- DM

a) Bei mehreren Gesellschaftern, insbesondere Kommanditisten, können die Konten in einer Summe zusammengefaßt werden.

---

[57] Huber, ZGR 1988, 1 (75)

[58] S. o., Ausf. unter B.IV, S. 127

IV. Sondervergütungen an Gesellschafter für ihre Tätigkeit in der Gesellschaft

Nach dem Gesetz wird die Geschäftsführungstätigkeit des Gesellschafters einer Personengesellschaft nicht gesondert entlohnt.[1] Er erhält Aufwendungsersatz gem. §§ 110 HGB, 713, 667 ff. BGB. Aufwendungen sind freiwillige Vermögensopfer.[2] Ein Vermögensopfer stellt zwar auch die Arbeitszeit dar, die sonst hätte nutzbringend eingesetzt werden können.[3] Die Arbeitsleistung erfolgt aber nicht freiwillig, wenn der Gesellschafter kraft Gesellschaftsvertrages oder Gesetzes, § 114 Abs.1 HGB, zu der entsprechenden Tätigkeit verpflichtet ist. Eine Geschäftsführervergütung kann demzufolge nicht über §§ 110 HGB, 713 BGB hergeleitet werden.[4]

Vielmehr ist der Gewinnanteil des Gesellschafters dazu bestimmt, nicht nur den Kapitaleinsatz, sondern zugleich auch die Übernahme der unbeschränkten Haftung und den Arbeitseinsatz als Geschäftsführer abzugelten.[5] Der Kapitaleinsatz wird lediglich mit der Vorzugsdividende nach § 121 Abs. 1 S. 1 HGB entlohnt. Dem Gesetz liegt die Vorstellung zugrunde, daß die Tätigkeit aller Gesellschafter die entscheidende Gewinnquelle sei.[6] Auch wenn die Geschäftsführung ausschließlich einzelnen oder einem einzigen Gesellschafter übertragen ist, kann aus dieser gesellschaftsvertraglichen Vereinbarung allein ein Anspruch auf zusätzliche Vergütung nicht abgeleitet werden.[7]

---

[1] In Art. 93 ADHGB, der dem heutigen § 110 HGB entspricht, war in Abs. 3 bestimmt: "Für die Bemühungen bei dem Betriebe der Gesellschaftsgeschäfte steht dem Gesellschafter ein Anspruch auf Vergüthung nicht zu." Die Gesetzesmaterialien, Denkschrift zum HGB, S. 83, hielten die Übernahme dieser Bestimmung für überflüssig und wollten die Zahlung einer Vergütung der gesellschaftsvertraglichen Vereinbarung überlassen.

[2] BGHZ 10, 44 (55); Westermann in Westermann u. a., I Rn. 179; Crezelius in Peter/Crezelius, Rn. 258; Feddersen in Bandasch, § 110 Rn. 2

[3] Westermann in Westermann u. a., I Rn. 179; Crezelius in Peter/Crezelius, Rn. 258

[4] Heute allg. Meinung, vgl. statt aller: Hackbeil in Westermann u. a., IV Rn. 245 m. w. N.; a. A. noch Düringer/Hachenburg/Flechtheim, § 110 Anm. 15 für Tätigkeiten, die über die allgemeine Geschäftsführung hinausgehen.

[5] BGHZ 44, 40 (41); Schnorr v. Carolsfeld in FS A. Hueck, S. 261 (266 und Fußn. 10); Morck, S. 185 m. w. N.

[6] Paulick in FS Laufke, S. 193 (198); Westermann in Westermann u. a., I Rn. 308; Schlegelberger/Geßler, § 122 Anm. 1

[7] BGHZ 17, 299 (302 f.)

Die gesetzliche Regelung des Entnahmerechts gem. § 122 HGB reicht allerdings heute zur Bestreitung des Lebensunterhalts regelmäßig nicht mehr aus.[8] Dies gilt insbesondere dann, wenn nur ein Gesellschafter allein die gesamten Geschäfte zu führen hat und infolge der Auslastung keiner anderen Erwerbstätigkeit mehr nachgehen kann.[9] Die Gesellschaftsverträge sehen deshalb zur Bestreitung des Lebensunterhalts in der heutigen Praxis regelmäßig besondere Tätigkeitsvergütungen für geschäftsführende Gesellschafter vor.[10]

Der Gesellschafter soll in gleicher Weise vergütet werden wie ein Dritter, der aufgrund eines Dienstvertrages für die Gesellschaft tätig wird.[11] Soweit auf eine andere als die übliche, möglicherweise tarifliche Bemessung des Entgelts hingewiesen wird[12], handelt es sich eher um einen Ausnahmefall. Grundsätzlich verfolgt jeder Gesellschafter egoistische Interessen, indem er so weit wie möglich am Gewinn beteiligt sein will. Damit kann zumeist, um Streitigkeiten zu vermeiden, nur der objektive Wert angesetzt werden, ermittelt anhand der vergleichbaren Vergütung eines Arbeitnehmers.

Allerdings bleibt in den Verträgen häufig unklar, welchen Rechtscharakter die Vergütungen haben sollen. Das ist vornehmlich damit zu erklären, daß gem. § 15 Abs. 1 Ziff. 2 EStG alle Tätigkeitsvergütungen gleichbehandelt werden.[13] § 15 Abs. 1 Ziff. 2 EStG hat den Zweck, den Mitunternehmer einem Einzelunternehmer möglichst gleichzustellen.[14] Im Gegensatz zum Einzelkaufmann haben Personengesellschaften die Möglichkeit, Rechtsbeziehungen außerhalb des Gesellschaftsverhältnisses wie ein Drittverhältnis zu regeln. Das Steuerrecht erkennt insoweit die Rechtsbeziehungen zwischen Gesellschafter und Gesellschaft nicht an.[15] Vergütungen sind immer nach § 15 Abs. 1 Ziff. 2 EStG zu behandeln, wenn ein wirtschaftlicher Zusammenhang mit dem Gesellschaftsverhältnis besteht, wenn also die Leistungen bei

---

[8] Vgl. zu dieser Zielsetzung des HGB: Fischer in Großkomm.HGB, § 122 Anm. 1; Schlegelberger/Geßler, § 122 Anm. 1; A. Hueck, § 17 III.1, S. 248

[9] Hackbeil in Westermann u. a., IV Rn. 219; Morck, S. 231

[10] Hengeler in Beck'sches Formularbuch, VIII. B.1, Anm. 13; Oldenburg in Münchener Vertragshandbuch, II.3, Anm. 7; Fischer in Großkomm.HGB, § 114 Anm. 13; Westermann in Westermann u. a., I Rn. 179; Morck, S. 231; Sudhoff, Familienunternehmen, § 32, S. 106

[11] Riegger, DB 1983, 1909

[12] Westermann in Westermann u. a., I Rn. 179

[13] Horst, § 18 I.2.c, S. 276; Falterbaum/Beckmann, 21.4.5.2; Sudhoff, Gesellschaftsvertrag, II.L.1, S. 252; IDW, WPg. 1976, 114 (118); Woltmann, WPg. 1985, 245 (249);
a. A. Potthoff/Zintzen/Halft, S. 280, nach denen Tätigkeitsvergütungen aufgrund eines Arbeitsvertrages nicht unter § 15 EStG fallen.

[14] BFH v. 25.1.1980, BStBl. II, 275 (276); GS v. 19.10.1970, BStBl. 1971 II, 177

[15] Döllerer in FS Flume, S. 43 (52); Großfeld, § 14 II.2.a, S. 144

wirtschaftlicher Betrachtung als Beitrag zur Förderung des Gesellschaftszwecks anzusehen sind.[16]

Als Tätigkeitsvergütungen werden typischerweise ein Geschäftsführergehalt, ein Geschäftsführervorweg, eine Tantieme oder eine Umsatzbeteiligung vereinbart.[17] Das Geschäftsführergehalt ist eine nach Zeitabschnitten bemessene, in einem bestimmten Betrag bestehende, ergebnisunabhängige Tätigkeitsvergütung, vergleichbar mit dem Lohn oder Gehalt eines Arbeitnehmers. Das Geschäftsführervorweg unterscheidet sich hiervon durch die Abhängigkeit des Vergütungsanspruchs von einem entsprechenden Gewinn. Die Tantieme bemißt sich von vornherein nach einem bestimmten Prozentsatz des Gewinns. Bei der Umsatzbeteiligung besteht die Vergütung in einem bestimmten Prozentsatz des getätigten Umsatzes. Von der letzten, in der Praxis unbedeutenden Gestaltungsmöglichkeit abgesehen, stellt sich damit für die Gesellschafter die Frage, ob die Tätigkeitsvergütung gewinnabhängig sein soll oder nicht.

Die Vergütungen werden für die Tätigkeit in der Gesellschaft gezahlt. Bei der rechtlichen Bewertung darf nicht außer acht gelassen werden, daß die persönlich haftenden Gesellschafter gem. §§ 161 Abs. 2, 114 HGB gesellschaftsrechtlich zur Geschäftsführung berechtigt und verpflichtet sind. Die Kommanditisten dagegen sind kraft Gesetzes von der Geschäftsführung ausgeschlossen, § 164 S. 1 HGB. Daher sollen die beiden Gesellschaftergruppen getrennt behandelt werden.

1. Tätigkeitsvergütungen für persönlich haftende Gesellschafter

Tätigkeitsvergütungen können wie die Gehälter von Arbeitnehmern in bar ausgezahlt oder auf ein Bankkonto überwiesen werden. Solche regelmäßig, d. h. monatlich oder vierteljährlich zu zahlenden Vergütungen sind grundsätzlich nur in Form fester Gehälter denkbar, da der Jahresgewinn nicht voraussehbar ist. Eine Auslegung als Geschäftsführervorweg würde bei nicht ausreichendem Gewinn am Jahresende dazu führen, daß für den betreffenden Gesellschafter eine Rückzahlungspflicht besteht. Das ist jedoch in der Regel nicht gewollt. Der Gesellschafter kann auf das Behaltendürfen seiner

---

[16] BFH v. 23.7.1975, BStBl. 1976 II, 180 (181) m. w. N.; v. 28.1.1976, BStBl. II, 746 (747); Döllerer in FS Flume, S. 43 (49); Schulze zur Wiesche, V.3; Falterbaum/Beckmann, 21.4.3.2, S. 724; Thiel, 10.1.2.2, S. 274 m. w. N.

[17] Dazu und zu dem folgenden ausführlich: Ganssmüller, DB 1965, 1893 (1894); Hackbeil in Westermann u. a., IV Rn. 247 ff.

bezogenen Vergütungen vertrauen, es sei denn, der Gesellschaftsvertrag bestimmt ausdrücklich etwas anderes.[1]

Es erfolgt die Buchung: per Aufwand (Gehälter) an Kasse oder Guthaben bei Banken, wenn die jeweiligen Beträge überwiesen werden. Im Jahresabschluß sind die Vergütungen nur noch in den Aufwandsposten erkennbar. Da ein gesellschaftsinternes Gesellschafterkonto in keiner Weise berührt wird, können diese Tätigkeitsvergütungen im folgenden außer Betracht bleiben.

Gegenstand der Untersuchung sind vielmehr diejenigen Tätigkeitsvergütungen, die auf den Gesellschafterkonten gutgeschrieben werden. Welches Konto dafür geeignet ist, richtet sich zunächst nach dem materiellrechtlichen Charakter der Vergütungen. Dabei wird auch zu berücksichtigen sein, ob die Vergütungen frei entnommen werden können oder eine Verpflichtung zum Stehenlassen in der Gesellschaft besteht.

a) Materiellrechtlicher Charakter der Tätigkeit

Die Vergütungen werden für die Tätigkeit in der Gesellschaft gezahlt. Der Rechtscharakter der Vergütungen kann daher nicht bestimmt werden, ohne zu wissen, auf welcher Grundlage die Tätigkeit erbracht worden ist. Liegt ihr ein Dienstvertrag zugrunde, so ist dieser nur mit der Gesellschaft als solcher möglich. Dann besteht auch die im Austauschverhältnis mit der Dienstpflicht stehende Vergütungspflicht von seiten der Gesellschaft. Auf Gesellschafterkonten zu buchende Vergütungen haben dann nicht gesellschaftsrechtlichen Charakter, sondern den Charakter einer normalen Buchforderung.[2] Sie wären auf Darlehens-, Privat- oder gleichbedeutendem Konto zu buchen.

Bei "Sondertätigkeiten", die spezielle berufliche Kenntnisse des Gesellschafters als Steuerberater, Wirtschaftsprüfer oder Rechtsanwalt verlangen, sind regelmäßig Dienst- oder Geschäftsbesorgungsverträge anzunehmen.[3] Gegenstand der Betrachtung soll deshalb allein die ständige geschäftsführende Tätigkeit sein.

---

[1] Das ist beispielsweise dann der Fall, wenn der Gesellschaftsvertrag die Zahlung bestimmter fester Beträge als "Gewinnvorab" regelt und zugleich vorsieht, daß diese Vergütungen nur in Gewinnjahren zu zahlen sind.

[2] Etwas anderes kann lediglich dann gelten, wenn die unter A.II.4.a, cc, (3), S. 57, angesprochene Nebenabrede vorliegt, daß der Gesellschafter als Einlage nicht die Dienstleistung, sondern das entsprechende Entgelt schuldet.

[3] Horst, § 18 I.2.a, S. 271 m. w. N.; Hackbeil in Westermann u. a., IV Rn. 264; G. Hueck, DB 1962, 1363; Wieland, § 47 I.1, S. 564 f. in Fußn. 15; vgl. auch Kuhn, S. 22, 26

Daß überhaupt Dienstverträge mit einem Gesellschafter geschlossen werden können, hat der Gesetzgeber bereits vorausgesetzt[4] und ist heute nahezu unbestritten[5]. Der Abschluß eines Dienstvertrages setzt allerdings voraus, daß sich jemand in die Dienste eines anderen stellt, also für einen anderen auf dessen Risiko arbeitet. Der mitarbeitende Gesellschafter einer Personengesellschaft ist selbst handelnder Unternehmer einer schuldrechtlich zusammengefaßten Personenmehrheit[6]. Die Leistung erbringt er damit auch für sich selbst, verbunden mit dem vollen Unternehmerrisiko als Gesellschafter.

Sofern der geschäftsführende Gesellschafter Weisungen seiner Mitgesellschafter unterliegt, handelt es sich um innergesellschaftliche Entscheidungskompetenzen. Diese sind nicht zu verwechseln mit arbeitsrechtlichen Direktionsbefugnissen.[7]

Der Geschäftsführungsberechtigung und -pflicht unterliegen gem. §§ 161 Abs. 2, 114 Abs. 1 HGB alle persönlich haftenden Gesellschafter. Sie erbringen ihre Tätigkeit für die Gesellschaft, d. h. zur Förderung des Gesellschaftszwecks. Ohne Arbeit im Betrieb kann dieser nicht gefördert werden. Daß die Geschäftsführertätigkeit eine Beitragsleistung ist, davon ging schon der Gesetzgeber aus.[8] Eine gesetzliche Klarstellung erfolgte jedoch nicht, weil nach Vorstellung des Gesetzgebers alle Gesellschafter in gleichem Maße mitarbeiten. Die Tätigkeit der geschäftsführenden Gesellschafter erfolgt somit regelmäßig auf gesellschaftsrechtlicher Basis.

---

[4] Denkschrift zum HGB, S. 83

[5] BGH, NJW 1963, 1051 (1052) m. w. N.; BSG, NJW 1966, 2186 m. w. N.; Schilling in Großkomm.HGB, § 164 Anm. 15; Baumbach/Duden/Hopt, § 124 Anm. 6 B; Staudinger/Keßler, § 713 Rn. 1; Palandt/Thomas, § 718 Anm. 4 a; Priester, DB 1975, 1878 (1879); MK/Ulmer, § 705 Rn. 153; MK/Söllner, § 611 Rn. 37;
bezüglich Arbeitsverträge: Hackbeil in Westermann u. a., IV Rn. 284 m. w. N.; BAG, NJW 1979, 999 (1000); Molitor, DB 1957, 164 f.; A. Hueck, § 9 IV, S. 114; Schnorr v. Carolsfeld in FS A. Hueck, S. 261 (263);
ablehnend für persönlich haftende Gesellschafter: Giefers/Frost in Bünz/Heinsius, 5 A/61, Rn. 23; Hackbeil in Westermann u. a., IV Rn. 218; A. Hueck, § 9 IV, S. 114; aber auch hier gilt das Prinzip der Vertragsfreiheit.

[6] BSG, NJW 1966, 2186

[7] Schlegelberger[5]/Martens, § 164 Anm. 37 m. w. N.; ausführlich dazu: Kuhn, S. 222 f.;
dagegen für die Indizwirkung der Weisungsgebundenheit zugunsten eines Dienstvertrages: Hackbeil in Westermann u. a., IV Rn. 267;
das BSG will den Mitgesellschafter nur dann als Unternehmer ansehen, wenn er keinerlei Weisungen unterliegt, sondern einen beherrschenden Einfluß in der Gesellschaft hat: BSGE 38, 53 (57 f.); BSG, GmbH-Rdsch. 1977, 131 m. w. N.

[8] Denkschrift zum HGB, S. 83 f.

Ist die Geschäftsführungspflicht Inhalt des Gesellschaftsvertrages, so wird der betreffende Gesellschafter nur dazu verpflichtet, wozu er nach dem Gesetz mangels abweichender Regelung ohnehin verpflichtet ist. Dabei kann es keinen Unterschied machen, ob alle Gesellschafter zur Geschäftsführung berechtigt und verpflichtet sind oder ob die Geschäftsführung in Übereinstimmung mit § 114 Abs. 2 HGB auf einen oder mehrere Gesellschafter übertragen ist. Diese Übertragung der Geschäftsführung bedeutet nichts anderes, als daß die übrigen Gesellschafter von der Geschäftsführung ausgeschlossen werden.[9] Eine solche Regelung ist ebenfalls gesellschaftsrechtlicher Natur.

Deshalb läßt sich festhalten, daß der Abschluß eines Dienstvertrages mit einem persönlich haftenden Gesellschafter nur bei außergewöhnlichen Gesellschaftsvertragsgestaltungen in Betracht kommt. Der Gesellschaftsvertrag muß in diesen erst eine Entziehung der gesellschaftsrechtlichen Geschäftsführungsbefugnis festlegen, und die Geschäftsführungsbefugnis muß auf schuldrechtlicher Ebene geregelt werden.[10] Dies kann namentlich dann der Fall sein, wenn die sonstigen Gesellschafterrechte des Geschäftsführenden im Vergleich zu seinen Mitgesellschaftern stark eingeschränkt sind oder er von vornherein nur Minderheitsgesellschafter[11] ist.

Dementsprechend werden allgemein auch Arbeitsverhältnisse vorherrschend nur dann als zulässig angesehen, wenn die Gesellschafter von der Geschäftsführung und Vertretung ausgeschlossen sind[12]. Für die Abgrenzung

---

[9] MK/Ulmer, § 710 Rn. 3; Staudinger/Keßler, § 710 Rn. 3; Kuhn, S. 21; Horst, § 17 II.1.a, S. 237;
diese Auslegungsregel gilt allerdings nur, wenn einem persönlich haftenden Gesellschafter die Geschäftsführung übertragen wird; erfolgt die Übertragung auf einen Kommanditisten, bleiben die Komplementäre im Zweifel geschäftsführungsbefugt: Westermann in Westermann u. a., I Rn. 879; Schilling in Großkomm.HGB, § 164 Anm. 11; Schlegelberger[5]/Martens, § 164 Anm. 35 mit überzeugender Begründung

[10] So formuliert Kuhn, S. 221 f., zutreffend: "Den persönlich haftenden Gesellschaftern obliegt die gesellschaftsvertragliche Geschäftsführungsbefugnis stets dann, wenn die geborene organschaftliche Geschäftsführungsbefugnis nicht gesellschaftsvertraglich ausgeschlossen ist."

[11] Der Begriff "Minderheitsgesellschafter" soll hier im untechnischen Sinne verstanden werden, d. h. für den Fall, daß dessen Unternehmerrisiko weit hinter dem der anderen Mitgesellschafter zurückbleibt; vgl. auch Westermann in Westermann u. a., I Rn. 179; BGHZ 77, 233 (239);
diese Fälle werden in der Praxis jedoch nur bei der KG anzutreffen sein, weil ein solcher Minderheitsgesellschafter sich regelmäßig nicht zur persönlichen Haftung bereit erklärt.

[12] BAG, DB 1970, 592 (593); Schaub, § 36 IV. 2; Baumbach/Duden/Hopt, § 124 Anm. 6 B; Schlegelberger[5]/Martens, § 164 Anm. 37; Loritz, S. 70; Hackbeil in Westermann u. a., IV Rn. 285; Molitor, DB 1957, 164; G. Hueck, DB 1962, 1363, mit der Begründung, daß der "geborene" organschaftliche Geschäftsführer die Stellung eines weisungsbefugten Arbeitgebers habe und deshalb nicht zugleich weisungsgebundener Arbeitnehmer sein kann;

in den besonderen Vertragsgestaltungen gelten dieselben Kriterien, die auf Kommanditisten Anwendung finden.[13]

b) Materiellrechtlicher Charakter der Vergütungen

Die fraglichen Vergütungen werden für die rechtsspezifische Tätigkeit gezahlt. Sie sind also Ausfluß der Gesellschafterstellung[14]. Es liegt daher die Auslegung nahe, daß sie auch auf gesellschaftsrechtlicher Ebene vergütet werden. Materiellrechtlich können sie nicht mit dem Lohn oder Gehalt eines Arbeitnehmers gleichgesetzt werden.[15]

aa) Die Existenz von Austauschverhältnissen auf gesellschaftsrechtlicher Ebene

Will man Vergütungsabreden von vornherein nur auf schuldrechtlicher Ebene zulassen[16], so mag das aus der Grundvorstellung resultieren, daß der Gesellschaftsvertrag nicht auf unmittelbaren Leistungsaustausch gerichtet ist. Daran ist richtig, daß der Gesellschaftsvertrag jedenfalls als Ganzes kein Austauschvertrag, sondern eine Vereinigungsabrede ist[17]. Im Gesellschaftsverhältnis vereinigen sich jedoch viele Leistungsbeziehungen, solche der Gesellschafter untereinander wie auch solche gegenüber der Gesellschaft[18]. Soweit es um einzelne Rechtsbeziehungen mit der Gesellschaft geht, sind aufgrund der Vertragsfreiheit durchaus Rechte und Pflichten im synallagmatischen Austauschverhältnis denkbar.[19]

---

vgl. aber auch Loritz, S. 333: auch Gesellschafter ohne Kapital- und Gewinnanteil können zu "korporationsrechtlicher Mitarbeit" bei fester Vergütung verpflichtet sein; sie haben dann den Status eines Arbeitnehmers.

[13] S. u., Ausf. unter C.IV.2.b, S. 183 ff.

[14] Hackbeil in Westermann u. a., IV Rn. 255; BGH, BB 1976, 526 (527); Priester, DB 1975, 1878 (1880)

[15] BGH, NJW 1966, 1307 (1308); Soergel/Kraft, Vor § 611 Rn. 37

[16] So wohl: Palandt/Thomas, § 706 Anm. 2

[17] Einhellige Meinung, vgl. statt aller: Kollhosser, ZHR 129, 121 (135) m. w. N.

[18] Daß auch Beitragspflichten gegenüber der Gesellschaft bestehen, ist heute ebenfalls einhellig anerkannt, vgl. Kollhosser, ZHR 129, 121 (136) m. w. N.

[19] Kollhosser, ZHR 129, 121 (127); Priester, DB 1975, 1878 (1880); Döllerer in FS Flume, S. 43 (48); Wieland, § 86, 1, S. 840 f.; Heinemann in Felix, Rn. 465

Die gegenteilige Auffassung[20] überzeugt dagegen nicht. Dabei soll ebenfalls der von der Gegenansicht angeführte Vergleich mit den Nebenleistungs-Kapitalgesellschaften[21] herangezogen werden. Bei Kapitalgesellschaften sei die Vereinbarung von Austauschverhältnissen auf gesellschaftsrechtlicher Grundlage "nur möglich, weil der Gesetzgeber sie ausdrücklich zugelassen hat".[22]

Selbst wenn man § 55 Abs. 1 S. 1 und 2 AktG diese Bedeutung zulegt, so zeigt das doch gerade die grundsätzliche Möglichkeit, überhaupt Austauschverhältnisse auf gesellschaftsrechtlicher Grundlage vereinbaren zu können. Im Bereich der Personengesellschaften hat der Gesetzgeber den Gesellschaftern insoweit zur Regelung ihrer Rechtsbeziehungen freie Hand gelassen, §§ 109, 114 Abs. 2, 161 Abs. 2, 163 HGB.[23] Ein weiterer Vergleich mit den Kapitalgesellschaften ist kaum möglich, da diese anders als die Personengesellschaften durch das Prinzip der Fremdorganschaft gekennzeichnet sind. Deshalb kann der Aktionär der AG das Recht zur Geschäftsführung nur über eine Bestellung gem. §§ 84, 85 AktG erhalten. Dieser Bestellung liegt regelmäßig ein Anstellungsvertrag in der Form des Dienstvertrages zugrunde[24].

Dem Gesellschafter einer Personengesellschaft dagegen steht das Recht zur Geschäftsführung von vornherein aufgrund seiner Gesellschafterstellung zu. Es kann sich sowohl auf gesellschaftsrechtlicher als auch auf schuldrechtlicher Ebene ergeben. Dann ist es den Gesellschaftern einer Personengesellschaft wegen der Vertragsfreiheit aber auch erlaubt, jede dieser Ebenen frei zu gestalten.[25]

Für seine Beitragsleistung in Form des Kapitaleinsatzes erhält der Gesellschafter schon kraft Gesetzes nach § 121 Abs. 1 S. 1 HGB als Gegenleistung einen Anteil am Geschäftsgewinn in Höhe der vierprozentigen Vorausdividende. Auch darin kann ein synallagmatisches Verhältnis gesehen werden. Die Vergütungsabrede ist dementsprechend nichts anderes als eine

---

[20] Riegger, DB 1983, 1909 ff.

[21] Vgl. dazu Priester, DB 1975, 1878 (1881)

[22] Riegger, DB 1983, 1909 (1910)

[23] Zutreffend zieht Priester, DB 1975, 1878 (1881), einen "Erst-recht-Schluß", wenn schon Austauschverhältnisse dieser Art bei den von Gläubigerschutzgesichtspunkten geprägten Kapitalgesellschaften zulässig sind.

[24] BGHZ 3, 90 (94); Schaub, § 36 IV.2; Palandt/Putzo, Einf v § 611 Anm. 2 a, gg; s. auch § 84 Abs. 1 S. 5 AktG

[25] Im Erg. ebenso: Sudhoff, Gesellschaftsvertrag, II.L.1, S. 253 f.; Soergel/Hadding, § 706 Rn. 32

vertragliche Erweiterung der gesellschaftsrechtlichen Rechte des geschäftsführenden Gesellschafters.[26]

bb) Tätigkeit und Vergütung im Synallagma

Der Arbeitseinsatz des organschaftlich zur Geschäftsführung berufenen Gesellschafters erfolgt kraft Gesetzes unentgeltlich, d. h. ohne über die Gewinnbeteiligung hinausgehende Ansprüche.[27] Von dieser Position können die Gesellschafter nur im Gesellschaftsvertrag, d. h. nur gesellschaftsrechtlich, abweichen.[28]

Mit der Vergütungsregelung entscheiden sich die Gesellschafter dafür, nicht nur den Kapitaleinsatz, sondern auch den Arbeitseinsatz entsprechend zu entlohnen. Wie die Vergütung für den Kapitaleinsatz wird hier nun die Tätigkeitsvergütung als Gegenleistung für die Geschäftsführertätigkeit, den Arbeitseinsatz, vereinbart. Das gilt insbesondere bei ungleichen Arbeitsleistungen.[29]

So wie die Gesellschaft die Geschäftsführertätigkeit verlangen kann, entsteht als Äquivalent der Anspruch des Gesellschafters gegen die Gesellschaft auf Vergütung der Tätigkeit. Dieser Anspruch findet seine Grundlage direkt im Gesellschaftsvertrag, ohne daß es dazu eines Rückgriffs auf die analoge Anwendung des § 110 HGB bedürfte[30].

cc) Das Kriterium der Gewinnabhängigkeit

Gegen die generelle Möglichkeit von Austauschverhältnissen auf gesellschaftsrechtlicher Ebene könnte einzuwenden sein, daß Vergütungen nur gesellschaftsrechtlichen Charakter haben, wenn sie gewinnabhängig sind.[31]

---

[26] BGH, NJW 1966, 1307 (1308)

[27] Bork, AcP 184, 465 (479); gem. § 122 HGB wird der Arbeitseinsatz über die Gewinnbeteiligung nach Köpfen nachrangig, d. h. nach der Vordividende, entlohnt.

[28] Bork, AcP 184, 465 (479); für den Kommanditisten ebenso: BGH, BB 1976, 526; Riegger, DB 1983, 1909 (1910); Baumbach/Duden/Hopt, § 164 Anm. 1 A; Staudinger/Keßler, § 706 Rn. 41

[29] Paulick in FS Laufke, S. 193 (199)

[30] So aber: Bork, AcP 184, 465 (478 f.)

[31] So wohl: Baumbach/Duden/Hopt, § 109 Anm. 4 D

Dagegen spricht zunächst einmal, daß nach dem Willen der Gesellschafter die Vergütungen speziell als Gegenleistung für die Tätigkeit in der Gesellschaft gezahlt werden. Das gilt in gleichem Maße für gewinnababhängige wie für gewinnunabhängige Vergütungen.

In vielen Gesellschaftsverträgen mit Tätigkeitsvergütungen erscheinen zumeist Klauseln wie: "Die Geschäftsführer erhalten eine Tätigkeitsvergütung, die als Aufwand (über Kostenkonto) zu buchen ist."[32] Die Gesellschafter klären damit im Gesellschaftsvertrag zunächst eine buchungstechnische Frage in dem Sinne, daß die Vergütungen als Aufwandsposten zu behandeln sind. Aufwandsposten sind bereits bei der Gewinnermittlung zu berücksichtigen. Sie stellen einen Kostenfaktor dar. Tätigkeitsvergütungen, die betragsmäßig oder durch die Umschreibung "angemessenes Gehalt" festgelegt werden, sind damit ergebnisunabhängig, solange der Gesellschaftsvertrag nicht die Gewinnabhängigkeit bestimmt.[33]

Zu überlegen ist aber, ob nicht auch ergebnisunabhängige Vergütungen letztlich gewinnabhängig für den jeweiligen Gesellschafter sind. Dabei sollte nicht allein darauf abgestellt werden, daß die Gesellschaft bei mehrjährigen Verlusten das Geschäftsführergehalt nur so lange aus ihrer Substanz zahlen kann, "bis sie wirtschaftlich zusammenbricht"[34].

Entsteht die Vergütungszahlung regelmäßig als Aufwand und Kostenfaktor, so ist es der Aufwand der Gesellschaft bzw. der Gesellschafter in ihrer gesamthänderischen Gebundenheit.[35] Das feste Entgelt, das auch bei Verlust zu zahlen ist, belastet dann die Kapitalanteile aller Gesellschafter.[36] Im Verlustfall erhält der begünstigte Gesellschafter nur die feste Vergütung abzüglich seiner Verlustbeteiligung. Die ergebnisunabhängige Vergütung ist also auch für ihn in gewisser Weise gewinnabhängig.

---

[32] Hengeler in Beck'sches Formularbuch, VIII.B.1, § 5 Abs. 1, und VIII.C.2, § 3 Abs. 10; Oldenburg in Münchner Vertragshandbuch, II.3, § 7, und III.1, § 5 Abs. 2; Sudhoff, Gesellschaftsvertrag, III.1.L.6 und 7; Giefers/Frost in Bünz/Heinsius, 5 A/57, Rn. 16; ähnlich auch Crezelius in Peter/Crezelius, Rn. 330/1, S. 126 f. in seinem Mustervertrag: nach § 13, (1) und (3) soll durch die als "Vorabgewinn" gezahlte feste Vergütung der Bilanzverlust erhöht werden. Verluste können sich aber nur bei der Gewinnermittlung und nicht bei der Gewinnverteilung ergeben.

[33] Im Erg. wohl ebenso: Bork, AcP 184, 465 (478 in Fußn. 61); MK/Ulmer, § 709 Rn. 29; Loritz, S. 332; Fischer in Großkomm.HGB, § 114 Anm. 14; WP-Hdbuch 1985/86 II, S. 286

[34] Kollhosser, ZHR 129, 121 (132)

[35] Vgl. zu den verschiedenen Auslegungsmöglichkeiten: Sudhoff, Familienunternehmen, § 41, a, S. 143, und Gesellschaftsvertrag, II.L.1, S. 253 f.

[36] Westermann in Westermann u. a., I Rn. 310

Zwischenergebnis: Sinn und Zweck einer besonderen Vergütungsregelung im Gesellschaftsvertrag ist die Entlohnung des Arbeitseinsatzes. Die Gesellschafter vereinbaren gleichermaßen als Beitragspflicht von vornherein die Geschäftsführung nur gegen Entgelt. Die Entgeltvereinbarung erfolgt angesichts der Vertragsfreiheit in zulässiger Weise auf gesellschaftsrechtlicher Ebene. Dafür spielt es keine Rolle, ob die Vergütung gewinnabhängig oder gewinnunabhängig gestaltet ist. Insoweit wird lediglich der Berechnungsmaßstab festgelegt.

c) Die Buchung frei entnehmbarer Vergütungen

Bei der Buchung der Vergütungen taucht nun die Frage auf, welches Konto zu erkennen ist. Nach den bisherigen Feststellungen drängt sich eine Lösung entsprechend der Abgrenzung zwischen Beteiligung und Darlehen auf[37]: gewinnabhängige Vergütungen, die bei Verlust nicht zu zahlen sind, gehören auf das Kapitalkonto und erfolgsunabhängige feste Gehälter auf das "Privatkonto" oder ein gleichbedeutendes Sonderkonto[38].

Andererseits soll sich aus der Entstehungsgeschichte des HGB eine Gleichstellung von Gewinnanteil und jeglicher besonderer Vergütung ergeben.[39] In diesem Fall wären alle besonderen Vergütungen, ungeachtet der Frage nach ihrer Gewinnabhängigkeit, auf dem Kapitalkonto zu buchen. Sie würden den Kapitalanteil des betreffenden Gesellschafters immer erhöhen. Dementsprechend wird auch heute vertreten, daß es sich bei der Vergütungsabrede immer um eine Gewinnverteilungsabrede und nicht um die Vereinbarung eines Entgelts für die Leistung von Diensten handelt[40].

Sollen die auf gesellschaftsrechtlicher Ebene zu zahlenden Vergütungen für den Gesellschafter frei verfügbar sein, so ist zu überlegen, ob sie auch dem Kapitalkonto gutzuschreiben sind[41]. Angesichts des gesellschaftsrechtlichen Charakter der Vergütung erscheint dies zunächst folgerichtig. Konsequenter-

---

[37] S. o., Ausf. unter C.III.2, S. 150 ff.

[38] So auch die h. M.: A. Hueck, § 16 V.3, S. 239; Baumbach/Duden/Hopt, § 120 Anm. 3 D; Schlegelberger/Geßler, § 120 Anm. 15; Westermann in Westermann u. a., I Rn. 310

[39] Vgl. die Nachweise bei Ganssmüller, DB 1968, 2067 mit Verweis auf seinen Aufsatz in DB 1965, 1893 (1894)

[40] MK/Ulmer, § 709 Rn. 32; Riegger, DB 1983, 1909 (1910); OLG Hamm, DB 1977, 717 (718); Crezelius in Peter/Crezelius, Rn. 330/1, S. 126: er spricht dort in seinem Mustervertrag in § 13, (1) von "Vorabgewinn";
a. A.: BGH, NJW 1963, 1051 (1052): feste Gehälter sind dienstvertragsähnlicher Art.

[41] So: Sudhoff, Gesellschaftsvertrag, II.L.1, S. 253; Ganssmüller, DB 1968, 2067

weise müßte dann auch die Entnahmebeschränkung des § 122 Abs. 2 HGB gelten. Frei entnehmbare Tätigkeitsvergütungen werden allerdings zur Bestreitung des Lebensunterhalts gezahlt, gleichsam als erhielte der Arbeitnehmer seinen Lohn oder sein Gehalt. Sie sollen also frei verfügbar sein. Die Entnahmebeschränkung, die § 122 Abs. 1 HGB nach Ablauf eines Jahres aufstellt, scheint hier von den Gesellschaftern nicht gewollt zu sein.[42]

Der Saldo des Kapitalkontos, im System fester Kapitalanteile alle Kapitalkonten eines Gesellschafters zusammengenommen, drücken den jeweiligen Kapitalanteil des Gesellschafters aus. Dieser Kapitalanteil setzt sich zusammen aus den Einlagen zuzüglich der Gewinne und abzüglich der Entnahmen und Verluste.[43] Dementsprechend dürfen auf dem Kapitalkonto bzw. den Kapitalkonten grundsätzlich nur Posten gutgeschrieben werden, die den Charakter einer Einlage oder eines Gewinnes haben.

Eine Einlage können die Tätigkeitsvergütungen schon von daher nicht bilden, als sie der Gesellschaft nicht auf Dauer zur Verfügung gestellt werden, sondern frei entnehmbar sind. Soweit es um die Gewinnanteile geht, stellt sich hier die Frage, ob nicht doch zwischen gewinnabhängigen und gewinnunabhängigen Vergütungen unterschieden werden muß[44].

aa) Unterscheidung zwischen gewinnabhängigen und gewinnunabhängigen Vergütungen

Der Gewinn ist der Überschuß der Erträge über die Aufwendungen.[45] Eine gewinnabhängige Vergütung entsteht nur, wenn ein solcher Überschuß erzielt worden ist. Sie stellt lediglich einen Gewinnvorab bei der Gewinnverteilung dar, der den Gewinnanteil des betreffenden Gesellschafters gegenüber den Mitgesellschaftern erhöht. Die gewinnabhängige Tätigkeitsvergütung ist mithin eindeutig unter den "Gewinn" des Gesellschafters im Sinne des § 120 Abs. 2 HGB zu subsumieren.

Zu demselben Ergebnis müßten auch bei gewinnunabhängigen Tätigkeitsvergütungen diejenigen kommen, die in der Vergütungsregelung immer eine

---

[42] Ganssmüller, DB 1968, 2067 (2068)

[43] S. o., Ausf. unter A.I.1, S. 25

[44] So im Erg.: Hackbeil in Westermann u. a., IV Rn. 250

[45] S. o., Ausf. unter A.II, S. 27

Gewinnverteilungsabrede sehen[46]. Nur kann nach der hier vertretenen Auffassung von einer Gewinnverteilungsabrede dann nicht gesprochen werden, wenn die in Rede stehenden Vergütungen bei der Gewinnverteilung gar nicht zu berücksichtigen sind. Werden sie im Gesellschaftsvertrag als Aufwand behandelt, so stellen sie einen Kostenfaktor dar und werden bereits bei der Gewinnermittlung berücksichtigt. An eine Gewinnverteilung könnte höchstens gedacht werden, wenn im Verlustfall eine Rückzahlungspflicht des begünstigten Gesellschafters besteht. Eine solche Auslegung ist jedoch aus den oben genannten Gründen[47] bei periodisch fest zu zahlenden Vergütungen nicht möglich.[48]

Konsequent in ihrer Ansicht versuchen die Befürworter einer Gewinnverteilungsabrede eine Auslegung im Innenverhältnis dahin, daß auf die nicht an der Geschäftsführung beteiligten Mitgesellschafter ein entsprechend höherer Verlustbetrag entfällt. Als Beispielsfall seien an einer OHG die Gesellschafter A, B und C zu gleichen Teilen beteiligt, wobei dem C als Geschäftsführer eine Vergütung von DM 60.000,-- zugesagt ist. Im Verlustfall wäre der Fehlbetrag nicht zu Lasten der Kapitalkonten aller, sondern nur der übrigen Gesellschafter (also A und B) zu buchen.[49] Fraglich ist aber, ob eine solche Auslegung dem Willen der Gesellschafter entspricht.

Wörtlich genommen beinhaltet eine Gewinnverteilungsabrede zunächst eine Regelung der Verteilung des vorhandenen Überschusses. Daraus läßt sich noch nicht entnehmen, daß der tätige Gesellschafter im übrigen von der Verlusttragung ausgeschlossen sein soll. Dafür ist allein die Ausgestaltung des Gesellschaftsvertrages maßgeblich. Nach diesem sollen die Vergütungen als Aufwand behandelt werden. Der Aufwand ist Aufwand der Gesellschaft bzw. der Gesellschafter in ihrer gesamthänderischen Gebundenheit. Er entfällt als Kostenfaktor auf alle Gesellschafter entsprechend dem Verlustverteilungsschlüssel.[50] Im genannten Beispielsfall hätten die Gesellschafter A, B und C den Vergütungsaufwand zu gleichen Teilen, d. h. jeder DM 20.000,--, zu tragen. Nur das entspricht dem Willen der Gesellschafter.

Feste, periodisch zu zahlende Vergütungen sind also regelmäßig schon bei der Gewinnermittlung, nicht erst bei der Gewinnverteilung zu berücksichti-

---

46 So: Crezelius in Peter/Crezelius, Rn. 330/1, S. 126 in seinem Mustervertrag unter § 13, (1); MK/Ulmer, § 709 Rn. 29; Giefers/Frost in Bünz/Heinsius, 5 A/57, Rn. 16

47 S. o., Ausf. unter C.IV.1, S. 166 f.

48 Insoweit auch: MK/Ulmer, § 709 Rn. 32

49 So im Erg.: Schlegelberger/Geßler, § 121 Anm. 11

50 Im Erg. ebenso: A. Hueck, § 17 II.3, S. 246; Ganssmüller, DB 1965, 1893; Priester, DB 1975, 1878 (1880)

gen. Sie stellen deshalb auch keinen "Gewinn" dar. Gewinnabhängig können nur Posten sein, die aus der Gewinnverteilung stammen.[51]

Frei entnehmbare, gewinnunabhängige Tätigkeitsvergütungen können weder unter den Begriff der Einlage noch unter den Begriff des Gewinnes subsumiert werden. Eine Buchung auf dem Kapitalkonto ist damit im Gegensatz zu den gewinnabhängigen Vergütungen nicht möglich. Das gilt im System fester Kapitalanteile auch für das zweite, veränderliche Kapitalkonto.

Nach Art. 106 Abs. 1, 2 ADHGB vermehrten allerdings auch feste, von einem Gewinn unabhängige Zinsen den Kapitalanteil. Diese Vorschrift ist in das geltende Recht nicht übernommen worden. Deswegen gelten die vom Gesetzgeber genannten kapitalverändernden Posten als abschließend, sofern der Gesellschaftsvertrag nicht etwas anderes bestimmt.

Würde man eine Buchung gewinnunabhängiger Vergütungen auf dem Kapitalkonto befürworten, so könnte eine regelmäßige Aufrechnung mit den dort gebuchten Verlustanteilen des betreffenden Gesellschafters stattfinden. Nach dem Willen der Gesellschafter soll aber die gewählte Art der Vergütung gerade nicht von Gewinn und Verlust beeinflußbar sein. Der Gesellschafter soll vielmehr über die gutgeschriebenen Beträge voll verfügen können, als seien sie an ihn ausgezahlt. Deshalb sieht der Gesellschaftsvertrag in diesen Fällen keine vom Gesetz abweichende Regelung vor.

bb) Rechtfertigung der Differenzierung trotz der Ähnlichkeit der Vergütungen

Im Gegensatz zu gewinnabhängigen Vergütungen können frei entnehmbare, feste Vergütungen nicht auf dem Kapitalkonto verbucht werden. Letztere finden als jederzeit auszahlbare Forderung auf der Habenseite Eingang in das Privatkonto oder ein entsprechendes Forderungskonto mit anderer Bezeichnung.[52] Beide Vergütungsformen führen in gleicher Weise zu Ansprüchen des Gesellschafters gegen die Gesellschaft auf Auszahlung. Sie unterscheiden sich insoweit lediglich im Berechnungsmaßstab. Deswegen ist die Anwendung des § 122 HGB auf gewinnabhängige Vergütungen nicht unproblematisch.

[51] Wenn oben unter C.IV.1.b, cc, S. 174, herausgestellt wurde, daß auch gewinnunabhängige Vergütungen für den begünstigten Gesellschafter in gewissem Maße gewinnabhängig sind, indem er bei Verlusten seinen Anteil mitzutragen hat, so gilt das nicht für den Aufwandsposten selbst.

[52] Hackbeil in Westermann u. a., IV Rn. 250

Im Gegensatz zu den gewinnunabhängigen fallen gewinnabhängige Vergütungen unter den Gewinn im Sinne von § 120 Abs. 2 HGB. Dann ist es aber grundsätzlich gerechtfertigt, sie der Entnahmebeschränkung des § 122 Abs. 1 HGB nach Ablauf eines Jahres zu unterstellen.[53] Wollen die Gesellschafter dies nicht, so müssen sie eine entsprechende gesellschaftsvertragliche Vereinbarung treffen. Auch wenn der einzelne Gesellschafter die Vergütungen zum Lebensunterhalt benötigt, so gilt dies zumindest dann nicht mehr, wenn er die Vergütungen ein Jahr lang nicht entnommen hat. Nun überwiegt das schutzwerte Interesse der Gesellschaft, sich gem. § 122 Abs. 2 HGB darauf verlassen zu können, daß ihr das vermehrte Kapital zum Wirtschaften zur Verfügung steht.[54]

Trotz der nur feinen Unterschiede in der Praxis ergeben sich folglich bei der Wahl der Vergütungsart unterschiedliche Rechtsfolgen. So sind bei bestehender Gesellschaft auch lediglich die gewinnunabhängigen Tätigkeitsvergütungen - als auf Privatkonto gebuchte echte Forderungen - pfändbar, nicht dagegen die gewinnabhängigen Vergütungen. Die aufgezeigten Konsequenzen sollten bei der Gestaltung des Gesellschaftsvertrages berücksichtigt werden.

Zwischenergebnis: Die Schlußfolgerung, daß gesellschaftsrechtlich verankerte Leistungen an den Gesellschafter immer auf dem Kapitalkonto zu buchen sind, ist nicht stichhaltig. Vielmehr muß sich der Praktiker hier entsprechend den allgemeinen Abgrenzungskriterien[55] die Frage stellen, ob die zur Gutschrift anstehenden Beträge gewinnabhängig sein sollen und durch Verluste der Gesellschaft aufgezehrt werden können. Ist dies der Fall, so hat die Buchung auf dem Kapitalkonto zu erfolgen, ansonsten sind die Vergütungen dem Privatkonto gutzubringen.

Im Ergebnis ergibt sich damit kein Unterschied, wenn man anders als nach der hier vertretenen Auffassung für gewinnunabhängige Vergütungen einen schuldrechtlichen Vertrag mit dienstvertragsähnlichem Charakter zugrundelegen will[56]. Allein die dogmatische Begründung ist aus den angeführten Gründen nicht stichhaltig.

---

[53] Ebenso: Westermann in Westermann u. a., I Rn. 310; Ganssmüller, DB 1968, 2067 (2069); A. Hueck, § 17 II.3, S. 246

[54] Ganssmüller, DB 1968, 2067 (2069)

[55] S. o., Ausf. unter C.III.3, S. 152 f.

[56] So: Palandt/Thomas, § 706 Anm. 2

d) Verpflichtung zum Stehenlassen der Tätigkeitsvergütungen

Gerade Familiengesellschaften vereinbaren häufig, daß die mitarbeitenden Familienangehörigen sich die ihnen zustehenden Vergütungen nicht bei Fälligkeit auszahlen, sondern in der Gesellschaft stehen lassen.[57] Auf dem Kapitalkonto können sie grundsätzlich nur Eingang finden, wenn sie als Einlage oder Gewinn zu qualifizieren sind.

Soweit die Vergütungen gewinnabhängig sind, sind sie Teile des Gewinns des jeweiligen Gesellschafters. Eine Buchung hat damit entsprechend der Regelung des § 120 Abs. 2 HGB auf dem Kapitalkonto zu erfolgen. Mit der Verpflichtung, die Vergütungsbeträge in der Gesellschaft stehenzulassen, sollen sie in der Gesellschaft als Kapital gebunden sein. Die Verpflichtung zum Stehenlassen hat hier folglich die Bedeutung einer Entnahmebeschränkung in Abkehr von § 122 Abs. 1 HGB.

Beim variablen Kapitalanteil kann es sich gleichzeitig um eine Einlage des Gesellschafters handeln. Das spielt jedoch für die hier maßgebliche Buchung keine Rolle, weil die Gesellschafterrechte sich nach dem ganzen Kapitalanteil richten, also sowohl von der Einlage als auch von dem Gewinn gleichermaßen beeinflußt werden.[58]

Im System fester Kapitalanteile dagegen ist zu prüfen, ob der Gesellschafter mit dem Stehenlassen der Vergütungen gleichzeitig seiner Einlagepflicht nachkommen soll. Eine solche Auslegung ist dann geboten, wenn die Beträge auf Dauer und nicht nur vorübergehend gebunden sein sollen und nach dem Gesellschaftsvertrag auf den festen Kapitalanteil angerechnet werden sollen, also für das Maß der Gesellschafterrechte mitbestimmend sind. Aus den oben genannten Gründen[59] ist allerdings in diesem Fall nicht eine Bareinlage, sondern eine Sacheinlage anzunehmen.

Können die Vergütungen im System fester Kapitalanteile nicht auf den "festen Kapitalanteil" angerechnet werden, hat die Buchung auf dem zweiten Kapitalkonto zu erfolgen, das für die Beteiligungsverhältnisse nicht maßgeblich ist.[60] Insoweit liegt wiederum eine Entnahmebeschränkung vor.

---

[57] BGH, DB 1979, 1792; Maiberg, Rn. 101 a. E.

[58] Gesellschaftsvertraglich kann auch eine zeitlich begrenzte Verpflichtung zum Stehenlassen vorgesehen sein. Dann handelt es sich keinesfalls um eine Einlage, weil diese mit dem Fortbestand der Gesellschaft verbunden ist.

[59] S. o., Ausf. unter A.II.4.a, cc, (4), S. 62

[60] Denkbar ist natürlich auch eine Rücklagenbildung des betreffenden Gesellschafters. Nur muß dann die Bildung einer Rücklage für den betreffenden Gesellschafter im Gesellschaftsvertrag ausdrücklich vorgesehen sein, weil seine Gesellschafterrechte von einer Rücklage nicht beeinflußt werden.

Für gewinnunabhängige Tätigkeitsvergütungen stellt sich die Frage nach dem Einlagecharakter schon beim variablen Kapitalanteil. Da sie nicht unter den Gewinn subsumiert werden können, kann nur im Fall einer Einlage eine Buchung auf dem Kapitalkonto erfolgen.[61] Ansonsten kommt eine Auslegung als Rücklage nach dem Gesellschaftsvertrag in Betracht. Weil bei der Auseinandersetzung alle Gesellschafter an einer Rücklage teilhaben, wird eine solche Auslegung aber nur dann möglich sein, wenn auch die anderen Gesellschafter eine Rücklage zu bilden haben und getrennt für jeden Gesellschafter Rücklagekonten gebildet werden.

Im übrigen sind feste, gewinnunabhängige Tätigkeitsvergütungen sowohl im System variabler als auch im System fester Kapitalanteile auf den Forderungskonten der Gesellschafter zu buchen. Die Verpflichtung zum Stehenlassen hat hier die Bedeutung einer Stundung seitens des jeweiligen Gesellschafters. Möglich ist auch die gesonderte Einrichtung eines Darlehenskontos mit langfristiger Laufzeit.

2. Tätigkeitsvergütungen für Kommanditisten

a) Übertragbarkeit der für die persönlich haftenden Gesellschafter gefundenen Ergebnisse

Der Kommanditist einer KG ist gem. § 164 HGB kraft Gesetzes von der organschaftlichen Geschäftsführung ausgeschlossen.[1] Kann mit dem persönlich haftenden Gesellschafter einer OHG oder KG grundsätzlich ein Dienstvertrag geschlossen werden, so muß dies folglich erst recht für den Kommanditisten gelten. Allerdings bestimmt § 163 HGB ausdrücklich auch die Abdingbarkeit der §§ 164 bis 169 HGB. Diese Bestimmung ist für die heute h. M. Anlaß genug, eine organschaftliche Bestellung des Kommanditisten zuzulassen.[2]

Etwas anderes kann nur gelten, wenn sich § 163 HGB entgegen seinem Wortlaut nicht auf § 164 S. 1, 1. Halbsatz bezieht. Denkbar ist eine solche teleologische Reduktion besonders unter dem Gesichtspunkt, daß der

[61] Zur Abgrenzung zwischen Beteiligung und Darlehen s. o., Ausf. unter C.III.2 und 3, S. 150 ff.

[1] Vgl. zu einer entsprechenden Auslegung des § 163 HGB: Bork, AcP 184, 465 (471 f.)

[2] So: BGHZ 17, 392 (394); BGH, WM 1963, 486 (487); Horst, § 18 I.1, S. 269; Priester, DB 1975, 1878; Riegger, DB 1983, 1909;
a. A.: Molitor, DB 1957, 164

Kommanditist gem. § 170 HGB auch von der gesellschaftlichen Vertretung, und dort zwingend[3], ausgeschlossen ist.[4]

Die organschaftliche Geschäftsführungsbefugnis ist an die Mitgliedschaft in der Personengesellschaft gekoppelt. Der Kommanditist hat als Gesellschafter bezüglich Abschluß und Änderung des Gesellschaftsvertrages die gleichen Rechte wie die persönlich haftenden Gesellschafter. Was die Komplementäre dort organschaftlich regeln können, kann auch er organschaftlich regeln. Dazu gehört auch das Recht zur Geschäftsführung.

In diesem Sinne sind auch die Gesetzesmaterialien davon ausgegangen, daß die Gesellschafter ihre gesellschaftsrechtlichen Beziehungen, wozu auch die Geschäftsführung gehört, vorrangig selbst regeln sollen; nur hilfsweise sollte das Geschäftsführungsverbot des § 164 HGB eingreifen.[5]

Ein Rückgriff auf § 170 HGB ist deshalb nicht möglich, weil Geschäftsführungs- und Vertretungsbefugnis durchaus unterschiedlich geregelt sein können.[6] Folglich ist eine teleologische Reduktion des § 163 HGB abzulehnen. Wie der persönlich haftende Gesellschafter kann folglich auch der Kommanditist die Geschäftsführungsbefugnis sowohl auf gesellschaftsrechtlicher als auch auf schuldrechtlicher Grundlage erhalten. Soweit der Kommanditist gesellschaftsvertraglich zur Geschäftsführung berufen ist, entspricht es auch hier der ganz h. M., daß ein gesetzlicher Vergütungsanspruch ihm nicht zusteht[7].

---

[3] Das ergibt sich aus § 163 HGB, der nur auf die §§ 164 - 169 HGB verweist; ebenso: BGH, WM 1968, 509; BGHZ 41, 367 (368 f.) m. w. N.; Schilling in Großkomm.HGB, § 170 Anm. 8; Schlegelberger[5]/Martens, § 170 Anm. 9 m. w. N.; Baumbach/Duden/Hopt, § 170 Anm. 1; kritisch dazu Flume, § 10 I, S. 132 f.;
zur Auslegung einer gesellschaftsvertraglichen Bestimmung, die die organschaftliche Vertretungsmacht eines Kommanditisten vorsieht, vgl. Westermann in Westermann u. a., I Rn. 867

[4] Ansonsten entsteht das Problem, daß eine Geschäftsführungshandlung sich im Außenverhältnis zugleich als Vertretungshandlung darstellen kann, der Kommanditist aber nach § 170 HGB zwingend von der Vertretung der KG ausgeschlossen ist. Das Problem wird dadurch gelöst, daß der geschäftsführende Kommanditist im Außenverhältnis regelmäßig die Stellung eines Prokuristen erhält, vgl. dazu: Westermann in Westermann u. a., I Rn. 879; Horst, § 14, S.212 ff.; Kuhn, S. 23 f.
Wie die statistischen Nachweise bei Horst, § 17 II.3.a, S. 246, ergeben, ist der Streit für die Praxis völlig unbedeutend.

[5] Denkschrift zum HGB, S. 112

[6] S. unter Fußn. 4)

[7] BGH, BB 1976, 526; Schmidt, Einlage und Haftung, C.II.2.c, S. 61; Priester, DB 1975, 1878 (1881); Bork, AcP 184, 465 (476 f.); Riegger, DB 1983, 1909; einschränkend Schlegelberger/Geßler, § 110 Anm. 4 für den Fall, daß der Gewinnanteil des geschäftsführenden gegenüber den anderen Gesellschaftern nicht erhöht ist.

Wie bei den persönlich haftenden Gesellschaftern werden die Vergütungen als Gegenleistung für die Tätigkeit gezahlt. Insoweit kann hinsichtlich der Rechtsnatur der Vergütungen und der kontenmäßigen Buchung auf die obigen Ausführungen verwiesen werden.[8]

Unterschiede können sich lediglich in der Einordnung der Tätigkeit selbst ergeben, weil der Kommanditist von Gesetzes wegen nicht zur organschaftlichen Geschäftsführung berufen ist. Für die Geschäftsführungsbefugnis auf schuldrechtlicher Ebene bedarf es bei ihm nicht des Ausschlusses der Geschäftsführungsbefugnis im Gesellschaftsvertrag. Vielmehr bedarf es zur Begründung der organschaftlichen Geschäftsführungsbefugnis einer positiven Regelung im Gesellschaftsvertrag.[9] Die Auslegung, daß grundsätzlich eine organschaftliche Geschäftsführungsbefugnis vorliegt, ist auf den Kommanditisten nicht ohne weiteres übertragbar.[10]

b) Abgrenzungskriterien für die Tätigkeit auf gesellschafts- oder schuldrechtlicher Ebene

Zur Auslegung sind der Vertragstext sowie alle sonstigen äußeren Umstände zu einer Gesamtwürdigung heranzuziehen.[11] Dabei soll hier schon darauf hingewiesen werden, daß natürlich der geschriebene Vertragstext ein besonders wichtiges Beweismittel im Streitfall darstellt. Ist die Tätigkeitsvergütung wie in der Praxis regelmäßig im Gesellschaftsvertrag geregelt, so ist zunächst der Anschein für eine gesellschaftsrechtliche Regelung der

---

[8] S. o., Ausf. unter C.IV.1, S. 166 ff.

[9] BGH, BB 1976, 526

[10] Im Erg. ebenso: Horst, § 18 I.2.a, S. 272

[11] BGH, NJW 1978, 376 (377); Hackbeil in Westermann u. a., IV Rn. 265; Priester, DB 1975, 1878 (1879); G. Hueck, DB 1962, 1363 (1366); Kuhn, S. 225; Bork, AcP 184, 465 (475) m. w. N.; nach Horst, § 18 I.2.c, S. 276, ist bei der Gesamtwürdigung besonders der Einfluß auf Geschäftsführung und Unternehmenspolitik zu berücksichtigen.

Gesellschafter untereinander gegeben.[12] Dies kann allerdings durch die Bezeichnung als Dienstvertrag entkräftet werden.[13]

Der Regelung im Gesellschaftsvertrag kommt noch eine weitere, systematische Bedeutung zu. Gesellschaftsvertragliche Regelungen bedeuten eine gemeinsame Regelung der Gesellschafter untereinander. Ein Dienstvertrag dagegen kann nur mit der Gesellschaft als solcher geschlossen werden. Vertragspartner ist hier die Gesellschaft, als wenn sie mit einem Dritten kontrahieren würde. Der betreffende Gesellschafter wird also nicht von den Gesellschaftern mit der Geschäftsführung beauftragt, sondern von der Gesellschaft, vertreten durch ihre Organe.[14]

Mehr als eine Indizwirkung kann dem aber nicht zukommen, da die Gesellschaftsverträge in der Praxis häufig rechtlich ungenau abgefaßt sind. Das gilt insbesondere bei kleineren Personengesellschaften mit zwei oder drei Gesellschaftern. Hier kann regelmäßig auch nicht festgestellt werden, ob die Gesellschafter im eigenen Namen oder namens der Gesellschaft gehandelt haben.[15]

In diesem Zusammenhang ist aber festzuhalten, daß die gesellschaftsvertragliche Regelung eine Regelung des Innenverhältnisses ist, während der Abschluß eines Dienstvertrages eine Regelung im Außenverhältnis ist. Die Verbindung mit der Regelung anderer Gesellschafterrechte und -pflichten kann also auch einen entsprechenden Anhalt für eine gesellschaftsrechtliche Regelung bieten. Dies alles gilt natürlich nur, solange der Wille der Gesellschafter nicht auf andere Weise festgestellt werden kann. Dazu sind weitere Auslegungskriterien heranzuziehen.

Gesellschaftsrechtlich verankert ist die Geschäftsführungstätigkeit, wenn sie zur Förderung des Gesellschaftszwecks erfolgt, mithin einen Beitrag darstellt.

---

[12] MK/Ulmer, § 706 Rn. 4;
nach Bork, AcP 184, 465 (474), soll man in die Gefahr eines Zirkelschlusses geraten, wenn man hier den Vertragsgegenstand zugunsten der gesellschaftsvertraglichen Regelung "in die Waagschale wirft". Nur muß man sich vergegenwärtigen, daß die Regelung im Gesellschaftsvertrag und nicht in einem eigenen Dienstvertrag bei der Auslegung mitzuberücksichtigen ist; sie bildet nicht das entscheidende Kriterium, es besteht aber "im Zweifel" eine tatsächliche Vermutung, gleichsam der Beweis des ersten Anscheins. Ansonsten müßte man eine zweite schuldrechtliche Ebene in den Gesellschaftsvertrag hineininterpretieren.

[13] Dabei wird nicht verkannt, daß für die Auslegung der wirkliche Wille der Gesellschafter maßgeblich ist und nicht die von den Parteien gewählte Bezeichnung. Auch ohne eine entsprechende Bezeichnung kann die Auslegung ergeben, daß ein Dienstvertrag in den Gesellschaftsvertrag als einheitliches Vertragswerk aufgenommen ist, vgl. dazu: G. Hueck, DB 1962, 1363 (1366 f.); BGH, DB 1970, 437; NJW 1978, 376 (377)

[14] Das ist für Bork, AcP 184, 465 (474 f.) das entscheidende Abgrenzungskriterium.

[15] Dies gilt besonders dann, wenn die Gesellschafter eine Gesamtvertretung gem. § 125 Abs. 2 S. 1 HGB vereinbart haben.

Dies wird regelmäßig dann der Fall sein, wenn der Kommanditist als einziger Gesellschafter mit der Geschäftsführung beauftragt ist.[16] Nicht zuletzt wird das auch aus dem Prinzip der Selbstorganschaft zu folgern sein.[17] Allgemein soll nach der Rechtsprechung im Zweifel kein besonderes schuldrechtliches Vertragsverhältnis vorliegen, wenn (nur) der Gesellschaftsvertrag eine für die Erreichung des Gesellschaftszwecks wesentliche Verpflichtung zur Tätigkeit für die Gesellschaft enthält.[18] Dabei wird auch zu berücksichtigen sein, ob den Kommanditisten neben der Tätigkeit noch eine (weitere) Beitragspflicht trifft.

Dagegen ist insoweit nicht auf einen wirtschaftlichen Zusammenhang mit dem Gesellschaftsverhältnis abzustellen. Die Arbeit für die Gesellschaft wird sich im weitesten Sinne immer als Beitrag zur Förderung des Gesellschaftszwecks ansehen lassen. Für die rechtlichen Grundlagen der Geschäftsführungspflicht ergibt sich hier nichts.[19]

Wird eine Vergütung für die Tätigkeit in der Gesellschaft gezahlt, so ist bei der Frage, ob die Leistung aufgrund der Gesellschafterstellung erbracht wird, auch die Gegenleistung zu berücksichtigen.[20] Ist die Vergütung gewinnabhängig, so liegt eine Tätigkeit auf gesellschaftsrechtlicher Grundlage nahe. Der Arbeitseinsatz soll dem Kapitaleinsatz gegenüber auch entsprechend entlohnt

---

[16] Nach h. M. kann der Kommanditist auch unter Ausschluß aller persönlich haftenden Gesellschafter die alleinige Geschäftsführungsbefugnis erhalten: BGHZ 17, 392 (394); 41, 367 (369); 51, 198 (201); BGH, WM 1968, 509 (510); Schilling in Großkomm.HGB, § 164 Anm. 11; Baumbach/Duden/Hopt, § 164 Anm. 1 A; Schlegelberger[5]/Martens, § 164 Anm. 35; ausführlich dazu Kuhn, S. 23 f.
Dem dürfte zuzustimmen sein, da aufgrund der Gesellschafterstellung des Kommanditisten ein Verstoß gegen das Prinzip der Selbstorganschaft nicht vorliegt.

[17] Nach h. M. muß wenigstens ein Gesellschafter organschaftlich, d. h. in Ausübung seiner Gesellschaftsrechte, zur Geschäftsführung berufen sein: BGHZ 36, 292 (293); 51, 198 (201); BGH, NJW 1982, 2495; Baumbach/Duden/Hopt, § 114 Anm. 2 A; Schlegelberger/Geßler, § 114 Anm. 6; Flume, S. 245 f.; Westermann in Westermann u. a., I Rn. 189 m. w. N.;
a. A. unter Berufung auf die Vertragsfreiheit: Düringer/Hachenburg/Flechtheim, § 114 Anm. 4; A. Hueck, § 10 II.2, S. 119; zu den rechtlichen Konsequenzen: Fischer in Großkomm.HGB, § 114, Anm. 10

[18] BAG, NJW 1979, 999 (1000); ebenso: BGH, NJW 1978, 376 (377) für die Hingabe eines Darlehens; umgekehrt hat der BGH in WM 1963, 486 (487 f.) ein besonderes Arbeitsverhältnis angenommen, wenn die Tätigkeit des Kommanditisten von seiner Mitgliedschaft getrennt sei.

[19] G. Hueck, DB 1962, 1363 (1366 in Fußn. 20); Bork, AcP 184, 465 (474)

[20] A. A.: Bork, AcP 184, 465 (475 in Fußn. 43), der diesbezüglich einen Zirkelschluß sieht, weil "die Vergütung von der Rechtsnatur der Geschäftsführung abhängt, nicht umgekehrt". Hier wird aber nicht die Vergütung für sich betrachtet, sondern das gesamte Rechtsverhältnis in einer Gesamtwürdigung, bestehend aus Leistung und Gegenleistung.

werden.[21] Es gibt zwar auch die Möglichkeit der Begründung partiarischer Dienst- oder Arbeitsverhältnisse, Diese sind jedoch für die Praxis untypisch.[22]

Abgrenzungsschwierigkeiten ergeben sich somit vornehmlich bei Tätigkeiten, die durch periodisch zu zahlende, gewinnunabhängige Vergütungen entlohnt werden. Ist der Wert der Vergütung als Gegenleistung geringer, d. h. deckt sie nur einen Teil der Tätigkeit ab, dann liegt ein Gesellschafterwille nahe, die Tätigkeit im übrigen mit der Einräumung von Gesellschafterrechten zu entlohnen.[23] Das gleiche wird zu gelten haben, wenn die Vergütung lediglich zwecks Festlegung der Gesellschafterrechte stark überhöht ist.

Darüberhinaus ist bei der Tätigkeit des Kommanditisten zu berücksichtigen, ob und wie weit er Einfluß auf die Geschäftsführung nehmen kann.[24] Kann er dies in erheblichem Maße, so übt er insoweit organschaftliche Befugnisse aus[25], sozusagen als Ausfluß der Arbeitgeber- und nicht der Arbeitnehmerstellung.[26] Auch die Abführung von Steuern und Sozialbeiträgen kann, selbst wenn sie erst eine gesetzlich angeordnete Rechtsfolge an ein bestimmtes Rechtsverhältnis ist[27], Rückschlüsse auf den Willen der Gesellschafter zulassen.[28]

Zwischenergebnis: Die Regelung der Geschäftsführung im Gesellschaftsvertrag führt bei persönlich haftenden Gesellschaftern regelmäßig zu einer organschaftlichen Geschäftsführungsbefugnis und -pflicht. Ergibt sich aus dem Gesamtbild der Tätigkeit nicht eindeutig etwas anderes, so gilt das gleiche für die Kommanditisten.[29] Eine nähere Prüfung scheint nur von daher geboten, als die organschaftliche Geschäftsführungsbefugnis der Kommanditisten erst durch den Gesellschaftsvertrag begründet werden muß. Bei den persönlich haftenden Gesellschaftern besteht sie schon kraft Gesetzes. Bei diesen bedarf es im Gegenteil erst eines Ausschlusses der Geschäftsführungsbefugnis im Gesellschaftsvertrag, um eine abweichende Regelung zu erzielen.

---

[21] S. o., Ausf. unter C.IV.1.b, bb, S. 172

[22] S. auch: G. Hueck, DB 1962, 1363 (1367); Schlegelberger[5]/Martens, § 164 Anm. 42

[23] Soergel/Hadding, § 706 Rn. 3

[24] G. Hueck, DB 1962, 1363 (1367); Priester, DB 1975, 1878 (1879 f.)

[25] Schnorr v. Carolsfeld in FS A. Hueck, S. 261 (263); Hackbeil in Westermann u. a., IV Rn. 286

[26] Horst, § 18 I.2.b, (2)

[27] Deswegen gegen die Indizwirkung: G. Hueck, DB 1962, 1363 (1367)

[28] BGH, WM 1963, 486 (488); Schnorr v. Carolsfeld in FS A. Hueck, S. 261 (263)

[29] Priester, DB 1975, 1878 (1880), formuliert dazu treffend: "Der Kommanditist ist vom Grundsatz her Mitinhaber des Gesellschaftsunternehmens, nicht Angestellter der Gesellschaft."

Für die Buchung der Tätigkeitsvergütungen können die für das System fester Kapitalanteile erzielten Ergebnisse aufgrund der systematischen Vergleichbarkeit herangezogen werden. Gewinnabhängige Vergütungen, die nicht Gegenstand seiner Einlagepflicht sind, sind dem Kommanditisten aber wie alle Gewinne gem. § 167 Abs. 2 HGB auf seinem Kapitalkonto nur so lange gutzuschreiben, bis dieses den Betrag der bedungen Einlage erreicht.[30]

V. Die Vergütung von Zinsen

Wird ein Geschäftsführergehalt im Gesellschaftsvertrag vereinbart, so wird die Tätigkeit vor dem Kapitaleinsatz, für den es bei der gesetzlichen Vordividende bliebe, bevorzugt entlohnt. Um dies zu vermeiden, findet sich deshalb häufig neben der Vereinbarung eines Geschäftsführergehalts gleichzeitig auch eine Vereinbarung über die Vergütung von Kapitalzinsen.[1]

1. Zinsen für die Überlassung von Wirtschaftsgütern zum Gebrauch oder zur Nutzung

Nicht als Zinsvergütung zu behandeln ist der Fall der Sacheinlage.[2] Ist die Überlassung von Vermögensgegenständen zum Gebrauch oder zur Nutzung selbst die gesellschaftsrechtliche Beitragspflicht des Gesellschafters, so wird ihm für die Leistung ein Kapitalanteil gutgeschrieben. Allein die Bewertung der Leistung erfolgt dann objektiv nach den Zinsen, die zu zahlen wären, hätte ein Dritter die betreffende Sache zum Gebrauch oder zur Nutzung überlassen.

Wie bei der Geschäftsführertätigkeit ist andererseits auch ein schuldrechtlicher Vertrag in Form der Miete oder Pacht möglich. Zur Auslegung sind insoweit dieselben Kriterien wie bei den Tätigkeitsvergütungen heranzuzie-

---

[30] Zu den haftungsrechtlichen Konsequenzen für den Kommanditisten gem. § 172 Abs. 4 HGB bei der Beziehung gewinnunabhängiger Vergütungen: Priester, DB 1975, 1878 (1881 f.)

[1] Ganssmüller, DB 1965, 1893 (1895);
allerdings unterbleibt in der Vertragspraxis beim System fester Kapitalanteile regelmäßig eine Verzinsung des festen Kapitalkontos, weil der Gewinn ohnehin nach dem Verhältnis der festen Kapitalkonten verteilt wird und einer weiteren Verzinsung insoweit keine zusätzliche Bedeutung zukommt, vgl. Huber, ZGR 1988, 1 (56) m. w. N.

[2] S. o., Ausf. unter A.II.4.a, bb, (1), S. 49

hen: eine Regelung auf schuldrechtlicher Ebene ist als gewollt anzusehen, wenn entweder eine ausdrückliche Bezugnahme auf einen schuldrechtlichen Vertrag getroffen ist oder die Überlassung nicht als Beitrag geschuldet ist. Soweit aber der überlassene Gegenstand der Förderung des Gesellschaftszweckes dient, wie dies meist bei einem Grundstück beispielsweise der Fall ist, besteht die Vermutung der Erfüllung einer Beitragspflicht. Die Überlassung wird dann auf gesellschaftsrechtlicher Ebene erbracht.

Der Gesellschaftsvertrag regelt zumeist nur die Vergütung von Zinsen. Diese müssen entweder in der Gesellschaft stehen bleiben oder werden freiwillig stehengelassen. Wird die Gebrauchsüberlassung als Gegenleistung regelmäßig auf gesellschaftsrechtlicher Ebene geschuldet, so ist auch die damit im Austauschverhältnis stehende Vergütung gesellschaftsrechtlich begründet.[3]

Hinsichtlich der materiellrechtlichen Behandlung der Zinsen auf den Konten kann insoweit auf die Ausführungen zu den Tätigkeitsvergütungen verwiesen werden.[4] Die Zinsen sind, weil sie gewinnunabhängig sind, den gewinnunabhängigen Tätigkeitsvergütungen vergleichbar. Können sie nicht unter die Begriffe der Einlage und Rücklage subsumiert werden, so sind sie auf dem Privat- oder sonstigen Forderungskonto zu verbuchen. Die Verpflichtung zum Stehenlassen hat dann die Bedeutung einer Stundung seitens des Gesellschafters.

2. Verzinsung der Beträge auf den Gesellschafterkonten

Zinsen werden grundsätzlich, weil sie gewinnunabhängig zu einem festen Prozentsatz gewährt werden, für fest rückzahlbare Darlehen und Schulden gezahlt, vgl. §§ 246, 608 BGB. Soweit die Gesellschafterkonten Forderungscharakter haben, auf ihnen also Forderungen und Verbindlichkeiten gebucht sind, haben folglich die vergüteten Zinsen auch den Charakter einer einfachen Buchforderung.

Etwas anderes kann sich ergeben für die Kapitalkonten. Die Verzinsung dieser Konten hat hier die Bedeutung einer Entlohnung für das zur Verfügung gestellte Kapital. Das Kapital wird als Beitrag zur Förderung des Gesellschaftszwecks aufgebracht. Daher erfolgt die Verzinsung auf der

---

[3] S. o., Ausf. unter C.IV.1.b, aa, S. 170 f.

[4] S. o., Ausf. unter C.IV.1.c und d, S. 174 ff.

gleichen, gesellschaftsrechtlichen Ebene. Die Zinsen sind im Zweifel frei entnehmbar.[5]

Solange eine feste Verzinsung nur aus dem Gewinn der Gesellschaft zu zahlen ist[6], liegt nach dem Willen der Gesellschafter im System variabler Kapitalanteile die Regelung eines Vorabgewinnes im Sinne von § 122 Abs. 1 HGB vor. Die vierprozentige Vordividende wird lediglich durch eine andere Ziffer ersetzt. Im System fester Kapitalanteile gilt grundsätzlich dasselbe, da sich der Kapitalanteil aus einem festen und einem veränderlichen Teil zusammensetzt. In beiden Fällen sind die Zinsen jeweils dem veränderlichen Kapitalkonto gutzuschreiben.[7] Wird einem Kommanditisten für eine Einlageleistung, die zur Erfüllung der Hafteinlage dient, als Gegenleistung die Vergütung von Zinsen versprochen, so hat die Auszahlung dieser Zinsen Entnahmecharakter.[8]

Zumeist sollen aber auch im Verlustfall die Konten fest verzinst werden. Dann stellt sich die Frage, ob das Eigenkapital, das regelmäßig nur aus Einlagen und Gewinnen gespeist wird, wie Fremdkapital verzinst werden kann. Unter die Posten, die den Kapitalanteil gem. § 120 Abs. 2 HGB beeinflussen, ließen sich die Zinsen nur als "Gewinn" subsumieren. Das setzt aber gerade die Gewinnabhängigkeit voraus, an der es hier fehlt.

Schon das ADHGB ging in seinem Art. 106 Abs. 1 von der festen Verzinsung der Kapitalanteile aus. Daher scheint eine feste, gewinnunabhängige Verzinsung auch mit dem Eigenkapital vereinbar. Das gilt nur dann nicht, wenn der Gesetzgeber mit der Nichtübernahme dieser Vorschrift in das HGB die Unvereinbarkeit dokumentieren wollte. Die Vorschrift des ADHGB ist jedoch lediglich als wohlmeinende Änderung aufgehoben worden, weil durch die feste Verzinsung "die Vermögenseinlage vor der Arbeitseinlage und die höhere Vermögenseinlage vor der geringeren unbillig bevorzugt werde"[9].

Das Recht der Personengesellschaften wird von der Vertragsfreiheit beherrscht, §§ 109, 163 HGB. Mit der Verzinsung soll den Gesellschaftern

---

[5] BGH, WM 1985, 1343 (1344)

[6] Dafür im Zweifelsfall: WP-Hdbuch 1985/86 II, S. 286

[7] Für den Kommanditisten gilt dies nach der gesetzlichen Regelung nur, soweit er den Betrag der bedungenen Einlage noch nicht geleistet hat.

[8] BGHZ 39, 319 (332) m. w. N.; Schlegelberger/Geßler, § 172 Anm. 21; Schlegelberger[5]/Schmidt, §§ 171, 172 Anm. 68; Schilling in Großkomm. HGB, § 172 Anm. 36; ebenso: Priester, DB 1975, 1878 (1882) und Huber, ZGR 1988, 1 (25 f.), mit der zutreffenden Konsequenz, daß die Auszahlung solcher Zinsen nur haftungsunschädlich ist, wenn die Grenze des § 172 Abs. 4 S. 2 HGB eingehalten wird; der Betrag auf dem Kapitalkonto darf also die Haftsumme nicht unterschreiten.

[9] Denkschrift zum HGB, S. 87

der Anreiz gegeben werden, ihr "Kapital" in der Gesellschaft stehen zu lassen und nicht anderweitig zur Vermögensanlage zu verwenden.[10] Die Zinsen werden daher häufig am Kapitalmarkt orientiert.[11] Entsprechend der Regelung fester Vergütungen für die Tätigkeit[12] entsteht auch hier eine Verpflichtung der Gesellschafter zur Einlageleistung nur im gegenseitigen Austauschverhältnis mit der Zinsforderung. Zinsen für das zur Verfügung gestellte Kapital sind damit gesellschaftsrechtlich veranlaßt.

Sofern die Zinsen unabhängig von einem entsprechenden Gewinn zu vergüten sind, entstehen sie als Aufwand. Sie sollen auch nicht mit späteren Verlusten verrechnet werden. Deshalb sind sie den Privat-oder sonstigen Forderungskonten der Gesellschafter gutzubringen.

VI. Kapitalersetzende Darlehen

Nur am Rande interessieren hier die rechtlichen Probleme der kapitalersetzenden Darlehen. Das sind Gelder, die der Gesellschafter der Gesellschaft aus Haftungsgründen lediglich in der Rechtsform eines Darlehens zur Verfügung stellt, die aber in Wirklichkeit Kapitalersatzfunktion haben.[1] Deshalb gewinnen diese Darlehen praktisch nur dort Bedeutung, wo der "persönlich haftende Gesellschafter" selbst nur mit einem bestimmten Gesellschaftsvermögen, wie die GmbH, haftet.

Ein Gesellschafter gewährt der Gesellschaft ein Darlehen zur Sicherung ihrer Existenz, wo "ordentliche Kaufleute Eigenkapital zugeführt hätten", § 32 a Abs. 1 S. 1 GmbHG. Das ist nach h. M. dann der Fall, wenn die Gesellschaft kreditunfähig ist, d. h. einen Kredit zu marktüblichen Konditionen von dritter Seite nicht mehr erhalten würde.[2] Die Wirkung eines kapitalersetzenden Darlehens kann auch das Stehenlassen eines Guthabens des Gesellschafters nach Eintritt der Krise haben.[3]

---

[10] Giefers/Frost in Bünz/Heinsius, 5 A/56, Rn. 14

[11] Ganssmüller, DB 1965, 1893 (1898)

[12] S. o., Ausf. unter C.IV.1.b, bb, S. 172 f.

[1] Schmidt, Lehrbuch, § 18 III.4.a, S. 392, sowie § 37 IV.2, S. 861; Küting in Küting/Weber, § 272 Rn. 25

[2] BGH, DB 1988, 2141; Renkl in Glanegger u. a., § 172 a Rn. 3; Schlegelberger[5]/Schmidt, § 172 a Anm. 20 m. w. N.

[3] BGH, NJW 1988, 1841 (1842); vgl. zu einer entsprechenden Auslegung des § 32 a Abs. 3 GmbHG: Huber, ZGR 1988, 1 (38 f.)

Diese Darlehen werden in §§ 129 a, 172 a HGB, 32 a GmbHG, 32 a S. 2 KO kraft zwingenden Rechts dem haftenden Kapital gleichgestellt. Sie können im Konkurs der Gesellschaft nicht als Darlehensforderung angemeldet werden. Daß es sich um kapitalersetzende Darlehen handelt, zeigt aber zugleich ihren materiellrechtlichen Charakter in der Buchführung des Kaufmanns. Nicht diese Buchführung und entsprechende Bilanzierung wird von den genannten gesetzlichen Vorschriften für unrichtig erklärt, es werden nur rechtliche Konsequenzen für die Behandlung im Konkursfall aufgestellt.[4]

Aus diesem Grunde scheint auch eine Unvereinbarkeit mit den GoB nicht in Frage zu stehen.[5] Im Innenverhältnis unter den Gesellschaftern herrscht Vertragsfreiheit, wie sie ihr Unternehmen finanzieren wollen.[6] Der Grundsatz der Wahrheit kann nicht betroffen sein, da es sich um echte Darlehensverträge handelt. Die genannten Vorschriften sind reine Gläubigerschutzvorschriften, die nur eine Berufung auf den Darlehenscharakter im Konkursfall verbieten. Im Sinne der Rechtssicherheit kann auch von den Bilanzaufstellern nicht verlangt werden, die Abgrenzungsschwierigkeiten durch eine entsprechende Bilanzierung zu präjudizieren.[7]

Die Frage, ob die genannten Vorschriften über die GmbH und GmbH & Co. Ausdruck allgemeiner Rechtsgrundsätze oder rechtsformspezifische Sonderregeln sind[8], braucht daher in dieser Arbeit nicht näher behandelt werden. Für die in Betrieb befindlichen Personengesellschaften ergeben sich insoweit keine rechtlichen Konsequenzen.

---

[4] Ebenso: Reinhard in Küting/Weber, § 247 Rn. 96;
a. A.: Baumbach/Duden/Hopt, § 266 Anm. 13, die einen Ausweis unter dem Eigenkapital als gesperrte Position verlangen.

[5] Vgl. aber Schmidt, Lehrbuch, § 18 III.4, S. 393 ff. und dort Fußn. 38

[6] BGH, NJW 1988, 1841 (1843)

[7] WP-Hdbuch 1985/86 I, S. 685; Reinhard in Küting/Weber, § 247 Rn. 96

[8] Vgl. dazu Schmidt, Lehrbuch, § 18 III.4.a, S. 393 m. w. N.

Zusammenfassendes Ergebnis

Insbesondere wegen der wachsenden Kapitalintensität der Unternehmen sind im Laufe der Zeit höhere Ansprüche an eine Beurteilung der Finanzlage und damit der Darstellung des Kapitals gestellt worden. Das gilt in gleicher Weise für Kapitalgesellschaften wie für Personengesellschaften. Das Bilanzrichtlinien-Gesetz ist dieser Entwicklung gefolgt, indem es eine eindeutige Trennung zwischen Eigen- und Fremdkapital nunmehr auch in der Bilanz der Personengesellschaften fordert. Eine alleinige Aneinanderreihung der Gesellschafterkonten ohne Zuordnung zum Eigen- oder Fremdkapital ist wegen der Pflicht zum gesonderten Ausweis des Eigenkapitals nach § 247 Abs. 1 HGB in Zukunft nicht mehr zulässig.

Eine ordnungsmäßige Bilanzierung des Eigenkapitals setzt voraus, daß schon in der laufenden Buchführung die Doppelstellung der Gesellschafter als Risikoträger mit ihrem Kapitalanteil und als Gläubiger klar auseinandergehalten wird. Intensiver als bisher sind also die Gesellschafter aufgefordert, den materiellrechtlichen Charakter ihrer Konten und der darauf zu buchenden Posten im Gesellschaftsvertrag genau festzulegen. Andernfalls wird bei der allgemeinen Auslegung der Zuordnung des betreffenden Kontos zum Eigen- oder Fremdkapital in der Bilanz entscheidende Bedeutung zukommen.

Insgesamt bleibt festzuhalten, daß das Bilanzrichtlinien-Gesetz erfreulicherweise zu mehr Klarheit und Rechtssicherheit für das Problem des Eigenkapitalausweises bei Personengesellschaften geführt hat.

Literatur

Adler, Hans / *Düring*, Walter / *Schmaltz*, Kurt: Rechnungslegung und Prüfung der Aktiengesellschaft, Handkommentar, Band 1, Rechnungslegung: §§ 148 - 160, 311 - 313 AktG 1965, § 14 EG, 4. Aufl. Stuttgart 1968, Nachdruck 1983

Baetge, Jörg: Grundsätze ordnungsmäßiger Buchführung, DB 1986, Beilage Nr. 26

Bandasch, Georg W.: Gemeinschaftskommentar zum Handelsgesetzbuch, 3. Aufl., Neuwied, Darmstadt 1980 (zit.: Bearb. in ...)

Baumbach, Adolf / *Duden*, Konrad / *Hopt*, Klaus J.: Handelsgesetzbuch, Kommentar, 27. Aufl., München 1987

Beck'scher Bilanzkommentar: Der Jahresabschluß nach Handels- und Steuerrecht, bearb. v. Wolfgang Dieter Budde u.a., München 1986 (zit.: Bearb. in Beck Bil-Komm.)

Beck'sches Formularbuch: Formularbuch zum Bürgerlichen, Handels- und Wirtschaftsrecht, hrsg. v. Dr. Michael Becking und Dr. Helmut Schippel, 4. Aufl., München 1986 (zit.: Bearb. in ...)

Biener, Herbert: Einzelne Fragen zum Publizitätsgesetz, WPg. 1972, S. 1 - 11

– Einzelne Fragen zur Rechnungslegung der GmbH & Co. KG nach dem Publizitätsgesetz, GmbH-Rdsch. 1975, S. 30 - 35

Biener, Herbert / *Berneke*, Wilhelm: Bilanzrichtlinien-Gesetz: Textausgabe des Bilanzrichtlinien-Gesetzes vom 19.12.1985 (BGBl. I S. 2355); mit Bericht des Rechtsausschusses des Deutschen Bundestages, Regierungsentwürfe mit Begründung; EG-Richtlinie mit Begründung; Entstehung und Erläuterung des Gesetzes, Düsseldorf 1986

Bordewin, Arno: Das Betriebsvermögen der Mitunternehmer von Personengesellschaften, BB 1976, S. 967 - 973

Bork, Reinhard: Die Haftung des entlohnten Gesellschafter-Geschäftsführers bei der GmbH & Co. KG, AcP 184 (1984), S. 465 - 496

Buchwald, Dr.: Die Bilanzen der Personalgesellschaften als Vereinbarungen zwischen den Gesellschaftern, JR 1948, S. 65 - 69

Buchwald / *Tiefenbacher*, Erhard / *Dernbach*, Jürgen: Die zweckmäßige Gesellschaftsform nach Handels- und Steuerrecht, 5. Aufl., Heidelberg 1981

Bünz, Vincent / *Heinsius*, Ernst W.: Familiengesellschaften in Recht und Praxis, Loseblatt, Freiburg, Stand 26. Ergänzungslieferung 12/1988 (zit.: Bearb. in ...)

Bundesverband der Deutschen Industrie: Industrie-Kontenrahmen IKR: Neufassung 1986 in Anpassung an das Bilanzrichtlinien-Gesetz (BiRiLiG), Tiefgliederung, Köln, Bergisch Gladbach 1986

Canaris, Claus Wilhelm: Die Vertrauenshaftung im deutschen Privatrecht, München 1971

Coenenberg, Adolf G.: Jahresabschluß und Jahresabschlußanalyse, 9. Aufl., Landsberg 1987

Döllerer, Georg: Rechtsbeziehungen zwischen der Personenhandelsgesellschaft und ihren Gesellschaftern in der Steuerbilanz, Festschrift für Werner Flume, Band II, Köln 1978, S. 43 - 54

– Die Beteiligung einer Kapitalgesellschaft an einer Personenhandelsgesellschaft nach Handels- und Steuerrecht, WPg. 1977, S. 81 - 91

Düringer / Hachenburg: Das Handelsgesetzbuch, Kommentar II. Band, 2. Hälfte: Handelsgesellschaften und stille Gesellschaft, 3. Aufl., Mannheim, Berlin, Leipzig 1932 (zit.: Düringer/Hachenburg/Bearb.)

Eckelt, Ernst: Vermögensanteil und Kapitalanteil, NJW 1954, S. 1905 - 1910

Falterbaum, Hermann / *Beckmann*, Heinz: Buchführung und Bilanz, 12. Aufl., Achim 1987

Federmann, Rudolf: Bilanzierung nach Handelsrecht und Steuerrecht, 6. Aufl., Berlin 1987

Felix, Günther: Steuer- und Rechtspraxis der Mitunternehmer 1980, Arbeitskreis für Steuerrecht, Köln 1980 (zit.: Bearb. in Felix)

Flume, Werner: Allgemeiner Teil des Bürgerlichen Rechts, 1. Band, 1. Teil: Die Personengesellschaft, Berlin, Heidelberg, New York 1977

Ganssmüller, Helmut: Der Gewinnanteil der Gesellschafter von Handelspersonengesellschaften und seine rechtliche Behandlung, DB 1967, S. 2103 - 2108

– Besondere Vergütungen an Gesellschafter von Handelspersonengesellschaften und ihre rechtliche Behandlung, DB 1968, S. 2067 - 2070

– Die Tätigkeitsvergütungen und andere besondere Vergütungen an Gesellschafter von Personengesellschaften und ihre Abänderung, DB 1965, S. 1893 - 1899

– Gewinnanteil und Leistung der Einlage, DB 1970, S. 285 - 288

Geßler, Ernst / *Hefermehl*, Wolfgang / *Eckardt*, Ulrich / *Kropff*, Bruno: Aktiengesetz, Kommentar Band I: §§ 1 - 75, München, Stand: April 1984 (zit.: Bearb. in Geßler u. a.)

Gierke, Julius von / *Sandrock*, Otto: Handels- und Wirtschaftsrecht, Band 1, 9. Aufl., Berlin, New York 1975

Glade, Anton: Rechnungslegung und Prüfung nach dem Bilanzrichtlinien-Gesetz, systematische Darstellung und Kommentar, Herne, Berlin 1986

Glanegger, Peter / *Niedner*, Hans Jochen / *Runkl*, Günter / *Ruß*, Werner: HGB: Handelsrecht, Bilanzrecht, Steuerrecht, Kommentar zum Handelsgesetzbuch, Heidelberg 1987 (zit.: Bearb. in Glanegger u. a.)

Godin, Reinhard von: Zum Handelsgesetzbuch-Kommentar von Geßler-Hefermehl-Hildebrand-Schröder, II. Zur Kapitalanteilslehre, WPg. 1958, S. 226 - 230

Göllert, Kurt / *Ringling*, Wilfried: Bilanzrichtlinien-Gesetz: Einführung, Texte, Materialien, 2. Aufl., Heidelberg 1986

Goerdeler, Reinhard: Probleme des Publizitätsgesetzes, Festschrift für Heinz Kaufmann, Köln-Marienberg 1972, S. 169 - 183

Groh, Manfred: Das werdende Bilanzrecht in steuerlicher Sicht, DB 1985, S. 1849 - 1853

– Nutzungseinlage, Nutzungsentnahme und Nutzungsausschüttung (Teil I), DB 1988, S. 514 - 524

Gross, Gerhard / *Schruff*, Lothar: Der Jahresabschluß nach neuem Recht: Aufstellung - Prüfung - Offenlegung, 2. Aufl., Düsseldorf 1986

Großfeld, Bernhard: Bilanzrecht, Heidelberg, Karlsruhe 1978

Großkommentar HGB: Handelsgesetzbuch, Großkommentar
- 1. Band (§§ 1 - 104), 3. Aufl., Berlin 1967
- 2. Band, 1. Halbband (§§ 105 - 144), 3. Aufl., Berlin, New York 1973
- 2. Band, 2. Halbband (§§ 145 - 177, §§ 335 - 342), 3. Aufl., Berlin 1970
(zit.: Bearb. in Großkomm.HGB)

Hantke, Hans: Handels- und steuerrechtlicher Jahresabschluß, 2. Aufl., München, Wien 1987

Heinen, Edmund: Handelsbilanzen, 12. Aufl., Wiesbaden 1986

Heinhold, Michael: Der Jahresabschluß, München, Wien 1987

Heyd, Reinhard: Ziele und Funktionsfähigkeit von Jahresabschlüssen nach den vorparlamentarischen Regierungsvorlagen für ein Bilanzrichtlinie-Gesetz unter besonderer Berücksichtigung des Interessenschutzes und der Interessengewichtigkeit bei unterschiedlichen Rechtsformen, Frankfurt, Bern 1982

Heymann / Kötter: Handelsgesetzbuch, Kommentar, 4. Aufl., Berlin, New York 1971

Hofbauer, Max A.: Die Bilanzierung des Eigenkapitals bei Personen-Handelsgesellschaften, WPg. 1964, S. 654 - 661

Hofbauer, Max A. / *Kupsch*, Peter: Bonner Handbuch Rechnungslegung, Band 1 - 3, Loseblattsammlung, Bonn 1986 (zit.: Bearb. in ...)

Hoffmann, Günther: Das neue Bilanzrichtlinien-Gesetz, Freiburg 1986

Horst, Karl-Heinz: Geschäftsführung, Vertretung und Beschlußfassung bei Personenhandelsgesellschaften; eine empirische Untersuchung der Vertragspraxis, Frankfurt, Bern 1981

Huber, Ulrich: Vermögensanteil, Kapitalanteil und Gesellschaftsanteil an Personalgesellschaften des Handelsrechts, Heidelberg 1970

– Gesellschafterkonten in der Personengesellschaft, ZGR 1988, S. 1 - 103

Hueck, Alfred: Das Recht der Offenen Handelsgesellschaft, 4. Aufl., Berlin, New York 1971

Hueck, Götz: Gesellschaftsrecht, 18. Aufl., München 1983

– Zur Tätigkeit des Kommanditisten im Dienste der KG, DB 1962, S. 1363 - 1368

IDW: Gemeinsame Stellungnahme der Wirtschaftsprüferkammer und des Instituts der Wirtschaftsprüfer zum Vorentwurf eines Bilanzrichtlinie-Gesetzes, WPg. 1980, S. 501 - 523

– Hauptfachausschuß: HFA 1/76: Stellungnahme zur Bilanzierung bei Personenhandelsgesellschaften, WPg. 1976, S. 114 - 119

Jakob, Josef: Bilanzierungsfragen der Kommanditgesellschaft nach dem Handels- und Steuerrecht, WPg. 1965, S. 229 - 233

Klauss, Herbert / *Birle*, Jürgen: Der Gesellschaftsvertrag in seiner zweckmäßigsten Form, 12. Aufl., Kiel 1986

Klauss, Herbert / *Mittelbach*, Rolf: Die Kommanditgesellschaft: Gesellschaftsrecht, Steuerrecht, 4. Aufl., Ludwigshafen 1984

Klußmann, Günther: Ausweis der Gesellschafterkonten bei Personengesellschaften, DB 1967, S. 389 - 391

Knobbe-Keuk, Brigitte: Bilanz- und Unternehmenssteuerrecht, 5. Aufl., Köln 1985

– Obligatorische Nutzungsrechte als Sacheinlagen in Kapitalgesellschaften?, ZGR 1980, S. 214 - 224

Körner, Werner: Wesen und Funktion der Grundsätze ordnungsmäßiger Buchführung, BB 1986, S. 1742 - 1749

– Praktische Bedeutung der Grundsätze ordnungsmäßiger Buchführung, BB 1986, S. 1950 - 1958

Kollhosser, Helmut: Unternehmerlohn, Schadensersatz und Regreßinteressen beim Unfall eines geschäftsführenden Gesellschafters einer Personengesellschaft, ZHR 129 (1967), S. 121 - 158

Kostka, Gerhard: Bilanzen, Wiesbaden 1978

Kruse, Heinrich Wilhelm: Grundsätze ordnungsmäßiger Buchführung, Rechtsnatur und Bestimmung, 2. Aufl., Köln 1976

Kübler, Friedrich: Gesellschaftsrecht, 2. Aufl., Heidelberg 1985

Küting, Karlheinz / *Weber*, Claus-Peter: Der Übergang auf die neue Rechnungslegung, Fallstudie zur Umstellung auf das künftige Bilanzrecht, 3. Aufl., Stuttgart 1986

— Handbuch der Rechnungslegung: Kommentar zur Bilanzierung und Prüfung, Stuttgart 1986 (zit.: Bearb. in ...)

— Das neue Bilanzrecht: Eine Herausforderung an die deutsche Bilanzierungspraxis, DB 1987, S. 1 - 10

Kuhn, Horst: Kompetenzbereiche und arbeitsrechtliche Relevanz im Recht der Geschäftsführung bei Gesellschaft und Verein, Diss. Bayreuth, 1985

Kunz, Eduard: Das Gesellschaftergrundstück in der Bilanz der Personengesellschaft, Diss. Mainz 1969

Lang, Joachim: Grundsätze ordnungsmäßiger Buchführung I, in: Leffson, Ulrich / Rückle, Dieter / Großfeld, Bernhard: Handwörterbuch unbestimmter Rechtsbegriffe im Bilanzrecht des HGB, Köln 1986, S. 221 - 240

Larenz, Karl: Lehrbuch des Schuldrechts, Band 2: Besonderer Teil, 12. Aufl., München 1981

— Methodenlehre der Rechtswissenschaft, 5. Aufl., Berlin, Heidelberg, New York, Tokio 1983

Leffson, Ulrich: Die Grundsätze ordnungsmäßiger Buchführung, 7. Aufl., Düsseldorf 1987

Loritz, Karl-Georg: Die Mitarbeit Unternehmensbeteiligter, Konstanz 1984

Maiberg, Hermann: Gesellschaftsrecht, 5. Aufl., München, Wien 1986

Maul, Karl-Heinz: Zur Ordnungsmäßigkeit der Buchführung bei fehlender Eröffnungsbilanz, DB 1974, S. 697 - 698

Mellwig, Winfried: Rechnungslegungszwecke und Kapitalkonten bei Personengesellschaften, BB 1979, S. 1409 - 1418

Mittelbach, Rolf: Angehörige als Arbeitnehmer und Gesellschafter, 2. Aufl., Herne, Berlin 1967

Molitor, Erich: Arbeitsverhältnisse und Mitgliedschafts- (Gesellschafts-)verhältnisse, DB 1957, S. 164 - 165

Morck, Winfried: Die vertragliche Gestaltung der Beteiligung an Personen-Handelsgesellschaften, eine empirische Untersuchung, Frankfurt 1980

Moxter, Adolf: Bilanzlehre, Band II: Einführung in das neue Bilanzrecht, 3. Aufl., Wiesbaden 1986

Mühlbauer, Dieter: Das negative Kapitalkonto des Kommanditisten im Handels- und im Einkommensteuerrecht, Diss. München 1970

Münchener Kommentar: Münchener Kommentar zum Bürgerlichen Gesetzbuch, Band 3: Schuldrecht, Besonderer Teil,
- 1. Halbband (§§ 433 - 651 k), 2. Aufl., München 1988
- 2. Halbband (§§ 652 - 853), 2. Aufl., München 1986
(zit.: MK/Bearb.)

Münchener Vertragshandbuch: Band 1, hrsg. v. Dr. Martin Heidenhain und Dr. Burckhardt W. Meister, 2. Aufl., München 1985 (zit.: Bearb. in ...)

Münzinger, Rudolf: Bilanzrechtsprechung der Zivil- und Strafgerichte, Wiesbaden 1987

Muth, Johannes M.: Übertragbarkeit und Pfändbarkeit des Kapitalentnahmeanspruchs von Personenhandelsgesellschaften, DB 1986, S. 1761 - 1764

Palandt: Bürgerliches Gesetzbuch, Kommentar, 47. Aufl., München 1988 (zit.: Palandt/Bearb.)

Paulick, Heinz: Das Problem der Gewinnverteilung bei Familienpersonengesellschaften in handelsrechtlicher und steuerrechtlicher Sicht, Festschrift für Franz Laufke, Würzburg 1971, S. 193 - 215

Peter, Karl / *von Bornhaupt*, Kurt Joachim / *Körner*, Werner: Ordnungsmäßigkeit der Buchführung nach dem Bilanzrichtlinien-Gesetz (Buchführungs- und Aufzeichnungspflichten nach Handels- und Steuerrecht), 8. Aufl., Herne, Berlin 1987

Peter, Karl / *Crezelius*, Georg: Neuzeitliche Gesellschaftsverträge und Unternehmensformen, 5. Aufl., Herne, Berlin 1987 (zit.: Bearb. in ...)

Plassmann, Norbert: Darlehenskonto statt zweitem Kapitalkonto?, BB 1978, S. 413 - 418

Plum, Maria: Der fortschreitende Strukturwandel der Personalgesellschaft durch Vertragsgestaltung, Festschrift zum 100-jährigen Bestehen des Deutschen Juristentages, Band II, Karlsruhe 1960, S. 137 - 191

Pochmann, H. G.: Das negative Kapitalkonto des Kommanditisten in der Bilanz, WPg. 1965, S. 414 - 416

Popp, Michael / *Hantke*, Hans: Der Einzelabschluß nach dem neuen Bilanzrichtlinien-Gesetz, Herne/Berlin 1986

Potthoff, Erich / *Zintzen*, Heinrich / *Halft*, Karl: Handbuch der Gesellschaftsverträge in Personalgesellschaften, 3. Aufl., Köln, Opladen 1965

Priester, Hans-Joachim: Haftungsgefahren bei Zahlung von Geschäftsführerbezügen an Kommanditisten?, DB 1975, S. 1878 - 1882

Randenborgh, Wolfgang van: Das negative Kapitalkonto bei der Personalgesellschaft, DNotZ 1959, S. 373 - 393

Riegger, Bodo: Geschäftsführervergütung und persönliche Haftung des Kommanditisten, DB 1983, S. 1909 - 1911

Riepen, Johannes: Die gesellschaftssteuerliche Behandlung der Rücklagen bei der GmbH & Co. KG nach altem und neuem Recht, DB 1973, S. 444 - 448

Rückle, Dieter / *Klatte*, Volkmar: Eigenkapital des Einzelkaufmanns und der Personengesellschaften, in: Leffson, Ulrich / Rückle, Dieter / Großfeld, Bernhard: Handwörterbuch unbestimmter Rechtsbegriffe im Bilanzrecht des HGB, Köln 1986, S. 113 - 134 (zit.: Rückle/Klatte in Handwörterbuch)

Salje, Peter: Die Abgrenzung des Gesellschafter-Darlehenskontos gegenüber dem Kapitalkonto bei Personengesellschaften, DB 1978, S. 1115 - 1116

Schaub, Günter: Arbeitsrechts-Handbuch, 6. Aufl., München 1987

Schellein, Horst: Der Einfluß der §§ 264 - 289 HGB auf die Rechnungslegung der Personenhandelsgesellschaften, WPg. 1988, S. 693 - 699

Schlegelberger: Handelsgesetzbuch, Kommentar
- Band I: §§ 1 - 104, 4. Aufl., Berlin, Frankfurt 1960
- Band II: §§ 105 - 342, 4. Aufl., Berlin, Frankfurt, Stand 1.1.1963 (zit.: Schlegelberger/ Bearb.)
- Band III, 2. Halbband: §§ 161 - 177a, §§ 335 - 342 (§§ 230 - 237 n. F.), 5. Aufl., München 1986 (zit.: Schlegelberger^5/Bearb.)

Schmalenbach, Eugen: Grundsätze ordnungsmäßiger Bilanzierung, ZfhF 1933, S. 225 - 243

Schmidt, Karsten: Gesellschaftsrecht, Lehrbuch, Köln, Berlin, Bonn, München 1986 (zit.: Schmidt, Lehrbuch)

— Einlage und Haftung des Kommanditisten, Köln 1977

Schneider, Dieter: Steuerbilanzen, Wiesbaden 1978

Schneider, W.: Umstellung von Gesellschafterdarlehen (Westzonen), BB 1952, S. 564 - 565

– Konkurs von Personengesellschaften, Behandlung der Gesellschafter-Privatkonten, BB 1954, S. 246 - 247

Schnorr von Carolsfeld, Ludwig: Zur Arbeitsleistung im Rahmen von Gesellschaftsverhältnissen, Festschrift für Alfred Hueck, München, Berlin 1959, S. 261 - 279

Scholz: Kommentar zum GmbH-Gesetz mit Nebengesetzen, I. Band: §§ 1 - 40, Anhang Konzernrecht, 7. Aufl., Köln 1986 (zit.: Scholz/Bearb.)

Schopp, Heinrich: Kapitalkonten und Gesellschafterdarlehen in den Abschlüssen von Personenhandelsgesellschaften, BB 1987, S. 581 - 584

Schulze-Osterloh, Joachim: Die Rechnungslegung der Einzelkaufleute und Personenhandelsgesellschaften nach dem Bilanzrichtlinien-Gesetz, ZHR 150 (1986), S. 403 - 433

Schulze zur Wiesche, Dieter: Gewinnermittlung und Gewinnfeststellung bei Personengesellschaften, Köln 1982

Siebert, Wolfgang: Gesellschaftsvertrag und Erbrecht bei der Offenen Handelsgesellschaft, Karlsruhe 1954

Soergel: Bürgerliches Gesetzbuch mit Einführungsgesetz und Nebengesetzen, Kommentar
- Band 3: Schuldrecht II (§§ 516 - 704), 11. Aufl., Stuttgart, Berlin, Köln, Mainz, Stand 1980
- Band 4: Schuldrecht III (§§ 705 - 853), 11. Aufl., Stuttgart, Berlin, Köln, Mainz, Stand Frühjahr 1985

(zit.: Soergel/Bearb.)

Staub, Hermann: Kommentar zum Allgemeinen Deutschen Handelsgesetzbuch, 2. Aufl., Berlin 1894

Staudinger: Kommentar zum Bürgerlichen Gesetzbuch, Zweites Buch: §§ 657 - 740, 12. Aufl., Berlin 1980 (zit.: Staudinger/Bearb.)

Stehle, Heinz / *Stehle*, Anselm: Bilanzierung und Rechnungslegung nach Handels- und Steuerrecht, 2. Aufl., Stuttgart, München, Hannover 1987

Stürzenhofecker, K.: Die Abweichungen zwischen Handelsbilanz und Steuerbilanz, eine Untersuchung über das grundsätzliche Verhältnis zwischen Handelsbilanz und Steuerbilanz, Diss. Nürnberg 1957

Sudhoff, Heinrich: Das Familienunternehmen, Kommentar und Formularbuch, München 1980

– Der Gesellschaftsvertrag der Personengesellschaften, systematischer Kommentar mit Formular- und Texthandbuch, 6. Aufl., München 1985

– Rechte und Pflichten des Kommanditisten, 3. Aufl., Köln 1985

– Buchführung und Jurisprudenz, NJW 1968, S. 2086 - 2091

– Bilanzierung nur zur Benutzung eingebrachter betriebsnotwendiger Wirtschaftsgüter, DB 1974, S. 842 - 844

– Dienstleistungen als Gesellschaftereinlage, NJW 1964, S. 1249 - 1254

Thiel, Jochen: Bilanzrecht: Handelsbilanz, Steuerbilanz nach dem Bilanzrichtlinien-Gesetz, 3. Aufl., Köln 1986

Tiedtke, Klaus: Einkommensteuer- und Bilanzsteuerrecht, Berlin, New York 1983

Ullrich, Klaus: Grundstücke im Gesellschafts- und im Betriebsvermögen einer Kommanditgesellschaft, NJW 1974, S. 1486 - 1492

Ulmer, Peter: Die Mitwirkung des Kommanditisten an der Bilanzierung der KG, Festschrift für Wolfgang Hefermehl, München 1976, S. 207 - 224

Weickert, Hans-Günther: Recht der Rechnungslegung, 2. Aufl., München, Wien 1987

Westermann, Harry: Zur Problematik der Rücklagen der Personenhandelsgesellschaft, Festschrift für Ernst von Caemmerer, Tübingen 1978, S. 657 - 670

Westermann, Harry u. a.: Handbuch der Personengesellschaften, Loseblattsammlung
- Band 1, 1. Halbband: Gesellschaftsrecht, von H. Westermann, 3. Aufl., Stand 15. Ergänzungslieferung Juni 1982 (zit.: Westermann in Westermann u. a., I ...)
- Band 2, 2. Halbband: Arbeitsrecht, von Werner Hackbeil, 3. Aufl., Stand 16. Ergänzungslieferung August 1986 (zit.: Hackbeil in Westermann u. a., IV ...)

Wiedemann, Herbert: Gesellschaftsrecht, Band I: Grundlagen, München 1980

Wieland, Karl: Handelsrecht, 1. Band: Das kaufmännische Unternehmen und die Handelsgesellschaften, Leipzig, 1921

Wöhe, Günter: Bilanzierung und Bilanzpolitik, 7. Aufl., München 1987

Woltmann, Albrecht: Die Bilanz der Personenhandelsgesellschaft an der Schwelle des Bilanzrichtlinie-Gesetzes, WPg. 1985, S. 245 - 251, Fortsetzung S. 275 - 279

WP-Handbuch: Wirtschaftsprüfer-Handbuch, hrsg. vom IDW
- 1981, Düsseldorf 1981
- 1985/86 Band I, Düsseldorf 1985
- 1985/86 Band II, Düsseldorf 1986

(zit.: WP-Hdbuch)

FSC
www.fsc.org
MIX
Papier | Fördert gute Waldnutzung
FSC® C083411

Kolibri 360 GmbH
Ferdinand-Jühlke-Straße 7
99095 Erfurt, Deutschland
produktsicherheit@kolibri360.de

Druck:
CPI Druckdienstleistungen GmbH
im Auftrag der
Kolibri 360 GmbH
Ferdinand-Jühlke-Str. 7
99095 Erfurt